国家社科基金
后期资助项目
GUOJIA SHEKE JIJIN HOUQI ZIZHU XIANGMU

商业秘密立法反思与制度建构

Legislative Reflection
and System Construction of Trade Secret

崔汪卫　著

社会科学文献出版社
SOCIAL SCIENCES ACADEMIC PRESS (CHINA)

国家社科基金后期资助项目
出版说明

  后期资助项目是国家社科基金设立的一类重要项目，旨在鼓励广大社科研究者潜心治学，支持基础研究多出优秀成果。它是经过严格评审，从接近完成的科研成果中遴选立项的。为扩大后期资助项目的影响，更好地推动学术发展，促进成果转化，全国哲学社会科学工作办公室按照"统一设计、统一标识、统一版式、形成系列"的总体要求，组织出版国家社科基金后期资助项目成果。

全国哲学社会科学工作办公室

目　录

第一章　导论

第一节　研究背景与意义

一　研究背景

商业秘密法律保护并非孤立的制度构建，它深深根植于社会有机体中，与政治、经济、文化、道德等血脉相连、彼此律动。商业秘密制度建构应当考虑到上述因素的影响，尽可能还原其在社会"原生态"中的复杂样态。① 法律对于商业秘密保护的实质是允许商业秘密权利人对于商业秘密事实上的独占，以体现对其劳动成果的认可和尊重，激励发明创造，提高经济效率。欧盟知识产权局发布的《通过商业秘密和专利保护创新：欧盟公司成功的决定因素》报告披露："在保护创新的方式选择上，大型公司中 69.1% 的公司会选择商业秘密，中小型企业中 51.2%选择商业秘密。"② 为此，欧盟于 2016 年通过了《商业秘密保护指令》（欧盟第 2016/943 号指令）。美国至今一直在探索如何加强对商业秘密的保护，1939 年美国法律学会（American Law Institute）编纂的《侵权行为法重述（第一次）》（*The First Restatement of Torts*）即规定有保护商业秘密的相关条款，1979 年美国统一州法委员会发布的《统一商业秘密法》（UTSA）示范和指引各州商业秘密立法，1996 年美国国会通过的《经济间谍法》（EEA）尝试通过刑事处罚来规制侵犯商业秘密行为，2016 年奥巴马签署《保护商业秘密法案》，使得商业秘密与版权、专利、商标一样获得美国联邦立法的正式保护。由此可见，制定专门法成为当前世界各国商业秘密立法的一种趋势，值得我国各界高度关注。

---

① 黄海峰：《知识产权的话语与现实》，华中科技大学出版社，2011，第 276 页。
② 冯飞：《南存辉：商业秘密保护，亟需法律先行》，人民网，http://ip. people. com. cn/n1/2019/0308/c179663 - 30964404. html，最后访问日期：2021 年 3 月 12 日。

　　然而，截至目前我国还尚未正式出台类似于《商业秘密保护法》的专门性法律，商业秘密保护呈现以《反不正当竞争法》为龙头、相关法律法规为补充、多部门法共管的立法体例。然而，随着市场经济的发展和市场竞争的加剧，急迫需要制定一部完善的《商业秘密保护法》来解决当前商业秘密立法存在的缺陷。近年来多位全国人大代表、政协委员提出制定《商业秘密保护法》的建议，但其仍未列入十三届全国人大常委会立法规划。① 究其原因，主要有三：其一，对商业秘密的立法基础与立法模式认识不清晰；其二，对商业秘密专门立法的必要性与可行性认识不足；其三，没有解决好商业秘密立法应当以什么为中心这一问题。令人欣喜的是，2019 年 3 月 14 日第十三届全国人民代表大会第二次会议主席团第三次会议通过的《关于第十三届全国人民代表大会第二次会议代表提出议案处理意见的报告》明确提出："制定社会信用法、商业秘密法等，依法平等保护产权，打造法治化营商环境。"② 2019 年 4 月 26 日习近平总书记在第二届"一带一路"国际合作高峰论坛开幕式上的主旨演讲提出："全面完善知识产权保护法律体系……完善商业秘密保护。"③ 这为我国尽快制定一部专门的《商业秘密保护法》提供了有利的外部条件。

　　不可否认，我国商业秘密专门立法的缺失对商业秘密纠纷解决和商业秘密权利人合法权益保护是相当不利的。2014 年宁波市中级人民法院发布的《商业秘密民事纠纷案件审判白皮书》指出，2006～2013 年该院共审理商业秘密案件 30 件，这些商业秘密侵权案件所涉及的被告均为曾

---

① 2014 年全国人大代表、金龙集团董事长李长杰，2016 年全国人大代表、北京市保安服务总公司海淀分公司副经理朱良玉，2019 年全国人大代表、中南财经政法大学教授马一德，2019 年全国政协委员、上海市政协副主席赵雯，2019 年全国政协常委、全国工商联副主席、正泰集团董事长南存辉等，在两会期间都建议制定《商业秘密保护法》。

② 《关于第十三届全国人民代表大会第二次会议代表提出议案处理意见的报告》，搜狐网，https://m.sohu.com/a/301329568_267106/，最后访问日期：2021 年 3 月 20 日。

③ 2019 年 4 月 26 日，习近平总书记在第二届"一带一路"国际合作高峰论坛开幕式上的主旨演讲提出："中国将着力营造尊重知识价值的营商环境，全面完善知识产权保护法律体系，大力强化执法，加强对外国知识产权人合法权益的保护，杜绝强制技术转让，完善商业秘密保护，依法严厉打击知识产权侵权行为。"参见习近平《齐心开创共建"一带一路"美好未来：在第二届"一带一路"国际合作高峰论坛开幕式上的主旨演讲》，人民出版社，2019，第 8～9 页。

经在原告单位工作过的雇员，且他们在原告单位所任职务主要是技术人员、销售经理、外贸秘书、网络管理等。[①] 南京市人民检察院发布的《侵犯商业秘密犯罪案件调研报告》指出，2013～2015年该院办理的80%侵犯商业秘密案件都是雇员跳槽引起的，而且跳槽者多为企业或者科研部门的业务骨干，雇员离职自由流动而泄露或者使用商业秘密，直接威胁到企业商业秘密安全。[②] 据不完全统计，在一些地方法院，雇员跳槽引发的诉讼占据商业秘密案件总数的90%以上。[③] 华为曾多次出现雇员泄密事件，例如，2014年离职创业的华为副总裁陈奕泉因涉嫌侵犯华为公司eSpace软件著作权被法院判处有期徒刑1年7个月，刑满释放后其又因涉嫌侵犯华为公司商业秘密再度遭到羁押；[④] 2017年1月17日，检方以泄露华为内部技术资料给其竞争对手，侵犯华为公司的商业秘密为由，正式批准逮捕了6名该公司前研发岗位的高管和工程师。[⑤] 同时，商业秘密是否得到有效的保护，关系到我国建设知识产权强国目标的实现。2018年以来，知识产权领域影响最大的事件莫过于美国以"知识产权"为名挑起的中美贸易摩擦，美国无端指责中国窃取其机密技术，并依据本国贸易法发起"301调查"，阻止"中国制造2025"计划。2020年1月15日，中美在华盛顿达成《中美经贸协议》，此协议第1章

[①] 李章军、张良宏等：《加强商业秘密保护营造公平竞争环境——浙江省宁波市中级人民法院关于商业秘密民事纠纷审判情况的调研报告》，《人民法院报》2014年5月15日。

[②] 顾敏：《企业泄密案八成与跳槽员工有关》，《新华日报》2015年4月23日。

[③] 广西壮族自治区高级人民法院《商业秘密司法保护调研情况的报告》显示，2002～2009年，全区受理的商业秘密案件中，除1起案件的被告为原告的原先合作伙伴外，其余均为原雇员跳槽所致；江苏省高级人民法院《商业秘密纠纷案件复查报告》显示，2002～2007年，全省职工跳槽、离职而泄露技术信息和经营信息所引起的商业秘密纠纷案件共101件，占全部复查案件的94%，只有7件（占6%）是出于企业之间违反保密约定等原因；宁波市中级人民法院《商业秘密民事纠纷案件审判情况的调研报告》显示，2006～2013年，宁波市两级法院受理的商业秘密案件30件，所涉的被告全部包含曾经在原告工作过的雇员。其中，27件是关于跳槽雇员和该雇员离职后受聘或者自行创业设立企业作为共同被告的案件，占全部案件的90%。参见孔祥俊《商业秘密司法保护实务》，中国法制出版社，2012，第234页；于洋《宁波中院发布商业秘密民事纠纷案件审判白皮书》，搜狐新闻，http://news.sohu.com/20140422/n398628987.shtml，最后访问日期：2020年11月10日。

[④] 李亚坤：《华为原副总裁辞职创业两度被控侵犯知识产权》，《南方都市报》2016年4月26日。

[⑤] 温婧：《华为6名前员工窃密被批捕》，《北京青年报》2017年1月19日。

第 2 节专门规定"商业秘密和保密商务信息",这对我国商业秘密立法提出了更高要求。① 因此,通过专门立法来实现对商业秘密的保护是我国创新型国家建设的必然选择。

为此,本书拟从商业秘密的立法基础、立法目的、立法沿革、立法模式、专门立法可行性与必要性、立法核心、立法内容等方面展开深入研究,希望对我国商业秘密法律制度建构有所裨益。

二　研究意义

(一) 理论意义

科学完备的商业秘密法律体系是企业市场竞争取得胜利的重要法宝,是我国经济奋力赶超、占得先机的制度保证。建构科学完善的商业秘密法律制度,具有三个方面的理论意义。

1. 进一步健全和完善我国知识产权法律体系

当前,我国知识产权法律体系以版权、商标和专利三大法为主体,有地理标志、集成电路布图设计、植物新品种等行政法规、部门规章相配套②,唯有商业秘密立法较为松散,散落于《民法典》《反不正当竞争法》《劳动法》《公司法》等法律和《最高人民法院关于审理不正当竞争民事案件应用法律若干问题的解释》等司法解释当中,这对知识产权法律体系的构建无疑是不利的。没有商业秘密专门立法的知识产权法律体系是不完整的③,也不利于创新型国家建设和创新驱动发展战略的实施,本书研究成果将会对知识产权法律体系的健全和完善有所帮助。

2. 每部法律的形成和诞生必定具有一定的立法基础、明确的立法目的和固定的立法模式,商业秘密立法也不例外

商业秘密法律制度的建构必须建立在一定的立法基础之上,有明确的立法目的和可行的立法模式,这些理论体系的搭建可以为商业秘密立

---

① 《关于发布中美第一阶段经贸协议的公告》,中华人民共和国商务部,http://www.mof-com.gov.cn/article/ae/ai/202001/20200102930845.shtml.最后访问日期:2021 年 2 月 8 日。

② 主要有《植物新品种保护条例》《集成电路布图设计保护条例》《地理标志产品保护规定》《地理标志产品保护规定实施细则》等行政法规和部门规章。

③ 知识产权的范围在我国《民法典》第 123 条有了明确的规定,主要包括作品、发明、实用新型、外观设计、商标、地理标志、商业秘密、集成电路布图设计、植物新品种等,在这些类别的知识产权形式中,唯有商业秘密没有专门立法。

法提供重要理论支撑。本书拟对商业秘密的立法基础、立法目的和立法模式等问题作一理论上的探讨,为我国商业秘密专门立法奠定坚实的理论基础。

3. 利益平衡理论是一种价值判断,是指决策者对双方进行充分了解、考量后作出价值判断和选择

利益平衡理论主张法律法规和司法解释应更自由、更具动态性,根据文化创新需要、大众文化需求、科学技术发展、商业模式创新等因素进行综合考虑作出最为科学的决策。本书在构建商业秘密立法体系过程中运用利益平衡理论,对商业秘密权的使用与限制进行理论上的构建,这在一定程度上丰富了商业秘密法律体系和立法规则。

(二)实践意义

从根本上说,本书研究商业秘密法律制度构建,提出商业秘密专门立法框架,主要是为立法机关进行商业秘密立法提供有益建议,也为司法机关正确处理商业秘密案件提供司法参考。具体而言,其实践意义体现在四个方面。

1. 实现国家发展战略目标的重要保障

习近平总书记在党的十九大报告中提出:"倡导创新文化,强化知识产权创造、保护、运用。培养造就一大批具有国际水平的战略科技人才、科技领军人才、青年科技人才和高水平创新团队。"① 全国人大通过的《国民经济和社会发展第十三个五年规划纲要》和国务院印发的《关于大力推进大众创业万众创新若干政策措施的意见》《中国制造2025》等国家政策性文件都提出要建立产学研结合的创新体系,让企业真正成为创新的主体。这就要求从法律层面对企业所研发的创新成果给予知识产权保护,商业秘密作为企业创新成果的重要形式之一,理所当然应给予其充分的法律保护。然而,商业秘密的泄密事件屡有发生,给持有商业秘密的企业带来严重经济损失,甚至使这些企业濒临破产。因此,加强商业秘密立法体系建设是实现国家发展战略目标的重要保障。

2. 维护商业道德和竞争秩序的重要保证

古罗马时期法律就有关于"商业事务的秘密"之规定:市场主体恶

---

① 《习近平谈治国理政》第3卷,外文出版社,2020,第25页。

意引诱或威胁迫使竞争对手之奴隶向其泄露竞争对手有关商业事务的秘密，其竞争对手（即奴隶所有者）有权向司法机关提起"奴隶诱惑之诉"（actio servi corrupti），请求侵权人给予双倍损害赔偿。[①] 自此以后商业秘密保护被贴上维护商业道德和竞争秩序的标签。不少国家既存的各种学说和为数不少的判例认为，基于商业道德和竞争秩序之目的，给予商业秘密持有者以法律上的保护，对作为明示或者默示协议一方科以不能披露或者使用持有者所拥有商业秘密的义务，非经持有者同意，而通过不正当手段获取商业秘密的，法律将予以明令禁止。诚如，美国学者梅尔文·F. 雅格（Melvin F. Jager）所言，商业秘密安全直接关系到企业的投资方向，谁也不愿意从事风险投资。使用或者泄露他人商业秘密行为盛行，必将导致任何市场主体不愿意浪费时间和金钱从事产品研发、技术创新等。虽然出现技术研发停滞、技术创新受阻的局面，生产和经营活动并不会因此而停止。但是，任何有价值的思想、有创新的技术、有新意的产品将不会诞生，社会发展进步也将无从谈起。[②] 因此，商业秘密立法体系的构建是维护商业道德和竞争秩序的重要保证。

3. 保障利益相关者利益的基本前提

立法上对商业秘密加以保护毋庸置疑，但是，对商业秘密权利人的权利加以必要的限制，防止其滥用或肆意扩张也是尤为必要的。以服务于企业的雇员为例，我国《宪法》和《劳动法》等法律都对公民享有劳动权和自由择业权作出了明文规定，雇员是否可以从事职业劳动、从事何种职业劳动、何时从事职业劳动、进入哪家用人单位从事职业劳动等方面，均由雇员自主决定和选择。同时，国家负有为雇员提供就业机会和维护职业安定的职责，不能因雇员离职就丧失运用先前掌握的知识技

---

① 〔日〕新企业法务研究会编《详解商业秘密管理》，张玉瑞译，金城出版社，1997，第5页。

② 美国学者梅尔文·F. 雅格指出："让我们设想片刻，如果一个商业社会从没有听说过'诚实信用义务'，会导致任何人的行为，对他人均不负善意义务。这一社会将没有知识产权法，虽然生产和经营不会停滞，但会发生严重问题。盗窃他人商业秘密的行为遍地盛行，恐惧和怀疑渗透于每一项交易中，任何有价值的思想，均有可能被交易的雇员个人出卖。如果仅靠雇用一个跳槽者就可以得到最新的商业信息，什么人还会浪费时间和金钱开发新产品和工艺？如果任何雇员均可向出大价钱的人，出卖企业的知识，使开发投资全部付诸东流，哪个企业还会投资？"参见 Melvin F. Jager, *Trade Secrets Law Handbook*（New York：Clark Boardman Company, Ltd., 1983），p. 1。

能谋取新工作的机会。然而，具备必要的知识、经验和技能是雇员实现就业权和自由择业权的前提和基础，没有任何知识、经验、技能的雇员将无法面对当今如此激烈的人才竞争所带来的挑战。非经法律明确规定，雇主不得以商业秘密保护为由，任意禁止雇员运用自身知识技能谋取职业，否则将违反《宪法》和《劳动法》保障雇员劳动权和择业权的基本规定，严重侵犯雇员劳动权和自由择业权。因此，构建科学合理的商业秘密法律制度是保障利益相关者利益的基本前提。

4. 维护我国商业秘密安全的重要保障

近年来，国家之间贸易摩擦频频发生，给商业秘密安全和正常经贸往来带来严峻威胁。以手机行业为例，中国华为多次被美国公司或者司法机关指控窃取技术秘密（如华为被指控窃取北电和思科的技术秘密、华为"非法窃取"T-Mobile 商业秘密、以华为所供设备具有隐私搜索能力而怀疑其从事商业间谍等），封杀华为产品进入国际市场；中国中兴通讯也被美国以窃取美国企业技术秘密为由颁布长达 7 年的禁售令。这些涉嫌商业秘密侵权的无端指责，直接影响中国企业国际化进程，给企业带来无可挽回的经济损失和商誉损害。历史上美国以中国知识产权保护水平不高为由依据美国贸易法案对中国发起 5 次 301 调查，2018 年以来美国频频指控我国企业"商业秘密侵权"，成为引发中美第 6 次贸易摩擦的导火线。这一切充分表明，我国当前亟须制定一部商业秘密专门法，保护中国企业在海外的合法权益，避免其因"商业秘密侵权"指控而遭受不应有的损失。

第二节 研究方法与内容

一 研究方法

本书主要采用案例分析法、经济分析法和比较分析法等研究方法，对商业秘密立法反思与制度建构进行系统研究。

（一）案例分析法

案例分析法是法学研究中常用的一种重要方法，也是本书研究的一种重要研究方法。着眼于当前重大理论与现实问题，通过对经典案例判决结果进行评析，总结司法实践中的经验做法，为科学立法提供现实依据，也为现实问题的解决提出有效路径。通过对国内外典型案例和法院判决及说理进行具体的分析论证，为构建商业秘密法律体系提供实践经验和有益借鉴，对未来我国商业秘密专门立法具有重要的参考意义。

（二）经济分析法

将经济学方法引入法学领域，发现法律现象背后隐藏的经济因素，寻找法律制度设计和法律措施运用的理性根据。商业秘密保护过程就是一个利益平衡的过程，它广泛运用于商业秘密权利人与利益相关者（雇员、消费者、居民等）之间利益冲突的平衡协调，以达到兼顾各方利益或者保护最大化利益的目的。因此，商业秘密法律体系的构建应当将利益平衡理论贯穿其始终，既实现对商业秘密权利人利益的保护，达到其利益最大化的目标，又实现对利益相关者合法利益的保护。

（三）比较分析法

对于以某一法律制度设计与架构为主题的学术专著，均可采用比较分析法进行研究。比较分析法是法学研究常用的一种方法，它对既存的国家或地区不同法律制度进行比较分析和归纳总结，找到该制度存在的内在合理基础并分析该制度移植至我国的可行性，从而为我国在立法上确立此制度提供有说服力的事实依据。本书同样采用了比较分析法，通过对域外国家（或地区）的商业秘密立法进行对比分析研究，总结出域外国家（或地区）在商业秘密立法方面的有益经验，为我国商业秘密立法提供借鉴和参考。

二 研究内容

本书以我国商业秘密立法反思与制度构建为主线，结合《中美经贸协议》"商业秘密和保密商务信息"一节内容，围绕商业秘密立法基础与目的、立法模式与核心、立法框架和建议等方面进行研究，勾勒出我国未来商业秘密专门立法的基本制度设计。正文部分分为九章。

（一）导论

第一节将我国当前商业秘密案件频发作为基点，结合 2019 年 4 月 26 日习近平总书记在第二届"一带一路"国际合作高峰论坛开幕式主旨演讲提出"完善商业秘密保护"的论断，引出构建商业秘密立法体系的论题。第二节指出本书主要运用案例分析法、经济分析法和比较分析法等研究方法，并对本书的研究思路进行简要介绍；第三节主要对国内外研究现状进行简明综述。

（二）商业秘密法律制度的基本范畴

第一节梳理国际组织和域外国家（或地区）对商业秘密所下的定义，并归纳总结出符合我国立法实际的商业秘密定义。第二节介绍商业秘密的法理基础，提出利用竞争法对商业秘密予以保护具有特别的优势，并指出利用竞争法保护商业秘密与进行商业秘密专门立法并不矛盾。第三节分析商业秘密的立法价值。第四节简述国际组织、外国和我国关于商业秘密立法的沿革，提出当前我国商业秘密立法存在的缺陷。

（三）商业秘密法律制度的立法模式

第一节简要介绍有关国家和地区商业秘密的立法模式。第二节对我国进行商业秘密专门立法的可行性进行具体分析，指出我国立法和司法积累的许多有益经验、竞争法保护商业秘密存在不足的现状、域外国家纷纷开展商业秘密专门立法等都对我国进行商业秘密专门立法提供了现实可能性。第三节论证我国进行商业秘密专门立法的必要性。进行商业秘密专门立法可以克服零散式立法的局限性，促进商业秘密创造保护与运用，适应商业秘密保护国际化的趋势，有助于优化国内外商投资环境，防范域外国家经济间谍。

（四）商业秘密法律制度的理论基础

第一节介绍利益平衡的基本理论，主要包括利益平衡理论的基本概念、适用原则和适用界限，并结合商业秘密保护进行具体分析。第二节系统研究利益平衡理论在商业秘密立法中的具体应用，主要分析商业秘密保护中利益平衡的价值构造和基本原则，具体分析主要有商业秘密权与自由择业权、商业秘密权与上市公司信息强制披露、商业秘密权与消费者知情权之间的冲突如何进行利益平衡的问题。

（五）商业秘密法律制度的核心要义

第一节分析商业秘密权的性质与特征。商业秘密权是一种特殊的知识产权，其具有非独占性、保护期限不确定性等不同于其他知识产权的特征。第二节系统研究商业秘密权主体的认定规则。商业秘密权主体不局限于经营者，可以是任何民事主体，只是主体资格的认定应当遵循一定规则。第三节阐述商业秘密权的客体。商业秘密的表现形式包括技术信息和经营信息，但是不能囿于当前立法规定的技术信息和经营信息的范围。商业秘密的表现形式应当采用例示主义和概括主义相结合的方式。商业秘密的构成要件是秘密性、价值性、保密性。同时，本节还特别对"消极信息"、特殊行业客户名单的商业秘密属性认定进行深入研究。第四节系统分析商业秘密权的内容。商业秘密权的内容主要包括商业秘密权的行使与限制。商业秘密权行使的具体方式即商业秘密权的权能，与物权的权能相类似，商业秘密权的权能可以划分为积极权能和消极权能。与此同时，商业秘密权的行使都应当受到限制，其限制主要体现为反向工程、独立研发、公权限制、公共利益之必须等方面。

（六）商业秘密预防性保护制度建构

第一节分析保密协议制度的立法概况、保密协议的内容、生效要件和生效范围等问题。第二节对域外国家竞业禁止制度进行实证分析，提出完善我国竞业禁止制度的一些建议。第三节对美国不可避免披露制度进行系统介绍，对此制度不能移植到我国的看法进行批判，阐述了其移植到我国的可行性和必要性。第四节系统论述诉讼保全制度。主要分析证据保全、财产保全和行为保全制度存在的问题，并对此提出立法完善的建议和意见，确保商业秘密的安全，激励商业秘密权利人再研发、再创新，以创造更多的社会财富。

（七）商业秘密侵权责任制度建构

第一节首先对域外主要国家商业秘密侵权行为类型进行比较考察，然后分析我国当前商业秘密侵权行为类型的立法不足，并结合域外国家的立法经验，提出我国商业秘密侵权行为类型化立法建议。第二节阐述司法实务中对商业秘密侵权判定方法的具体适用，特别是对"相同（实质性相似）＋接触－合法来源"的判定方法进行系统分析，然后提出商业秘密侵权行为的构成要件，并对侵犯客户名单行为构成侵权的认定规则进行探讨。第三节从比较法的视角对域外国家商业秘密侵权救济途径的相关立法进行梳理，总结出可移植于我国的立法经验，为完善我国商业秘密侵权救济途径提供有益借鉴。第四节针对商业秘密侵权赔偿问题进行探讨，提出侵权赔偿标准和赔偿举证责任分配规则，特别提出应当在商业秘密立法中引入惩罚性赔偿制度。第五节对我国司法审判中商业秘密技术鉴定存在的问题进行必要探讨，并针对这些问题提出立法建议。

（八）商业秘密刑事立法制度建构

第一节梳理我国商业秘密刑事立法现状，提出当前刑事立法存在的问题。第二节从比较法的视角对域外主要国家商业秘密刑事立法的状况作较为全面的介绍，归纳出这些国家商业秘密刑事立法的有益经验和启示。第三节从商业秘密刑事保护标准的确立、商业秘密刑事保护体系的重构、商业秘密刑事保护司法程序的构建三个方面对我国商业秘密刑事立法制度的完善提出可供立法机关和司法机关借鉴的设想。

（九）结语

全面系统地总结商业秘密专门立法的基本框架，提出完善商业秘密刑事立法的基本内容，建议我国应当尽快启动并制定专门性的《商业秘密保护法》。

本书正文后，以附录的形式提出《商业秘密保护法（建议稿）》及立法理由、《刑法》商业秘密条款立法建议稿及理由，供立法机关和司法机关借鉴参考。

第三节 理论创新与不足

一 理论创新

本书的理论创新主要体现在两个方面。

（一）立法架构方面的创新

第一，提出构建独立于《反不正当竞争法》之外的专门立法，并对专门立法的可行性和必要性进行充分论证。第二，将利益平衡理论引入商业秘密立法体系建构的全过程，在商业秘密的立法方法论方面具有重要的理论价值。第三，提出商业秘密专门立法应当以商业秘密权为中心，以商业秘密权的行使与限制为立法重点，围绕着商业秘密权进行制度建构。

（二）具体制度方面的创新

第一，建立商业秘密预防性保护制度，引入美国司法领域适用多年的不可避免披露规则和禁令制度。第二，从立法上以列举的方式规定不同的侵权行为类型，确立侵权赔偿标准，并引入惩罚性赔偿制度。第三，针对不同的侵权行为设立不同的罪名，增加经济间谍罪，引入资格刑。第四，针对侵犯商业秘密犯罪行为存在隐蔽性强、取证难度高的特性，适度引入举证责任转移规则，积极运用诱惑侦查措施，但应对此适用作严格的限制。

二　不足之处

当前，由于我国商业秘密专门性立法尚未被列入全国人大常委会立法规划，商业秘密领域内专家学者多主张通过竞争法来保护商业秘密就已足够，无须再制定一部专门的商业秘密法①，这就直接导致有关商业秘密立法体系建构的学术专著和系列论文尚不多见，且一直处于知识产权研究的冷门领域。② 本书试图以比较法的视角对域外国家商业秘密立法现状进行系统分析，在批判当前我国商业秘密法律体系的基础上，对其制度建构提供有力的理论支撑。

鉴于上述原因，本书研究必须参考大量的外文文献和域外判例，工作量大而艰巨。同时，囿于笔者仅熟悉英文，参考的外文文献和域外判例局限于英文文献，这对本书的研究无疑是不利的。尽管本书的研究面

---

① 2018 年 11 月 14 日，在中国知识产权法学研究会 2018 年年会"议题八：商业秘密保护问题研究——综合讨论"环节，黄武双教授、林秀芹教授、张玉瑞研究员等认为商业秘密在未来进行专门的立法是完全有可能的，他们均主张建立独立的商业秘密法律体系。

② 相关研究学者和著作主要有：张玉瑞（《商业秘密法学》，中国法制出版社，1999）；孔祥俊（《商业秘密保护法原理》，中国法制出版社，1999）；戴永盛（《商业秘密法比较研究》，华东师范大学出版社，2005）；孔祥俊（《商业秘密司法保护实务》，中国法制出版社，2012）；黄武双（《美国商业秘密判例——公共政策、构成要件和加害行为》，法律出版社，2011）；李仪（《商业秘密保护法》，北京大学出版社，2017）；黄武双（《商业秘密保护的合理边界研究》，法律出版社，2018）；姚建军（《中国商业秘密保护司法实务》，法律出版社，2019）；等等。这些著作大多是本科教材和实务读本，仅黄武双、戴永盛两位学者有这方面的学术专著。

临诸多困难和问题，然而，幸运的是，笔者自攻读博士学位以来，一直关注商业秘密相关的立法动态，博士学位论文亦为商业秘密法研究方向，且已由知识产权出版社出版，这些也为本书的研究提供了不少便利和优势。因此，笔者仍有充分信心，将勤补拙做一些突破性研究，为我国商业秘密法律制度建构贡献一份绵薄之力。

第二章　商业秘密法律制度的基本范畴

商业秘密给持有者带来无限商机和财产利益，使其始终保持市场竞争优势地位，激发其投入更多资金参与创新的热情，法律应当对此予以充分保护。然而，商业秘密的基本概念界定、商业秘密的法理基础等问题，至今存有诸多纷争，这些问题的解决直接影响到立法者采取何种手段、何种方式对其进行保护，也反映出商业秘密法律保护水平的高低。同时，我们应当梳理国际组织和各国的商业秘密立法脉络，全面掌握商业秘密立法呈现的趋势，建构符合我国实际的商业秘密法律制度。因此，厘清商业秘密法律制度的基本概念、法理基础与立法演变，是构建商业秘密立法体系的前提和基础。

第一节　商业秘密的基本概念

一　国际组织对商业秘密的定义

世界一体化和经济全球化的今天，商业秘密成为各国（或者地区）企业在激烈的市场竞争中长期保持优势地位的重要法宝，国际组织和不少国家（或者地区）都对商业秘密作出了不同的定义。就国际组织而言，国际商会（ICC）1961 年制定的《有关保护专有技术（Know-how）的标准条款》和世界知识产权组织 1969 年通过的保护工业产权议案等均给技术秘密下过明确的定义。国际保护知识产权联合局（UIBPIP）在 1964 年草拟的《发展中国家发明示范法》中对商业秘密的定义以立法草案的形式予以明确的规定。基于商业秘密的重要性和其与世界贸易的紧密联系，《与贸易有关的知识产权协议》（以下可简称《TRIPS 协议》）第 39 条对商业秘密以"undisclosed information"（未披露的信息）的形式进行表述，并指出未披露的信息应当满足的三个条件。考虑到各国对商业秘密概念认识存在一定的差异性，国际组织尚未对商业秘密的具体范围作出统一的规定，只是规定了各公约缔约国广泛认可商业秘密应当具备秘密性、管理性和经济性等构成要件。

二 域外国家对商业秘密的定义

美国法律学会编纂的《侵权行为法重述（第一次）》（1939年版）第757条评注（b）对商业秘密的定义做出具体规定，该法指出商业秘密可以包括应用于商业上的任何配方（formula）、方法（device）、模型（pattern）或者信息的汇编（complication of information），使用它可以使权利人获得比同行其他竞争对手更为有利的商业机会。与其他商业上的信息不同，商业秘密一般并非稍纵即逝的信息，而是可能长期用于生产经营中的方法或者程序，其通常涵盖产品的生产全过程。商业秘密所指的"信息"也包括产品销售等环节各种有价值的信息，例如，价目表、客户名单、企业经营方法等。美国有些学者认为，对商业秘密做出一个精准的定义不太现实，因为在不同的情势下商业秘密的认定是不同的，通常情况下非商业秘密的信息往往在特殊的情形下有成为商业秘密的可能。例如，有关产品的生产、客户名单、价目等信息在特定情况下都有可能成为商业秘密。[1]《侵权行为法重述（第一次）》第757条评注（b）亦表明要对商业秘密作出一个精准的定义是难以做到的。[2] 美国《统一商业秘密法》第1（4）条以概括式与列举式并用的方式对商业秘密作出了大致的定义。

在欧洲，德国竞争法和其他相关立法均未对商业秘密作出具体的定义，联邦法院和学术界都主张，商业秘密是指权利人有保密的意图，该信息使用后产生与生产经营有关的、具有正当性的经济利益，且此信息尚未公开。[3] 英国立法上也未对商业秘密作出明确具体的定义，而在司法实践中商业秘密被视为秘密信息加以保护。例如，Saltman Engineering v. Campbell Co. 案的法官格林（Greene）认为，秘密信息不是公共财产，也非公知知识。[4] 1981年英国国会法律委员会提出的《关于违反保密义务的法律草案》规定对"不为公众所知悉的、未处于公共领域的信息"才可

---

[1] Robert C. Scheinfeld and Gary M. Butter, "Using Trade Secret Law to Protect Computer Software," *Rutgers Computer and Technology Law of Journal* 2 (1991): 328.

[2] Allison Coleman. *The Legal Protection of Trade Secrets* (Hong Kong: Sweet & Maxwell, 1992), pp. 19–20.

[3] 周铭川：《侵犯商业秘密罪研究》，武汉大学出版社，2008，第97页。

[4] (1948) 65 RPC 203.

依据本法律草案予以保护；对于从公共领域中分离出来的信息，且这些信息需要投入劳动、资金、技术方可获取的，视为未处于公共领域的信息，受到该草案的保护。然而，学术界和实务界一些人士主张将商业秘密从秘密信息的领域分离出来。例如，Faccenda Chicken v. Fowler 案的法官认为，商业秘密不同于一般的秘密信息，它更多的是体现经济上的价值。①

日本《不正当竞争防止法》（1993 年修订）第 2（4）条规定，商业秘密是指"作为秘密进行管理的生产、销售方法以及其他对经营活动有用的技术或者经营上未被公众知悉的信息"。从上述概念我们可以看出，日本对商业秘密的定义包括具有秘密性、对经营活动有用、未被公开这三个方面的内容。然而，有些学者还认为，持有商业秘密的人享有的利益必须具有正当性，合乎公序良俗，不得破坏社会公德。但是立法者认为，法律保护的利益均为合法利益，其内涵已经蕴含在法律价值中，没有必要再对其作出重复的规定。②

三　我国立法对商业秘密的定义

我国有关"商业秘密"的规定最早出现于 1991 年颁布的《民事诉讼法》，该法第 66 条提出对与商业秘密有关的证据应当保密。第 120 条指出，根据当事人的申请，涉及商业秘密的案件可不公开审理。尽管相关表述经常出现于法律条文，但是并未对商业秘密作出具体的定义规定。1991 年 4月 12 日，中、美两国签订的《关于延长和修改两国政府科学技术合作协定的协议》的附件对哪些确定为商业秘密做出了明确的规定。③ 1992 年 7 月14 日最高人民法院《关于适用〈中华人民共和国民事诉讼法〉若干问题的意见》第一次用司法解释的方式对商业秘密的概念作出解释。④ 真正

---

① Faccenda Chicken v. Fowler，［1987］*Ch* 117，*HEARING-DATES*：21，22，23，October 5 December 1985.

② 张耕：《商业秘密法》，厦门大学出版社，2012，第 5 页。

③ 《关于延长和修改两国政府科学技术合作协定的协议》的附件："符合下列条件的信息应当确认为商业秘密：拥有该信息的人可以从中获得经济利益或者据此取得对非拥有者的竞争优势；该信息是非公知的或者不能从其他公开渠道获得；该信息的拥有者未曾在没有保密义务安排的情况下将其提供给他人。"

④ 《关于适用〈中华人民共和国民事诉讼法〉若干问题的意见》第 154 条："民事诉讼法第六十六条、第一百二十条所指的商业秘密，主要是指技术秘密、商业情报及信息等，如生产工艺、配方、贸易联系、购销渠道等当事人不愿公开的工商业秘密。"

从法律层面对商业秘密的定义进行规定的是 1993 年颁布的《反不正当竞争法》。[①] 此后，我国立法机关在对商业秘密作出立法上的解释时均采用这一表述。《商业秘密保护法（送审稿）》对商业秘密概念做出了重新修正，学界普遍认为，此概念认定更为科学、准确、具体，更符合《TRIPS 协议》的规定和要求。[②] 值得注意的是，2019 年修正的《反不正当竞争法》第 9 条第 4 款在表述商业秘密概念时，将原来的"技术信息和经营信息"修改为"技术信息、经营信息等商业信息"[③]，此规定扩展了商业秘密的范围，不再局限于技术信息和经营信息。笔者认为此概念仍有待商榷，商业秘密的范围无外乎于技术信息和经营信息，不存在第三种形式，其理由将在本书"商业秘密的表现形式"部分作具体分析论证。

四 商业秘密概念的基本界定

尽管国际组织和各国对商业秘密的概念存在诸多争议，但是商业秘密的概念的各种表述方式均涵盖"不为公众所知晓""采取保密措施""具有商业价值"等，这充分表明不同国家（或者地区）对商业秘密的概念日趋相同。本书认为，我国 2019 年修正的《反不正当竞争法》第 9 条第 4 款将商业秘密范围由技术信息和经营信息扩展至除此信息以外的其他商业信息，有失妥当。至今为止，涉及商业秘密的信息都可以视为技术信息抑或经营信息，并没有扩大其范围的必要。我国台湾地区"营业秘密法"第 2 条通过"列举式描述＋构成要件"的方式对"营业秘密"（商业秘密）作出符合本地区实际情况的定义。[④] 本书认为，商业秘

---

① 《反不正当竞争法》（2017 年修订）第 9 条第 3 款："本法所称的商业秘密，是指不为公众所知悉、具有商业价值并经权利人采取相应保密措施的技术信息和经营信息。"

② 《商业秘密保护法（送审稿）》："本法所称商业秘密，是指具备下列条件的技术信息和经营信息：（1）不为该信息应用领域的人所普遍知悉；（2）具有实际的或潜在的商业价值；（3）经权利人采取了合理的保密措施。"

③ 《反不正当竞争法》（2019 年修正）第 9 条第 4 款："本法所称的商业秘密，是指不为公众所知悉、具有商业价值并经权利人采取相应保密措施的技术信息、经营信息等商业信息。"

④ 中国台湾地区"营业秘密法"第 2 条："本法所称营业秘密，系指方法、技术、制程、配方、程式、设计或其他可用于生产、销售或经营之信息，而符合下列要件者：一、非一般涉及该资讯之人所知者；二、因其秘密性而且有实际或潜在之经济价值者；三、所有人已采取合理之保密措施者。"

密是指具有经济价值或者竞争优势，不为权利人所在领域内和行业内人们所知悉，权利人采取合理的措施保持秘密状态的技术信息和经营信息。

第二节　商业秘密的法理基础

迄今为止，有关商业秘密的法理基础出现过诸多论述，但是仍然没有哪种学说具有充分的说服力。有学者认为，商业秘密的法理基础存在诸多争议，这是造成我国至今尚未进行专门商业秘密立法的真正原因。[①] 本书对这一说法表示赞成，为此，本书拟在总结并批判地继承现有各种学说的基础上，对商业秘密保护的法理依据进行探讨，为商业秘密立法体系的建构奠定坚实的理论基础。

一　商业秘密的法理基础之现有学说

（一）契约义务说

契约义务说，亦称"保密合同说"，它最早源于英国衡平法上的信托关系，例如，1851 年的 Morison v. Moat 案，该案原告发明了一种药物，并告诉了其合伙人（该案被告），双方约定不得将该药配方向第三方透露，但被告在合伙结束后违反约定擅自将该配方告诉自己的儿子而进行利用。原告起诉至法院后，法院根据信托关系进行判决，认定被告违反了合同义务，禁止被告儿子利用该配方。[②] 美国也出现了利用契约义务说来保护商业秘密的案例，如 Board of Trade v. Christie Grain & Stock Co. 案中，霍姆斯（Holmes）法官不主张从财产权角度对商业秘密进行保护，他认为商业秘密的保护是基于保密关系，建立了信任关系的人不能破坏信任合同以获取并使用他人商业秘密。[③] 商业秘密的保护经历了从明示合同（express contract）到默示合同（contract implied in law）的过程，正如罗伯特·G. 博恩（Robert G. Bone）所言："商业秘密中的合同关系既包括默示合同，也包括法定默示合同。在这种情况下，保密义务应被视为合同的默认条款

---

① 付慧妹、陈奇伟：《论商业秘密权的性质》，《南昌大学学报》（人文社会科学版）2005 年第 2 期。

② Morison v. Moat, 68 Eng. Rep. 492, 9 Hare 241（1851）.

③ Board of Trade v. Christie Grain & Stock Co., 198 U. S. 100, 102（1905）.

(*default rule*) ……默认条款是商业秘密合同中的补漏条款。"① 契约义务说对商业秘密进行保护主要是通过认定违约的方式来追究泄露者的法律责任，但是运用契约义务说来保护商业秘密存在一定的局限性，即在没有签订契约的情形下将无法对抗侵权行为人。例如，美国 Peabody v. Norfolk 一案中第三人库克（Cook）就以与原告皮博迪（Peabody）没有保密合同关系进行抗辩，最终格雷（Gray）法官以契约义务说驳回他的抗辩理由。②

（二）侵权行为理论

正是因为上述契约义务说（保密合同说）存在一定的局限性，有些立法者提出利用侵权行为理论来保护商业秘密以弥补保密合同说的不足，在连默示合同都没有的情况下，根据衡平原则对侵犯商业秘密行为进行制裁，保护商业秘密权利人的合法权益。美国早在1939年《侵权行为法重述（第一次）》第 757 条就提出商业秘密保护的侵权行为理论并确立了其地位，利用这种理论对商业秘密进行保护涵盖的范围比较广泛，既涵盖了明示和默示合同的情形，也包括了无任何合同的情形；对商业秘密负有保密义务的对象既针对有合同关系的当事人，也针对不存在合同关系的第三人。③ 然而，侵权行为理论在保护商业秘密方面只注重是否产生了侵权结果，对商业秘密的属性、行为人的主观意思及采取的手段等都不加以考虑，这必将忽视了侵权行为对公平竞争秩序的破坏。

（三）竞争法理论

为了弥补侵权行为理论的不足，一些学者主张从维护市场经济公平竞争的角度出发，引入竞争法理论，他们认为商业秘密是保持市场竞争优势地位的重要法宝。当今域外国家普遍采用竞争法理论对商业秘密进行法律保护，尤其是大陆法系国家和地区更倾向于用竞争法理论解释和规制商业秘密侵权行为。例如，德国《反不正当竞争法》、日本《不正当竞争防止法》（1990）、中国台湾地区"公平交易法"等均以竞争法形式对以不正当手段获取商业秘密的行为进行法律规制。英美法系以美国

---

① Robert G. Bone, "A New Look at Trade Secret Law: Doctrine in Search of Justification," *California Law Review* 2 (1998): 301.

② Peabody v. Norfolk, 98 Mass. 452, 456 (1868).

③ 杨正鸣、倪铁：《刑事法治视野中的商业秘密保护》，复旦大学出版社，2011，第 7 页。

为代表，在已有《侵权行为法重述（第一次）》《统一商业秘密法》的基础上，再次在《反不正当竞争法重述》中对商业秘密侵权行为作出了立法规定。各国倾向于借助竞争法理论对商业秘密进行保护的理由主要基于以下两点：一是他们不视商业秘密为一种财产，也看到了利用保密合同说保护商业秘密的缺陷，竞争法理论正好满足了他们的诉求；二是采取竞争法理论保护商业秘密体现了对社会公共利益的维护。

（四）财产权理论

将商业秘密视为无形财产，对其进行法律保护具有充分的法理基础。财产权理论最初出现于美国 1868 年 Peabody v. Norfolk 一案，该案原告皮博迪持有一种用黄麻生产麻布的机器和工艺的商业秘密，被告诺福克被原告雇用，他们之间签订了保密协议。然而，被告辞职后与他人合伙开办同类工厂使用与原告相同的机器和工艺。原告皮博迪向衡平法院申请禁令要求阻止该侵权行为，得到了法院的支持。审理该案的法官格雷认为："如果某人运用自己的技术和努力从事某种经营活动，那么他在经营活动中所付出的技术和努力应当被视为法律上的财产。"[①] 以此为先河，美国和诸多大陆法系国家均承认或者隐晦地承认商业秘密是特殊财产的思想。国际组织颁布的公约、各国缔结的多边或者双边条约大多将商业秘密视为知识产权的重要组成部分，与著作权、商标权、专利权一同被看作一种无形财产。1991 年世界贸易组织管辖的多边协议——《TRIPS 协议》中将"未披露的信息"列为其保护的范围，1996 年世界知识产权组织（WIPO）公布的知识产权示范法之一的《反不正当竞争示范条款》重点对"秘密信息的不正当竞争"作出了具体规定。我国民法学界不少学者认为，包括商业秘密在内的知识产权是一种具有人身权和财产权双重属性的权利，且其更侧重财产权属性。[②] 商业秘密的财产权属性已经逐渐为我国法律所接受，例如，我国《关于禁止侵犯商业秘密行为的若干规定》第 2 条第 6 款规定就间接地承认商业秘密的

---

① Peabody v. Norfolk, 98 Mass. 452, 457 – 458 （1868）.

② 例如，我国学者彭万林、吴汉东、费安玲等都提出这一主张。参见彭万林主编《民法学》，中国政法大学出版社，2011，第 532 页；吴汉东《知识产权的无形资产价值及经营方略》，《中国知识产权报》2014 年 1 月 29 日，第 8 版；费安玲、Liu Hui《论防止知识产权滥用的制度理念》，*Social Sciences in China*，2013 年第 1 期。

财产权属性。① 但是并不能说明一定得通过财产权理论来对其加以保护，对此下文将做进一步剖析。

二　商业秘密法理基础现有学说剖析

契约义务说作为商业秘密保护的依据，相对于其他学说而言，在司法实践中，法官仅凭有无保密合同即可认定是否存在侵权行为，有效地避免了持有者对商业秘密的认定、是否采取保密措施等事实举证困难或者无法举证，但是无法囊括第三人实施侵犯商业秘密的行为。侵权行为理论能够解决第三人侵犯商业秘密的行为的相关问题，它主要从权利人是否存在商业秘密、侵权行为、损害结果、因果关系四个方面来认定侵权事实，但是忽视了商业秘密的属性，任何一种权利受到侵害都可利用侵权行为理论进行维权。财产权理论将商业秘密视为一种无形财产，商业秘密是财产权的客体之一，我国法律对此较为认同，但利用财产权理论来保护商业秘密存在一些问题，例如，著作权、商标权、专利权等都具有对世效力，具有排他性。然而，商业秘密尽管属于知识产权的范畴，从性质上而言，具有财产权的属性，但笔者认为它是一种特殊的无形财产，它不具备一般财产所具有的排他性特质，任何人通过合法途径取得同样内容的商业秘密也同样受到法律保护，商业秘密持有者不可以排除他人取得并使用。竞争法理论正好可以解决这一问题，对他人以不正当手段取得商业秘密的行为进行法律上的规制。

以竞争法理论保护商业秘密具有特别的优势。第一，该理论不从商业秘密性质入手，而着眼于分析获取商业秘密行为的主观意图正当性和采取手段合法性。诚如某位学者所言："尽管最终法官可以采取侵权理论、合同理论、财产权理论对商业秘密进行保护，问题的实质还是商业竞争者间是否采取了公平、诚实的竞争手段。"② 只要竞争对手采取了正当途径，如通过自己的努力花费大量的精力获取的商业秘密就受到法律

---

① 《关于禁止侵犯商业秘密行为的若干规定》第 2 条第 6 款："本规定所称权利人，是指依法对商业秘密享有所有权或者使用权的公民、法人或者其它组织。"众所周知，所有权或者使用权的客体是财产，本款肯定商业秘密权利人对商业秘密享有所有权或者使用权，这是肯定其为财产的重要表现。

② Ramon A. Klitzke, "Trade Secrets: Important Quasi-Property Rights," *The Business Lawyer* 2 (1986): 557.

的保护，如果竞争对手以故意之目的获取他人商业秘密并实施了以非法手段获取商业秘密之行为，即构成对他人商业秘密的侵犯，法律对此应当予以禁止和制裁。第二，商业秘密侵权行为不仅损害了商业秘密持有者的经济利益和竞争优势，而且严重挫伤了社会成员从事技术创新的积极性，有损社会创业、创新环境。竞争法属于社会立法，理应对有损社会公共利益的行为进行法律规制。因而，一旦出现商业秘密侵权行为，利用此法既可以对商业秘密权利人因侵权行为所造成的损失主张赔偿，也可以从社会公共利益的角度出发，对侵权行为者给予行政处罚和罚款，甚至追究刑事责任，达到阻却商业秘密侵权之目的。第三，利用竞争法理论保护商业秘密具有全面性。其既突破了契约义务说的运用缺陷和侵权行为理论的思维困扰，也可以应对现实生活中层出不穷、不断翻新的侵权行为。我国《反不正当竞争法》对"不正当手段"定义较为灵活，执法者可依据不断变换的情势作出相应的调整，防范和打击各种新生的、立法尚未涉足的商业秘密侵权行为。①

需要指出的是，尽管竞争法保护商业秘密具有充分的合理性，但并不能代表商业秘密不需要通过商业秘密专门立法进行保护。正如，法院在审理著作权、商标权、专利权等知识产权纠纷案件时通常可以借助《反不正当竞争法》一般条款（《反不正当竞争法》第2款）进行处理，以弥补《著作权法》《商标法》《专利法》等知识产权法律法规之缺漏，使得知识产权案件得到圆满解决。进行商业秘密专门立法，使其与《著作权法》《专利法》《商标法》等知识产权法平起平坐，必将对商业秘密的立法保护起到重大的推动作用。只有法院在无法利用商业秘密专门立法顺利审理案件时，才可以诉诸《反不正当竞争法》一般条款处理商业秘密纠纷案件。

第三节　商业秘密的立法价值

一　维护商业道德和竞争秩序

自此以后商业秘密保护即被赋予维护商业道德和竞争秩序的标签。各

---

① 张耕：《商业秘密法》，厦门大学出版社，2012，第66页。

国既存的各种学说和判例为数不少认为，基于商业道德和竞争秩序之目的，给予商业秘密持有者以法律上的保护，对作为明示或者默示协议的一方科以不能披露或者使用商业秘密权利人所拥有商业秘密的义务，非经过持有者同意，而通过不正当手段获取商业秘密的，法律均予以明令禁止。19 世纪以来，维护商业道德和竞争秩序成为商业秘密保护的目标，诚如，美国学者梅尔文·F. 雅格所言，商业秘密的安全直接关系到企业的投资方向，谁也不愿意从事风险投资。使用或者泄露他人商业秘密行为盛行，必将导致没有任何市场主体愿意浪费时间和金钱从事产品研发、技术创新等。尽管这样，生产和经营活动不会停止，但是任何有价值的思想、有创新的技术、有新意的产品不会诞生，社会发展将会停滞不前。"诚实信用和公平交易的必要性，恰恰是商业界的生命和精神。"① 为增强自己所持观点的说服力，梅尔文·F. 雅格还引用了古希腊商事交易规则来说明保护商业秘密是维护社会商业道德的必然要求。因而，基于商业秘密道德和市场竞争秩序的需要，对于以"不正当手段"攫取商业秘密的行为予以禁止，充分保障了商业秘密权利人占有市场竞争优势，保护了商业秘密权利人的智力成果。

二　鼓励市场主体从事技术研发

法的价值目标是实现社会正义、秩序、自由和效率②，商业秘密保护也不例外。"正义"和"秩序"即是上述所提及的维护商业道德和竞争秩序，"自由"和"效率"意指对商业秘密进行法律保护能够促进和鼓励市场主体开展研发活动。"自由"是指权利人能够以自己的意志行使基于商业秘密产生的权益与进行科技开发创造活动的行为自由；"效率"体现在促进智力成果开发以及科学技术创新上。商业秘密保护的信息，大多属于研究开发的智力成果，研发是社会经济发展的动力，是社会生产力中最积极的因素。保护商业秘密的最终归宿是促进研发和鼓励创新，促进社会生产力的发展，繁荣社会经济。例如，Wexler v. Greenberg 一案中，美国宾夕法尼亚州最高法院指出，商业秘密保护对于补偿研究开发的

---

① National Tube Co. 3 Ohio C. C. R. （n. s）, at 462.
② 张文显：《法学基本范畴研究》，中国政法大学出版社，1993，第 256 页。

开销、通过鼓励创造性开发来提高社会经济效率等，都具有重要的现实意义。[1] 美国经济学家约瑟夫·E. 斯蒂格利茨（Joseph E. Stiglitz）曾指出，在现代竞争日益激烈的今天，市场竞争的形式大多数是努力研发新产品，以及用新工艺或者新方法生产老产品……研发者谋求市场竞争优势地位常以支付高昂的研发费用为代价，通过开发出更加经济、更有效率的生产工艺和方法来降低生产成本，提高生产效率；或者，加大研发投入，提高产品的性能和质量，即便提高销售价格也不会失去市场份额和原有顾客，从而在市场上取得主动性和竞争优势，同时，它们可以一并获得先前研发付出努力的回报。[2] 因此，作为专利制度的重要补充，商业秘密法律保护为商业秘密权利人维权提供了法律保障，鼓励他们通过努力劳动、积极创造成果，从而拥有某种超过竞争对手的绝对优势。

三　保护公民私有财产权

自然权利学说认为，"每一个人对自己的劳动果实有权主张"，作为商业秘密持有者，他们理所当然享有商业秘密给其带来的经济利益和竞争优势。有关商业秘密保护的司法实践，也体现了对商业秘密保护的自然权利观点。例如，Ruckelshaus v. Monsanto Co. 案中，法院主张"把商业秘密作为财产与财产权的劳动理论相一致。"[3] 由于商业秘密能够为持有者带来独特的经济利益和竞争优势，倘若没有任何法律的约束，其竞争对手势必会采取不正当手段盗用商业秘密以谋取非法利益。商业秘密持有者为研发新思想或者新方法而投入大量时间和金钱，并独立承担研发失败带来的风险，而侵权人没有付出任何努力就擅自使用他人商业秘密，这是一种对公民私有财产权的严重侵犯。我国《宪法》第 13 条第 1 款规定，公民的合法私有财产不受侵犯。商业秘密具有无形财产的属性，是商业秘密权利人付出时间和金钱等开发出来的合法私有财产，理应受到《宪法》和法律保护，不容他人侵犯。

---

[1]　399 Pa. 569, 578 – 579, 160 A. 2d 430, 435（1960）.

[2]　467 U. S. 539, 546（1985）.

[3]　〔美〕斯蒂格利茨：《经济学》上，黄险峰译，中国人民大学出版社，2013，第 402 ~ 403 页。

第四节　商业秘密的立法沿革

从商业秘密法律制度的发展历程来看，商业秘密保护经历了从判例法到成文法的发展阶段。近几十年来许多国家尤其是发达国家均十分重视商业秘密立法，有些国家业已形成了较为完善的商业秘密法律制度。国际组织对商业秘密的保护，经历了从间接保护到专有技术保护，再到商业秘密保护的发展过程。1991 年"商业秘密"法律术语首次出现于《民事诉讼法》，随后商业秘密立法保护逐渐进入立法机关和司法机关的视野。为了把握商业秘密的立法趋势，本节拟对国际组织、域外国家和我国商业秘密立法沿革进行必要的梳理。

一　国际：商业秘密立法沿革

1883 年 3 月 20 日，比利时、法国、巴西、瑞士等 11 国在巴黎签订了《保护工业产权巴黎公约》（以下可简称《巴黎公约》），这是历史上最早保护工业产权的国际公约。[①] 尽管在此国际条约中没有出现"商业秘密"的字样，也未曾有商业秘密保护的规定，[②] 但是《巴黎公约》第 10 条之二的规定通常被视为适用于保护商业秘密的条款，《巴黎公约》保护商业秘密的基本理念和立法基础是对不正当竞争行为的规制，通过对不正当竞争的禁止来实现对商业秘密的保护。[③]

《巴黎公约》签订之后，国际技术贸易变得日益频繁，专有技术（Know-how）的保护成为广泛关注的焦点。许多国际组织寻求并制定保

[①]　《巴黎公约》自 1884 年 7 月 7 日生效以来历经了七次大的修改，每次修改都产生一个新的文本。我国 1985 年 3 月 19 日加入《巴黎公约》，在加入《巴黎公约》时我国对其第 28 条第 1 款提出了保留。

[②]　《巴黎公约》虽然没有提到商业秘密的字样、概念和规定，但其第 10 条之二的规定，被世界贸易组织《与贸易有关的知识产权协议》指认为保护商业秘密的国际法渊源。参见张玉瑞《商业秘密法学》，中国法制出版社，1999，第 11 页。

[③]　《巴黎公约》第 10 条之二："1. 本联盟各成员国，有义务对国民提供有效保护，反对不正当竞争。2. 任何违反工商经营诚信实践的竞争行为，构成不正当竞争的行为。3. 特别禁止下列情形：（1）具有不择手段地对竞争者的营业所、商品或工商业活动造成混乱性质的一切行为。（2）虚假陈述，旨在交易中，贬损竞争者的营业场所、商品或者经营活动。（3）标识或者表示，其在交易中使用，可导致社会公众对商品性质、生产工艺、特点、用途之适用性、数量的误解。"

护专有技术的措施、建议或示范性立法来实现对商业秘密的保护。例如，1958 年国际商会的一份报告将专有技术界定为产品的制造方法和实施技术等知识、经验和诀窍，报告还认为专有技术包括秘密的方法和公式，也包括就制造方法已申请专利的技术。国际商会拟定的《专有技术保护标准条款草案》则认为专有技术是指实现经济目的的技术和生产实践中所必需的秘密性技术，或者这类技术的积累。① 1964 年 WIPO 主持拟定的《发展中国家发明示范法》（*Model Law for Developing Countries on Inventions*）第 53 条规定，未向大众公开或者未出版刊载，并且这类知识和方法的所有人已经采取了必要的保护措施保持其秘密性，这类知识和方法应予保护，以防止第三人使用、披露或者传播。② 1996 年在布达佩斯召开的国际保护工业产权协会（AIPPI）会议上指出，专有技术是有一定利用价值、为有限的专业人员知悉的、尚未公开的技术知识、数据、方法和经验等。③ 从上述三个国际组织提出的观点和建议来看，它们都将商业秘密视为专有技术，但都采用商业秘密的相关表述。

　　第一次将商业秘密作为独立的类别列入知识产权保护对象的国际性立法是 1994 年 4 月 15 日签署的《与贸易有关的知识产权协议》。此协议第 1 条第 2 款就明确了"未披露的信息"（undisclosed information）作为知识产权独立类别的地位④，而"未披露的信息"就是我们所说的商业秘密。《TRIPS 协议》第 39 条对未披露的信息作出了专门性规定，此条第 1 款对《巴黎公约》1967 年文本第 10 条之二禁止不正当竞争行为过程中的"未披露的信息"和"向政府或者政府代理机构提交的数据"予以保护，且第 2 款对"未披露的信息"的构成条件作出明确的规定，此条第 3 款对向成员国提交的未披露过的采用新化学成分的医药用或农用

---

① 商业秘密法制丛书编辑委员会：《商业秘密法制现状分析及案例》，中国法制出版社，1995，第 34 页。

② 商业秘密法制丛书编辑委员会：《商业秘密法制现状分析及案例》，中国法制出版社，1995，第 34 页。

③ 戴永盛：《商业秘密法比较研究》，华东师范大学出版社，2005，第 18 ~ 19 页。

④ 《与贸易有关的知识产权协议》第 1 条第 2 款："就本协定而言，'知识财产'一词系指第二部分第一节至第七节所提到的所有类别的知识财产。"而第二部分第七节第 39 条"未披露过的信息的保护"就是我们所言的商业秘密。

化工产品的实验数据或者其他数据予以保护，防止其被不正当商业使用。[①] 1996 年世界知识产权组织（WIPO）草拟的《反不正当竞争示范条款》第 6 条"关于秘密信息的不正当竞争"用的是"秘密信息"（secret information）而非"未披露的信息"的表述，此条要求信息的合法权利人必须采取合理的措施或者以某种方式使信息不为他人所知晓。同时，此条还列举了一些关于秘密信息的不正当竞争的情形，例如，工商业间谍、违约、泄密以及诱使他人实施上述行为。[②]

在世界知识产权组织等国际组织推动商业秘密立法的同时，有些经济较为活跃的经济区域国家和组织也积极推动商业秘密的统一保护体系的建立。例如，1970 年 9 月美国、日本、德国等 13 国专家在佩斯卡拉举行国际比较法会议，会议强调对技术诀窍的专有权保护，抵制第三者盗用他人技术诀窍，对非法手段获取和使用技术诀窍者必须追究民事责任。[③] 此处的技术诀窍即是我们所言的商业秘密。1993 年 12 月美国、墨西哥、加拿大签订的《北美自由贸易协定》（NAFTA）第 1711 条规定各成员国负有保护商业秘密的义务，其内容与《TRIPS 协议》基本相同。[④] 又如，为消除欧盟各成员国自行制定商业秘密保护法律造成制度上的差异，打击日益猖獗的商业秘密侵权行为，2016 年 6 月 8 日欧盟颁布《商业秘密保护指令》（European Union Directive 2016/943 on the Protection of Trade Secrets），从区域层面统一商业秘密立法，促进欧盟各成员国市场的创新和经济发展。此指令以《TRIPS 协议》第 39 条为基础，科学地界定了商业秘密的定义与保护原则，明确了合法和非法获取商业秘密的手段，规定了商业秘密纠纷的诉讼措施、预警机制（保护令、扣押令、临时禁令）、赔偿程序与数额等。此外，此指令还规定了侵权行为除外的制度，使侵权行为的认定变得更为便捷。

---

① 郑成思：《WTO 知识产权协议逐条讲解》，中国方正出版社，2001，第 129 页。
② 郑成思：《知识产权论》，法律出版社，2003，第 516 页。
③ 吴礼洪：《商业秘密的法律保护》，《法学》1993 年第 10 期。
④ 美国前总统特朗普上任后积极主张重启《北美自由贸易协定》（NAFTA）谈判，2018 年 9 月 30 日，美国、加拿大和墨西哥结束了长达 13 个月的贸易谈判，达成《新北美自由贸易协议》（USMCA）。USMCA 对商业秘密相关条款尚未作出原则性的修改，仍然与 NAFTA 保持基本一致。

二　域外：商业秘密立法沿革

随着信息技术的发展和知识经济的到来，商业秘密法律制度自 20 世纪 50 年代进入了全新发展阶段，以美国为代表的发达国家加强商业秘密的国内立法和司法保护，发展中国家也开始注重对商业秘密进行国内立法，以适应商业秘密法律保护的国际化趋势。本节拟对美、英、德、日等国的商业秘密立法沿革进行必要的梳理，希望对我国商业秘密立法有所裨益。

（一）美国商业秘密立法沿革

从世界范围来看，美国对商业秘密立法保护研究最为深入，其立法规定也最为完备。美国商业秘密法律保护主要体现于《经济间谍法》《保护商业秘密法案》等法律、众多的司法判例和一系列示范法当中。

1837 年美国法院审理的 Vickey v. Welch 案具有标志性意义，是该国判例史上第一起涉及技术秘密的案例。此案因巧克力技术转让纠纷而起，当事人事先约定由被告方将其拥有的关于巧克力制作方法的秘密技术转让给原告方，但是被告事后反悔，只同意一般技术的转让，而拒绝秘密技术的转让。被告在法庭上提出的拒绝理由是秘密技术的转让将对自己生产构成不合理限制。法院审理后依据当事人双方事先签订的合同判决原告胜诉，被告有义务将其秘密技术一并转让给原告。1854 年 Deming v. Chapman 案是美国法院审理的第一起商业秘密保护案件，此案例亦为商业秘密转让纠纷。被告曾从原告处学得有关大理石花纹铸铁技术并承诺对这些技术进行保护，但是被告在合同履行过程中违约，原告以被告违约泄密为由提起诉讼，最终该案被法院驳回。法官在审理时认为，原告的技术并非自己专有，而是从他处习得，根据"手脚不干净者，不得诉诸衡平"的衡平法原则，原告的诉讼请求得不到法院的支持。虽然本案涉及商业秘密保护问题，但并未涉及商业秘密的司法认定、保护方法和救济途径等核心问题，一般不视为美国商业秘密保护的经典案例。1868 年 Peabody v. Norfolk 案具有划时代的意义，标志着商业秘密法律保护在美国的确立。马萨诸塞州最高法院法官在审理该案过程中将商业秘密权视为一种财产权，通过财产权理论来实现对商业秘密的法律保护。同时，他还分析了商业秘密保护与专利保护的关系，指出商业秘密保护不构成对专利法的破坏，相反在技术无法诉诸专利保护时，可以采取商业秘密的方式来对其加以保护，起到了弥补专利法不足的作用。

1939年美国法律学会编纂的《侵权行为法重述（第一次）》用专章规定了商业秘密保护问题，第757条的评论以列举的方式对商业秘密进行了定义性规定，指出商业秘密具有秘密性、新颖性、具体性、能够为持有者带来竞争优势的特点，该法还规定了非法披露或者使用他人商业秘密应当承担法律责任，对于以不正当手段获取商业秘密的行为作出了界定，同时该示范法还规定了商业秘密的善意取得和例外情形等问题。1978年美国法律学会基于商业秘密规范属于不公平竞争及交易规范的内容，出台了《侵权行为法重述（第二次）》，将有关商业秘密的规定连同不公平竞争及交易规范的内容全部删除，使此部分独立于侵权行为法体系。① 1979年美国NCCUSL颁布的美国《统一商业秘密法》② 以示范法的形式对商业秘密予以重新定义，其剔除了《侵权行为法重述（第一次）》要求商业秘密须持续使用于生产的限定，使得商业秘密的范围进一步扩大。同时，此法还对损害赔偿、禁令救济、律师费用、诉讼时效、保密措施等问题作出了具体规定，成为一部较为系统的商业秘密专门法律，为美国大多数州所采用，为其他国家所纷纷效仿。1995年美国法律学会颁布了涉及商业秘密的第三个示范法《法律重述》中的"反不正当竞争法"部分（学界简称之为《反不正当竞争法重述》），此部分以专章的形式对商业秘密作出相应规定，其内容包括商业秘密的概念、侵权形式、保密义务、法律责任、禁令等救济途径、经济赔偿等。③

为了更有效地保护商业秘密，1996年美国国会通过《经济间谍法》，这是美国第一部联邦商业秘密法。该法设置了两个罪名（经济间谍罪、窃取商业秘密罪），并规定相应的法律责任、诉讼过程中的保密措施和法律的域外效力。从立法内容来看，经济间谍罪的量刑重于窃取商业秘密罪，这种区别表明了美国通过立法保护本国商业秘密、打击和惩治外来

① 戴永盛：《商业秘密法比较研究》，华东师范大学出版社，2005，第8页。
② 美国《统一商业秘密法》是美国统一州法委员会颁布的一部示范法，其对各州没有约束力，只是对各州的商业秘密立法起示范性作用，由各州立法自行决定采用与否。
③ 张玉瑞：《商业秘密法学》，中国法制出版社，1999，第18页。

经济间谍行为的决心。① 2016 年 5 月 11 日，美国前总统奥巴马签署《保护商业秘密法案》，该法案在《经济间谍法》的基础上对商业秘密的相关规定作出了小幅修改，该法案基本上沿用了概括式与列举式并用的立法模式，并对"不正当竞争手段"和"侵占"的概念进行了详细的规定。②

（二）英国商业秘密立法沿革

英国是世界上最早对商业秘密给予法律保护的国家。为了防止商业秘密泄露或非法使用，1720 年英国就制定了禁止工匠移居国外的规定。早期英国商业秘密纠纷主要集中于药品配方的权属争议。例如，Newbery v. James 案被称为近现代商业秘密法制史上最早的判例，该案被告涉嫌窃取治疗痛风的秘方，原告试图利用诉讼的手段保护这一秘方，但其拒绝向法院公开争议秘方的细节。法官埃尔顿（Elton）指出，倘若被告知悉此药方秘密，那么原告就不得阻止其使用秘方，因为此配方已经不再是秘密，法庭没有理由发出禁令。因此，法院最后判决原告获得损害赔偿，但是未禁止被告继续生产。在现在看来，当时的商业秘密案件审理略显不够成熟，尚不足以起到保护商业秘密的作用，一般不被视为典型保护商业秘密的判例，但其意义和影响是深远的。随后此类药方秘密案例不断涌现，例如，Yovett v. Winyard 案③、Marison v. Moat 案④。随着英国工业化进程的加快，商业秘密保护和纠纷不再局限于某个领域，而向各行业迅速蔓延，较为多见的是雇佣关系领域雇员与雇主之间的商业秘密纠纷，例如：Prince Albert v. Strange 案⑤；Stevenson，Jordan and Harrison Ltd. v. Macdonald and Evans Ltd. 案⑥；Cranleigh Precision Engineering Ltd. v. Bryant 案⑦；等等。在商业秘密案件审理过程中，英国法官经历了由"违反保密关系"到"违反信托关系或保密关系"的转变，Prince Albert v. Strange 案具有标志性意义，是英国法官运用信托关系理论来处理商业

---

① 周铭川：《侵犯商业秘密罪研究》，武汉大学出版社，2008，第 7 页。

② S. 1890 – 114th Congress（2015 – 2016）：*Defend Trade Secrets Act of* 2016［,］. https://www. congress. gov/bill/114th-congress/senate-bill/1890/text? overview = closed.

③ Yovett v. Winyard. 1 Jac. & W. 394，37 Eng. Rep. 425（Ch. 1820）.

④ Marison v. Moat. 9 Hare 241，68 Eng. Rep. 492 Ch. 1851.

⑤ Prince Albert v. Strange.［1849］41 ER 1171.

⑥ Stevenson，Jordan and Harrison Ltd. v. Macdonald and Evans Ltd.［1951］68 RPC 190.

⑦ Cranleigh Precision Engineering Ltd. v. Bryant.［1964］3 ALL ER 289.

秘密案件的起点。

然而，英国较长时期内始终通过判例法来实现对商业秘密的保护。我们平时所见到的大多是在一些单行法规中使用秘密信息（confidential information）或相应的词语，以及对这些词语所作的定义说明。例如，1919 年《各工业行业计量检验法》含有商业秘密保护条款，1970 年《个人所得及公司税法》涉及"技术秘密"定义条款，1984 年《食品法》的商业秘密保护的条款等。① 值得关注的是，1981 年英国国会法律委员会草拟了《关于违反信赖关系的法律草案》（Draft Bill of Breach of Confidence），准备将违反保密关系、侵犯他人商业秘密的行为纳入成文法规制的轨道，该草案内容主要包括序言、产生保密义务的情事、保密义务的内容与保密义务的终止、违反保密义务的诉讼、商业秘密遭受侵害的救济、对合同诉讼的适用、最后条款七个方面。

2018 年 6 月英国首个商业秘密专门法——《商业秘密（执法等）条例（2018）》[The Trade Secret（Enforcement，etc.）Regulation 2018（SI 2018 No. 597）]，此条例适用于英国全境范围，其颁布标志着英国的商业秘密保护立法向着专门化方向发展。② 尽管英国面临着脱欧的现实，但是，此条例基本沿用了欧盟《商业秘密保护指令》的实质性内容，主要沿用了商业秘密和侵权物品的含义、诉讼时效、财产救济计算的原则、临时救济措施等内容。同时，此条例还对欧盟《商业秘密保护指令》进行更为具体的规定，例如，利用搜查令来保存证据、无意中非法使用或者披露雇主商业秘密的无须承担责任。③

（三）德国商业秘密立法沿革

德国商业秘密立法始于 1896 年《反不正当竞争法》，此法规定商业秘密侵权是应当被禁止的一种不正当竞争行为，这主要体现于第 9 条和

---

① Section 3（5）of "*The Check Weighing in Various Industries Act* 1919", Section 386 of "*The Income and Corporation Taxes Act* 1970", Section 87（5）of "*The Food Act* 1984".

② Article 1 of "*The Trade Secrets（Enforcement，etc.）Regulations* 2018"：. —（1）These Regulations may be cited as the Trade Secrets（Enforcement，etc.）Regulations 2018 and come into force on 9th June 2018.（2）These Regulations extend to England and Wales, Scotland and Northern Ireland. See：http://www. legislation. gov. uk/uksi/2018/597/contents/, last visited April 30, 2018.

③ 郑友德、钱向阳：《论我国商业秘密保护专门法的制定》，《电子知识产权》2018 年第 10 期。

第 10 条的相关规定。这两条规定雇员不得泄露就职企业的商业秘密，违反此规定的须承担刑事责任。1909 年重新制定的《反不正当竞争法》沿用了这一规定。① 从立法伊始，德国就采用刑事条款来实现对商业秘密的保护，违反《反不正当竞争法》有关商业秘密保护的条款，即将面临刑事处罚。现行的《反不正当竞争法》第 17 条至第 20 条也是关于商业秘密刑事保护条款，其中，第 17 条规定有三个侵犯商业秘密罪名，即非法披露因雇佣关系知悉的商业秘密罪、非法获取或保存商业秘密罪、非法使用或者披露以不正当手段获取商业秘密罪；第 18 条规定有擅自使用或者披露商业秘密样品资料罪的罪名；第 19 条规定了实施第 17 条和第 18 条侵权行为应当承担的赔偿责任；第 20 条规定了引诱他人侵权商业秘密罪等罪名。此外，德国《有限责任公司法》《股份法》《企业委员会基本法》等法律中也存在有关侵犯商业秘密行为的刑事条款。例如，《有限责任公司法》第 85 条、《股份法》第 404 条、《企业委员会基本法》第 120 条对公司内部特定人员披露公司商业秘密所应当承担的刑事责任作出了特别规定。② 《第二部反经济犯罪法》（1986）在《反不正当竞争法》的基础上，将工业间谍行为等第三人非法获取商业秘密的行为规定为犯罪，而且规定犯罪未遂还应承担刑事责任。③

截止到 2020 年底，德国没有专门的商业秘密民事立法，对于商业秘密的民事保护一般援引《民法典》第 823 条（关于损害赔偿义务的规定）、第 826 条（关于违反善良风俗的故意损害）、第 611 条（关于劳务合同的性质）等规定。同时，在现实生活中，商业秘密案件双方通常是离职雇员和原受雇企业，为有效平衡离职雇员的职业发展和雇主保护商业秘密的利益，德国司法机关在大量的司法判例中采用"诚实获得"（honestly acquired）的标准。需要注意的是，2018 年 4 月，德国联邦司法与消费者保护部公布德国《保护商业秘密法》部长级草案，同年 7 月，德国政府公布《保护商业秘密法》法律草案，草案对德国的商业秘密立

---

① 1909 年德国《反不正当竞争法》颁布以来，历经十余次修订，目前沿用的是 2016 年 2 月 17 日的修订版本。

② 此处的特定人员是指股份公司董事会或监事会成员或公司清算人，有限责任公司经理、监事会成员或清算人，企业委员会成员或候补成员等。参见刘晓海《离职员工和商业秘密的保护——对德国法的实证研究》，《科技与法律》2006 年第 2 期。

③ 邵建东：《德国反不正当竞争法研究》，中国人民大学出版社，2001，第 296~297 页。

法作出较为系统的规定，相信在不久的将来德国将诞生本国首部统一的商业秘密保护专门法。

（四）日本商业秘密立法沿革

日本对商业秘密的立法保护，源于 1911 年拟定的《不正当竞争防止法（草案）》，该法部分条款对商业秘密保护问题作出具体规定。1967 年日本专利协议提出《关于保护专有技术的提案》，要求对《不正当竞争防止法》进行必要的修改，以满足当时经济社会发展的现实需要。1990 年颁布的《不正当竞争防止法》从立法层面正式确立商业秘密法律制度，1993 年修订此法时又增加了商业秘密侵权刑事立法条款。2003 年日本政府出台《商业秘密管理指针》，将非法使用、披露商业秘密等行为列为处罚对象，2005 年又将在本国以外使用、披露商业秘密的行为纳入刑法规制的范畴。截止到 2020 年底，日本《不正当竞争防止法》经历了 7 次修改，商业秘密条款主要体现于 2015 年底修订、2016 年初实施的《不正当竞争防止法》第 2 条、第 5 条、第 21 条的规定。其中，第 2 条在给商业秘密下了一个准确定义的基础上[1]，列举出应当承担民事责任的具体行为；第 5 条第 2 款规定了技术秘密侵权适用的技术范围；第 21 条规定了对企业雇员、高管等违反约定或权利人的要求侵占、披露、使用商业秘密的法律责任。[2]

对于商业秘密侵权的法律救济，日本坚持民事救济为主、刑事制裁为辅的原则。就民事救济而言，《不正当竞争防止法》第 3 条、第 4 条和第 7 条规定了禁止请求权、废弃除去请求权、损害赔偿请求权、恢复信用请求权四种救济方法；同时，商业秘密侵权民事救济过程中，通常援引该国《合同法》《侵权行为法》，制止商业秘密侵权行为。刑事救济方面，日本《刑法典》第 35 章专门规定了侵犯秘密罪，其主要体现于该法的第 317 条、第 318 条。从这两条可以看出，犯罪对象可以是个人秘密也可以是企业秘密，犯罪主体是与秘密权利人存在信赖关系或保密协议（合同）关系的人。该法第 319 条规定，侵犯秘密罪实行告诉才处理的原

---

① 《不正当竞争防止法》第 2 条："作为秘密管理的生产方法、销售方法以及其他经营活动有用的技术上或者经营上未被公知的情报。"

② 张玉瑞：《日本〈不正当竞争防止法〉的借鉴意义》，《中国知识产权报》2016 年 2 月 26 日。

则，即只有受害者告诉的，法院才予以处理。

（五）域外国家商业秘密立法启示

从上述国家的商业秘密立法来看，其具有以下三个特点。第一，起初普遍以竞争法的模式来保护商业秘密。例如，德国《反不正当竞争法》、日本《不正当竞争防止法》较为系统全面地规定了各自国家的商业秘密法律制度。第二，制定商业秘密专门法将成为各国的普遍趋势。例如，美国商业秘密立法先后经历了《侵权行为法重述（第一次）》《反不正当竞争法重述》《统一商业秘密法》《经济间谍法》《保护商业秘密法案》，伴随知识经济和信息社会的发展，商业秘密将呈现专门化的立法趋势。伴随着 2016 年 6 月欧盟《商业秘密保护指令》的通过，欧盟各成员国为履行指令义务而相继或者即将着手制定本国专门的商业秘密立法。第三，注重商业秘密的刑事立法保护。从上述国家立法演变来看，域外国家不同程度地借助刑罚手段来实现对商业秘密的全方位保护，以德国最为明显，在《反不正当竞争法》《有限责任公司法》《股份法》《企业委员会基本法》《第二部反经济犯罪法》（1986）等法律中都有关于商业秘密刑事立法保护的规定。美国、日本等国家也都具体规定了侵犯商业秘密所应承担的刑事责任。这些立法特点和趋势对我国商业秘密立法体系的建构具有重要的指导意义和借鉴价值。

三　国内：商业秘密立法沿革

（一）我国商业秘密的立法沿革

我国商业秘密立法源于 1985 年国务院颁布的《技术引进合同管理条例》，其率先对技术秘密的保护进行了规定。① 1986 年颁布的《民法通则》第 118 条以"其他科技成果权"的字样间接涵盖了商业秘密中的专有技术秘密问题。在当时没有其他商业秘密立法的情况下，司法实践中常援引此条作为对专有技术进行保护的法律依据。1987 年第一部由全国人大常委会制定的直接涉及商业秘密保护的法律《技术合同法》问世，该法第 15 条将技术情报和资料的保密列为技术合同的必备条款，随后国

---

① 《技术引进合同管理条例》第 7 条。

务院颁布的《技术合同法实施条例》进一步明确侵害技术秘密造成损失的赔偿问题。① 与此同时，国务院及其相关部委还出台了针对科技人员流动中保守技术秘密的规定。1986 年国务院发出的《关于促进科技人员合理流动的通知》规定，科技人员离职时不得带走原单位的技术秘密，不得泄露国家机密或者侵犯原单位技术权益，否则，将被严肃处理。1988 年国家科委制定、国务院批转的《关于科技人员业余兼职若干问题的意见》对科技人员兼职导致技术秘密的泄露作出了原则性规定。从以上可以看出，当时我国商业秘密立法一直停留在技术秘密保护的层面上。商业秘密第一次被当作正式法律用语始于 1991 年颁布的《民事诉讼法》，然而，这只是商业秘密维权诉讼过程中的一些程序性规定，实体上的立法还尚未出现。②

随着我国市场经济体制的逐步建立和发展，人们对商业秘密观念的日益接受，迫切需要对商业秘密进行立法保护，1993 年《反不正当竞争法》就是在此背景下孕育而生的。该法的颁布具有划时代的意义，标志着我国商业秘密保护制度的确立。具言之，《反不正当竞争法》第 10 条概括式地规定了商业秘密的概念，列举了侵犯商业秘密的不正当方式。同时，该法第 20 条规定为损害救济机制，但是第 20 条的规定仅仅在经营者之间出现侵权（包括侵犯商业秘密权）行为时才能适用，并不能针对其他任何侵权主体主张赔偿，这无疑是立法的一大遗憾。1995 年原国家工商行政管理局发布了《关于禁止侵犯商业秘密行为的若干规定》，大部分省、自治区、直辖市都以条例、实施办法的形式对《反不正当竞争法》中关于商业秘密的条款进行了细化。1994 年出台的《劳动法》第 22 条对劳动关系中涉及的商业秘密作出了原则性规定。1997 年国家经贸委办公厅公布的《关于加强国有企业商业秘密保护工作的通知》，对商业秘密的定义、范围作出了明确规定，并指出了国有企业保护商业秘密应采取的措施和手段。同年，我国《刑法》第 219 条第一次将侵犯商业秘密情节严重的行为规定为犯罪，即侵犯商业秘密罪。1999 年全国人大通过的《合同法》，吸收了涉外经济合同法、技术合同法和经济合同法

---

① 《技术合同法实施条例》第 23 条、第 33 条、第 76 条。

② 《民事诉讼法》第 66 条、第 120 条第 2 款。

有关商业秘密保护的相关规定，对合同的附随义务、技术合同当事人的保密义务等都进行了规定。随后出台的一系列法律法规，如《个人独资企业法》《海关法》《对外贸易法》《证券法》《反垄断法》《劳动合同法》等均对依职权或业务之便知悉他人商业秘密的行为主体设定了保守商业秘密的义务。在加强商业秘密国内立法的同时，我国还签署了一些国际条约，缔结了一系列双边或多边条约。例如，《巴黎公约》《TRIPS协议》《中美关于延长和修改两国政府科学技术合作协定的协议》《关于保护知识产权的谅解备忘录》等，都有商业秘密保护的规定。

从我国商业秘密立法的轨迹来看，商业秘密立法始终围绕商业秘密权的保护展开，每一次立法、修法和出台的司法解释、行政规章、部门规章、规范性文件等无不围绕着商业秘密权进行多维度的保护。同时，这些法律法规规章和规范性文件对商业秘密权的保护比较松散、凌乱，规范性、系统性略显不足。有学者认为，到目前为止，我国对商业秘密的国内法保护已逐步建立。然而，本书认为商业秘密立法还处在萌芽阶段，一些领域的商业秘密得到了相关法律法规的保护，但是还有不少领域的商业秘密并没有得到应有的保护，有待于制定一部专门性的商业秘密立法，来加强对商业秘密权的保护。

（二）我国商业秘密立法存在的缺陷

从上述我国商业秘密的立法沿革来看，商业秘密立法较为分散，商业秘密保护散见于各种不同的法律中，如《民法典》《反不正当竞争法》《刑法》《劳动法》《劳动合同法》等。与此同时，现行商业秘密立法还存在如下不足，有待立法完善。

1. 商业秘密保护范围规定欠妥

第一，针对2017年修订的《反不正当竞争法》将其规制的范围限定为"经营者与经营者之间的行为"而无法适应实践需要的现实，2019年修正的《反不正当竞争法》将商业秘密侵权行为的规制范围扩展至任何民事主体之间的行为。然而，尽管《反不正当竞争法》对商业秘密不法行为的规制涉及各类民事主体之间的行为，但是，《反不正当竞争法》与《商业秘密保护法》在出发点、调整角度和价值取向等方面存在不同，商业秘密立法保护完全寄希望于《反不正当竞争法》的修改是不切实际的。第二，2019年修正的《反不正当竞争法》第9条第4款将原来的"技术信息和经营信息"修改为"技术信息、经营信息等商业信息"，此规定从某种意义上说明立法者有扩大商业秘密保护范围之意。然而，事实并非如此，任何一种有经济价值或者竞争优势、不为公众所知悉并采取保密措施的信息，都可以囊括于技术信息和经营信息之内，增加"等商业信息"字样并不能保障商业秘密保护范围有扩展的现实可能性。因此，商业秘密的保护范围无外乎技术信息和经营信息两类，笔者建议2019年修正的《反不正当竞争法》第9条第4款仍然保持原立法的表述。

2. 侵犯商业秘密救济途径欠缺

就我国目前立法状况而言，侵犯商业秘密救济一般按照民事诉讼程序进行，因该侵权行为与一般不正当竞争行为存在明显区别，现行的司法救济途径不能给商业秘密权利人提供及时、有效的救济。一是缺乏紧急司法救济措施。商业秘密一般遭到侵害或被公开，将会立即丧失价值，无法恢复原状，因此，一旦出现紧急情况，权利人无法紧急进行司法救济。二是权利人举证难、胜诉难。一般侵权案件适用谁主张、谁举证的原则，然而，商业秘密侵权案件与一般侵权案件不同，侵权行为较为隐蔽，侵权手段呈现高科技化、智能化，权利人要全面掌握侵权事实，对自己主张的事实进行举证较为困难，这就造成权利人举证难、胜诉难。[1]三是对诉讼过程中商业秘密泄露的防范缺少专门立法规定。我国《民事诉讼法》仅规定商业秘密案件不公开审理，但是对商业秘密案件审理过程中的证据展示与介绍、诉讼参与人的保密、案卷和证据材料泄露等作出了专门规定，这极可能造成商业秘密的"二次"侵害。这会造成被侵害人不愿意将商业秘密侵权行为诉诸法律，变相纵容了侵权行为。在欧美国家，"禁令制度"（injunction）被广泛地运用，"禁令"可以防止商业秘密侵权在诉讼过程中进一步扩大化。

---

[1] 《华西都市报》2010年8月3日第2版报道："原告胜诉率仅为21%"，这是成都中院调研得出的数据；2014年4月21日宁波中院发布的《商业秘密民事纠纷案件审判白皮书》指出，自2006年以来，宁波市两级法院受理的30起商业秘密纠纷，仅1起原告胜诉。参见牛莉、何成子《员工跳槽泄露商业秘密 原单位起诉胜算仅两成》，《华西都市报》2010年8月3日；《商业秘密民事纠纷案件审判白皮书》，宁波法院，http://www.nbcourt.gov.cn/art/2014/4/28/art_3383_66198.html，最后访问日期：2021年5月21日。

3. 侵犯商业秘密法律责任亟待完善

一方面，我国《反不正当竞争法》（2019）第17条规定，侵犯商业秘密承担的民事责任仅为赔偿责任，而且仅局限于"经营者间的侵权行为"。按照侵权行为法原理，民事责任的承担主要有缔约过失责任、违约责任、侵权责任，上述规定商业秘密侵权行为所应承担的民事责任仅为侵权责任的一个部分，缔约过失责任主要是指合同生效前，行为人违反合同前应当承担的保密义务，使商业秘密权利人利益遭受侵害所应当承担的责任，这一责任应当成为侵犯商业秘密法律责任不可缺少的一个部分，可以预防侵权人以订立合同为名侵犯相对方的商业秘密。违约责任主要出现在行为人与权利人之间签有保密合同，承担保密义务，因其行为人违背保密义务所以应承担的法律责任，此情况经常出现于雇主与雇员之间。另一方面，目前商业秘密保护实践中普遍存在"先刑后民"，滥用刑事手段处理商业秘密案，出现了不少错案。商业秘密民事侵权行为是构成侵犯商业秘密罪的前提条件，因此，在审理商业秘密侵权行为案件时，应当坚持先追究侵权人的民事责任，再追究其刑事责任，即"先民后刑"原则。

第三章　商业秘密法律制度的立法模式

为了维护市场经济秩序，保护创新者的积极性，鼓励市场主体创造出更多的社会财富，世界上许多国家和地区都根据本国国情来加强对商业秘密的法律保护。然而，域外国家对商业秘密立法保护采取的立法模式不尽相同，而立法模式的选择是构建商业秘密法律制度的前提和基础，唯有确定商业秘密的立法模式，才能在此基础上搭建出完善的商业秘密法律制度。本章拟对域外国家和中国台湾地区商业秘密保护的立法模式进行必要梳理，然后提出我国商业秘密的立法模式及其理由，为本书后文构建商业秘密法律制度提供重要的理论支撑。

第一节　域外国家和中国台湾地区商业秘密立法模式

知识产权激励机制的形成激发了人们开发商业秘密的积极性，商业秘密的巨额经济价值诱发了恶意商业秘密侵权行为的肆意蔓延。激励与惩处机制的建立亟须通过制定相关法律的方式来实现，以保障商业秘密权利人的合法权益，促进其投入更多的资金和精力进行商业秘密研发。而立法模式的选择是立法的前提和基础，本节拟对域外国家和中国台湾地区的商业秘密立法模式进行深入探讨。综观域外国家和中国台湾地区立法，主要存在以下五种不同的立法模式。

一　侵权行为法立法模式

商业秘密通过侵权行为法予以保护流行于美国，1939 年美国《侵权行为法重述（第一次）》对本国理论界的商业秘密立法保护学说和司法机关的商业秘密司法判例进行了全面总结。《侵权行为法重述（第一次）》评论 a 部分涉及商业秘密立法保护问题，侵权法的出发点是民事行为人负有善意的义务，违反这一义务即应当承担法律责任，即违反保密协议、合同或者以不正当手段获取商业秘密的法律责任。侵权法并不禁止他人通过合法手段获取商业秘密，例如，通过反向工程、独立研发等合法手段获取商业秘密的，获取者可以自由披露或者在自己的经营中使用而不承担法律责任。《侵权行为法重述（第一次）》第757、758、759条都涉及秘密信息保护问题，其中，第757、758条主要规定了披露或使用他人商业秘密的法律责任和善意使用商业秘密的责任豁免；第759条规定了以不正当手段获得他人商业信息的构成要件和法律责任。

尽管在美国后来的《侵权行为法重述（第二次）》及历次修订中，商业秘密相关条款已被删除，但是，利用侵权行为法来保护商业秘密仍然广泛影响着美国全国和大部分州的商业秘密立法，大部分州立法机关均认为《统一商业秘密法》与《侵权行为法重述（第一次）》并无实质的不同。

除美国以外，日本在《不正当竞争防止法》（1990）修订前，通过《日本民法典》有关侵权行为规定来实现对商业秘密的保护。中国台湾地区在"公平交易法"（1992）颁布之前，也主要通过"民法典"和有关民事"法律"中有关侵权行为的条款来保护商业秘密。侵权行为法之所以被运用于商业秘密保护，主要是由于商业秘密在这些国家和地区被视为一种财产，一旦受到侵害便可以依据侵权行为法的规定来维护商业秘密权利人的合法权益。

二　合同法立法模式

信守合同约定是市场经济的基本规则，通过签订保密合同（或保密协议）的形式来实现对商业秘密的保护也成为不少国家立法保护商业秘密的重要方式。在美国，商业秘密权利人可以依据合同法、财产法、侵权法之一起诉，而法院可以适用其中的一种，也可以同时适用多种理论来对商业秘密案件作出判决。[①] 例如，Du Pont De Nemours Powder Company v. Walter E. Masland 案[②]是美国法院适用保密合同审理商业秘密纠纷的典型案例，审理该案的法官霍姆斯指出，无论被告是否知悉原告商业秘密的价值，其与原告都存在特定保密关系，负有保守商业秘密的义务。

---

① 张玉瑞：《商业秘密法学》，中国法制出版社，1999，第250页。

② Du Pont De Nemours Powder Company v. Walter E. Masland. 244 U. S. 100，37 S. Ct. 575，61 L. Ed. 1016（1917）.

在英国，学界有学者主张通过合同法立法模式来实现对商业秘密的保护，例如，艾莉森·科尔曼（Allison Colemen）认为，禁止他人使用或者披露权利人保密信息的权利基础在于权利人与义务人之间存在保密义务，保密义务就确立义务人负有保守权利人商业秘密的职责。[1] 合同法立法模式保护商业秘密在某些经典案例中也有所体现，例如，1969 年 Fraser v. Evans 案，原告是一个公关公司，与希腊政府签订合同，由该公关公司向希腊政府提交一份研究报告，合同约定在工作期间和工作结束后，双方均负有保密义务。后来此研究报告落入报社记者手中，该记者联系公关公司要求发表而被公关公司以有损公司业务和违反合同义务为由起诉至法院，法院以合同法理论为依据，指出公关公司与希腊政府的合同只要求双方当事人负保密义务，合同以外的人没有这方面的义务，公关公司无权阻止报社发表此研究报告。[2] 此案即是以合同法为依据来进行审理的，尽管商业秘密权利人没有胜诉，但是，此案肯定利用合同法理论保护商业秘密的事实。

三　竞争法立法模式

非法获取或者披露商业秘密是一种扰乱市场竞争秩序的行为，其最终目的是通过损害竞争对手的利益来实现自己的非法利益。而商业秘密的竞争法立法模式是保障市场竞争秩序的需要，其目的在于保障市场竞争秩序。因此，将商业秘密纳入竞争法的保护范围就成为不少国家和地区的最佳选择。

正如前文所述，德国对商业秘密的保护主要体现在《反不正当竞争法》。该法对商业秘密保护作出了专门规定，雇员于雇佣关系存续期间泄露商业秘密的、行为人擅自获取商业秘密或将所获取的商业秘密泄露于他人的、当事人擅自利用或泄露商业交易中所获悉的商业秘密的，应当承担刑事责任。此外，该法还规定了侵犯商业秘密应当承担的民事责任（第 1 条），可请求侵害人停止侵害行为和损害赔偿。日本《不正当竞争防止法》（1934）在 1990 年修订时，将商业秘密纳入此法的保护范围，并于 1991 年 6 月实施，1993 年 5 月日本再次对《不正当竞争防止法》

---

[1]　Allison Coleman, *The Legal Protection of Trade Secrets* (Hong Kong: Sweet & Maxwell, 1992), p. 30.

[2]　Fraser v. Evans, [1969] 1 QB 349 CA.

进行了修订，《不正当竞争防止法》主要涉及商业秘密的定义、侵害商业秘密行为的类型、侵犯商业秘密的救济方式、诉讼时效等条款。类似采用竞争法立法模式保护商业秘密的还有不少国家和地区，例如，瑞士1986年颁布的《反不正当竞争法》、匈牙利1990年制定的《反不正当市场行为法》、韩国1991年修订的《不正当竞争防止法》。

在我国，商业秘密立法主要源于我国1993年颁布的《反不正当竞争法》，此法经历了2017年和2019年两次修订，修订后的《反不正当竞争法》第9条、第21条主要涉及商业秘密相关条款，同时，第2条第1款作为兜底条款，同样适用于商业秘密条款，侵犯商业秘密的行为通常被视为不正当竞争行为，受到第2条第1款的规制。然而，现实生活中，此条的运用并不是很多。究其原因主要是社会公众对反不正当竞争行为尚未形成比较深入的认识，不能对市场上的不当行为作出灵活的处理应对。中国台湾地区"营业秘密法"实施之前，通过"公平交易法"来实现对商业秘密的保护。①"公平交易法"的性质是竞争法，相当于大陆地区的《反不正当竞争法》。

四　专门式立法模式

专门式立法模式，是指制定一部统一的商业秘密保护法来实现对商业秘密的法律保护，当前采用这一模式的国家和地区主要有美国和中国台湾地区。同时，当前大多数国家的商业秘密立法都呈现专门化立法的发展趋势。

在美国，商业秘密立法先后经历了《侵权行为法重述（第一次）》《反不正当竞争法重述》《统一商业秘密法》阶段。采用专门立法模式对商业秘密予以保护有着深刻的背景。第一，判例法对商业秘密予以越来越多的保护，但是利用判例法保护商业秘密并没有取得令人满意的进展，工商业界对判例法保护商业秘密的模式不满情绪日益高涨；② 第二，美

---

① 中国台湾地区对商业秘密"立法"保护历经"民法""刑法""公平交易法""营业秘密法"的"立法"阶段。目前，中国台湾地区主要采用专门法"立法"模式，即通过"营业秘密法"实现对商业秘密的保护。然而，其具体适用方面仍然依靠如"公平交易法"等加以辅助，以弥补专门法的不足和遗漏。

② S. J. Soltysinki, "Are Trade Secrets Propertyä," *International Review of Intellectual Property and Competition Law* 3（1986）：339.

国各州对商业秘密都享有立法权，商业秘密是否予以立法保护、如何实现立法保护、保护程度如何等都由各州自主决定。由此造成各州对商业秘密的立法水平参差不齐。在判例法的混乱和各州立法的差异背景下，进行全国统一的商业秘密立法作为各州的示范法就成为社会各界的普遍认知。1968 年美国统一州法委员会根据美国律师协会提出制定《统一商业秘密法》的建议，成立制定统一商业秘密法特别委员会。经过十余年的努力，1979 年美国统一州法委员会全国会议批准了《统一商业秘密法》，并建议各州采用。至 2009 年，美国有 42 个州和哥伦比亚地区批准和采纳了《统一商业秘密法》，由此可见此部示范法虽然不具有法律效力，但是其规定的内容对各州立法和司法都具有极大的参考价值，对美国商业秘密保护发挥着重要作用。① 2012 年 12 月，美国国会通过并由奥巴马总统签署《盗窃商业秘密澄清法》。2016 年 5 月，美国总统奥巴马签署的《保护商业秘密法案》正式生效。② 美国商业秘密立法的历程，充分显示其对商业秘密法律保护采取的是专门式立法模式。

在中国台湾地区"营业秘密法"尚未出台之前，如何对营业秘密进行保护，实务界与理论界都存在较大分歧，中国台湾地区主要从"民法""刑法""公平交易法"中寻求对营业秘密的保护。尽管上述"法律"均涉及营业秘密条款，但是"立法"较为分散、缺乏协调，"立法"上的漏洞在所难免。加之，1994 年通过的《TRIPS 协议》将"未披露的信息"（undisclosed information）纳入知识产权的保护范畴；美国针对中国台湾地区知识产权保护状况，动用"301 条款"进行贸易报复相威胁，逼迫中国台湾地区作出制定专门"营业秘密法"的承诺。③ 鉴于以上背景，中国台湾地区决定采用专门"立法"来实现对营业秘密的"法律"保护。"营业秘密法"从营业秘密的概念、营业秘密的权利归属、营业秘密权利行使规则、保密义务、侵权行为类型、民事救济、时效、诉讼程序等方面来实现对营

---

① Goldstein, Paul and Kitch, Edmund W., *Selected Statutes and International Agreements on Unfair Competition*, *Trademark*, *Copyright and Patent* 2009（New York：Foundation Press, 2009），p. 95.

② Judiciary Committee. *S. Rept.* 114－220-*DEFEND TRADE SECRETS ACT OF* 2016［,］. https://www.congress.gov/congressional-report/114th-congress/senate-report/220/1？q ＝ %7B%22search%22%3A%5B%22secret%22%5D%7D, last visited April 17, 2018.

③ 戴永盛：《商业秘密法比较研究》，华东师范大学出版社，2005，第 30 页。

业秘密的保护。

五 混合式立法模式

混合式立法模式是指通过分散于一些部门法有关商业秘密条款的规定形式保护商业秘密的一种立法模式。以英国为例，英国一直通过判例法对商业秘密加以保护，直至今日尚未颁布过内容较为系统的用以规范商业秘密的成文法。英国只是在一些单行法规使用"秘密信息"（confidential information）字样，并对这些字样作出了定义性解释，少数法规也有保护性条款的规定。例如，1919 年《各工业行业计量检验法》（*The Check-weighing in Various Industries Act 1919*）的商业秘密保护条款、1970 年《个人所得及公司税法》（*The Income and Corporation Taxes Act 1970*）的技术秘密定义条款、1984 年《食品法》（*The Food Act 1984*）的商业秘密保护条款等。基于信任关系理论成文法化的趋势，1981 年英国国会法律委员会提出《关于违反保密义务的法律草案》（*Draft Bill on Breach of Confidence*），将违反保密义务，侵犯商业秘密行为列入成文法的规制范畴。①

我国在商业秘密立法问题上采取混合式立法模式，涉及商业秘密相关条款主要分散于多部法律中。上文笔者已对我国商业秘密立法严格进行了必要的梳理，我国涉及商业秘密相关条款的法律主要有《反不正当竞争法》《民法典》《刑法》《民事诉讼法》《公司法》等。此外，我国司法机关和行政机关在司法解释和行政法规中对商业秘密保护问题都作出了不同程度的规定。综观立法内容，我国当前商业秘密立法形成了以《反不正当竞争法》为龙头、相关法律法规为补充、多部门法共管的立法体例。混合式立法模式对商业秘密的立法保护过于分散且较为笼统，原则性较强，缺乏可操作性，对商业秘密保护的实际效果并不理想。

第二节　商业秘密专门立法模式的可行性

对于我国商业秘密立法应当采取何种模式，是继续采用当前的分散

---

① Robert Anderson, etc. *Protection of Trade Secrets through IPR and Unfair Competition Law*: United Kingdom [，]. http://aippi. org/committee/protection-of-trade-secrets-through-ipr-and-unfair-competition-law/, last visited April 30, 2018.

立法模式，还是改用集中立法模式呢？我国理论界曾经提出过三种立法模式：一是通过修订《民法典》和《刑法》来增加商业秘密保护的相关规定，增设商业秘密权；二是制定专门的商业秘密法，与著作权、专利权和商标权等并列；三是将侵犯商业秘密行为规定于《反不正当竞争法》，对侵权行为进行规制。笔者认为，我国应当制定专门的《商业秘密保护法》，其余相关法律作为商业秘密法的细化和补充。① 这主要是基于以下四点考虑。

一　我国立法经验的积累

我国自改革开放以来，立法机关为建立商业秘密保护法律制度做了大量工作，先后制定了一系列涉及商业秘密保护的法律、行政法规和部门规章，有些经济发达的地方还制定了符合当地实际的地方性法规，对推动我国商业秘密保护工作起到了重要作用。虽然现有的法律法规规定较为零散，缺乏系统化，甚至个别条款自相矛盾，但是，这些法律法规的制定和完善为制定专门的《商业秘密保护法》奠定了坚实的基础。第八届全国人大常委会曾经将制定专门的《商业秘密保护法》列入本届人大常委会立法规划，1994 年 8 月由国家经贸委牵头组成由有关部门和法学专家参加的《商业秘密保护法》起草小组，着手起草《商业秘密保护法》。起草小组在充分调研的基础上，根据我国执法和司法实践，参考域外国家的立法经验，先后草拟出《商业秘密保护法（征求意见稿）》和《商业秘密保护法（送审稿）》。② 由此可见，制定商业秘密专门法是我国立法机关应有之意，只是由于立法技术不够成熟，此部法律尚未颁布罢了。

因此，我国在制定专门的《商业秘密保护法》过程中，对于先前立法中所取得的先进经验可以借鉴吸收，对于先前立法之不足应当提出切实可行的解决方案，切实规避先前立法之不足。我国在立法积累经验的

---

① 进行商业秘密保护专门立法，并不代表一部专门法就可解决所有的商业秘密问题，就如《著作权法》《专利法》《商标权》等知识产权法律并不能够解决案件审理过程中遇到的所有问题，在上述知识产权法无法解决疑难问题时，法院通常利用《反不正当竞争法》一般条款来处理这些问题。我们不能认为利用《反不正当竞争法》来处理相关知识产权问题，即否定《著作权法》《专利法》《商标法》等专门的知识产权法律存在的必要性。

② 孔祥俊：《商业秘密保护法原理》，中国法制出版社，1999，第 17 页。

基础上，制定一部统一高效的《商业秘密保护法》是可行的，可以全面发挥法的预防、指引、惩罚等多项功能，保持法律适用的统一性，减少不同法律、不同层级、不同部门之间的冲突。

二 我国司法经验的积淀

近年来，我国商业秘密案件一直呈现逐年增长之势，而商业秘密侵权案件的胜诉率偏低已是司法实务不争之事实。以宁波市两级法院受理的商业秘密案件为例，《2008～2017 年度宁波不正当竞争纠纷案件审判白皮书》显示，宁波市两级法院 2008～2017 年共受理商业秘密案件 35件。从结案方式看，判决占 34%、调解占 23%、撤诉占 42%、其他占 1%。商业秘密案件侵害客体具有难以确定性，权利人往往诉前没有建立完善的商业秘密管理制度，造成了诉讼中的举证难，面对诉讼，很多权利人担心二次泄密、诉讼成本高时间长、诉讼预期效果不确定及商业秘密案件专业性强、案件事实往往十分复杂等原因而对诉讼有畏难情绪，严重影响案件事实的查明和案件的审理。据宁波市中级人民法院披露，近年来受理的商业秘密民事案件主要具有商业秘密纠纷多但起诉率低、诉讼案件调撤率高、原告胜诉率低等特点。[①] 北京、上海、江苏、山东等多地受理的商业秘密民事案件均呈现上述特点，全国法院受理的商业秘密刑事案件判决缓刑占一定的比例，例如，据最高人民法院数据统计，2010 年上半年全国法院审结侵犯商业秘密罪一审案件 17 人，生效判决人数 37 人，其中 15 人被判处缓刑。[②]

尽管法院审理商业秘密案件遇到了不少困难和阻力，但是，法院对商业秘密保护发挥着重要的作用。商业秘密的保护，不仅法律制度本身纷繁复杂，而且不同时期、不同地区有不同的政策，司法机关和司法人员对商业秘密案件中的许多疑难问题有着不同的理解，这就要求全国法院系统根据法律规定和法理等对商业秘密保护建立起一套统一的裁判规则。此情况不仅出现在我国，域外国家都普遍存在类似的问题。美国《侵权行为法重述（第一次）》《反不正当竞争法重述》《经济间谍法》

---

① 《2008-2017 年度宁波不正当竞争纠纷案件审判白皮书》，宁波法院，http://www.nb-court. gov. cn/art/2018/11/30/art_3416_159256. html，最后访问日期：2021 年 5 月 21 日。

② 孔祥俊：《商业秘密司法保护实务》，中国法制出版社，2012，第 36 页。

《保护商业秘密法案2016》等重要的法律文件,都是建立在大量判例基础之上的,是对商业秘密判例中的裁判规则的梳理和总结,美国《统一商业秘密法》作为重要的商业秘密示范法,也是建立在判例法基础上的。因此,我国司法机关审理商业秘密案件过程中积累的丰富实务经验和解决商业秘密案件难点问题而专门出台的司法政策、司法指导意见等为今后制定专门的《商业秘密保护法》提供了第一手资料。

三 竞争法保护的局限性

我国采用竞争法的立法形式来保护商业秘密,对企业商业秘密的保护起到了重要的作用。然而,竞争法保护商业秘密仍然存在一些局限性。

(一) 商业秘密侵权的主体规定过窄

《反不正当竞争法》第2条第3款将经营者限定为从事商品生产、经营或者提供服务的自然人、法人或者其他组织。违反此法造成商业秘密权利人利益损害的侵权主体只能为上述规定的范围,与实际侵权者的范围相比较窄。非经营者的侵权行为则无法通过《反不正当竞争法》予以规制,例如,企业雇员离职后侵犯前雇主商业秘密的行为,便无法通过《反不正当竞争法》进行有效规制。仅能通过劳动合同关系诉诸《劳动合同法》有关商业秘密的原则性规定保护商业秘密。

(二) 商业秘密条款缺乏可操作性

《反不正当竞争法》的规定都是一些原则性的条款,很难适应市场经济发展急切需要保护商业秘密的现状。例如,《反不正当竞争法》第9条第4款规定了商业秘密的概念,并将商业秘密的范围界定为经营信息和技术信息等商业信息。然而,经营信息和技术信息到底有哪些,此法并未作出具体的解释。仅仅在部门规章和司法解释中作出了列举式规定,例如,原国家工商行政管理局《关于禁止侵犯商业秘密行为的若干规定》对经营信息和技术信息进行了列举式规定。① 不论是《反不正当竞争法》还是部门规章或者司法解释,都并未将符合商业秘密构成要件的

---

① 《关于禁止侵犯商业秘密行为的若干规定》第2条第5款:"本规定所称技术信息和经营信息,包括设计、程序、产品配方、制作工艺、制作方法、管理诀窍、客户名单、货源情报、产销策略、招投标中的标底及标书内容等信息。"

经营信息和技术信息列举出来并进行充分的保护。

（三）无法规制各式商业秘密侵权行为

《反不正当竞争法》的内容极为有限，条文仅有 33 条。涉及商业秘密条款的仅有第 9 条、第 15 条、第 17 条、第 21 条，主要规定了商业秘密的概念、侵权形式与侵权责任、损害赔偿的计算方法、执法人员的保密义务。对于商业秘密权的内容与行使方式、商业秘密权的限制、竞业禁止制度、保密协议条款、诉讼程序与保全等内容，《反不正当竞争法》并没有加以具体规定，也不可能作出详细的规定。在当下只能诉诸《民法典》《民事诉讼法》《公司法》等相关条款对商业秘密予以保护，然而，此种分散式立法既无法满足企业商业秘密保护诉求，也难以最大限度地激发企业的创新活力。

综上所述，我国现阶段以《反不正当竞争法》保护商业秘密的形式仍然存在诸多不足，倘若不制定一部《商业秘密保护法》，而是将当前的《反不正当竞争法》有关商业秘密的条款加以扩充，增设商业秘密的概念、构成要件、内容、民事（刑事）救济、法律责任等条款，将会使其变得臃肿失衡而不伦不类。因此，制定一部专门的《商业秘密保护法》是可行的。

四　顺应域外国家立法趋势

从上述域外国家的立法沿革来看，作为世界两大经济体的美国和欧盟分别出台了《保护商业秘密法案》和《商业秘密保护指令》。欧盟出台《商业秘密保护指令》之前，唯有瑞典制定有专门的商业秘密法，而在颁布《商业秘密保护指令》以后，欧盟各成员国依据此指令的最低要求修订本国的商业秘密法，荷兰、法国、英国、比利时、德国、丹麦等国家改变以往非专门法保护商业秘密的传统，以专门立法的形式来保护商业秘密。亚洲也有不少国家制定专门法来加强对商业秘密的保护，例如，泰国、印度尼西亚等国家在 2000 年就分别制定了符合本国实际的商业秘密专门法。① 因此，制定商业秘密专门法符合域外国家立法趋势。

---

① *Law of the Republic of Indonesia Number 30 Year 2000 Regarding Trade Secret.* http://www.wipo.int/wipolex/en/text.jsp? file _ id = 226914；Thailand, Trade Secrets Act B. E. 2545（2002），http://www.wipo.int/wipolex/en/text.jsp? file _ id = 129785，最后访问日期：2021 年 5 月 17 日。

我国作为全球第二大经济体，制定《商业秘密保护法》是融入商业秘密保护国际化潮流、遵循保护商业秘密国际惯例的重要体现。

第三节　商业秘密专门立法模式的必要性

制定商业秘密保护专门立法，并非代表一部专门立法即可解决所有的商业秘密问题。正如《著作权法》《专利法》《商标法》等知识产权法律，并不能够解决该领域案件审理过程中遇到的所有问题，在上述知识产权法律无法解决疑难问题时，司法机关可以利用《反不正当竞争法》一般条款处理。我们不能认为在某些特殊情况下需要利用《反不正当竞争法》处理著作权、商标、专利、商业秘密等知识产权疑难案件，即否定《著作权法》《专利法》《商标法》等专门知识产权法律存在的必要性，商业秘密立法亦如此。商业秘密立法采用专门式立法模式的必要性体现在以下几点。

一　克服零散式立法规定的局限性

我国商业秘密立法条款散见于《反不正当竞争法》《劳动法》《公司法》《促进科技成果转化法》《民事诉讼法》等法律，最高人民法院《关于审理不正当竞争民事案件应用法律若干问题的解释》《关于审理技术合同纠纷案件适用法律若干问题的解释》等司法解释，国务院《关于促进科技人员合理流动的通知》、原国家科委《关于科技人员业余兼职若干问题的意见》等政策性文件中，此种零散式立法规定通常基于不同的立法背景和立法目的，在用语上表述各异，对商业秘密保护过程中的焦点问题理解方面也存在分歧和差异，造成认识和适用上的困难也在所难免。这种零散式的立法既不利于执法机关开展行政执法，也不利于司法机关进行司法审判，商业秘密权利人的合法权益无法得到有效保障。制定一部专门的《商业秘密保护法》就可以克服这种零散式立法所带来的不利影响，促使行政机关和司法机关更好地理解和适用商业秘密立法的精神要义，避免认识和适用产生分歧，实现适用法律和自由裁量的相对统一和公正。

二　提升商业秘密创造保护与运用

党的十九大报告明确指出："强化知识产权创造、保护、运用。"①商业秘密作为知识产权的重要组成部分，已被写进我国《民法典》第123条。同一项技术权利人可以选择专利抑或商业秘密的方式来进行保护，但是，商业秘密保护较专利保护而言存在无法比拟的优势。例如，无须履行复杂的审批手续，保护不受时间的限制，不必具备专利要求创造性、新颖性、实用性构成要件。然而，商业秘密不同于专利、商标等知识产权形式，其价值以秘密性为必要条件，一旦商业秘密之秘密性丧失，权利人很难以其为自己独立所有，该产品则进入公众领域成为公共产品。同时，他人还可以通过独立研发、反向工程、公共渠道等手段获取商业秘密并对抗商业秘密权利人。可见，商业秘密权利人随时面临着商业秘密被他人使用或者披露的潜在威胁，这些对激励开发者投入资金和人力进行新兴技术开发无疑是不利的。从某种意义上说，促进商业秘密创造保护与运用，激发商业秘密权利人研究与开发的积极性，是商业秘密保护的终极目标和归宿。要实现商业秘密创造保护与运用，我们就必须制定与《著作权法》《商标法》《专利法》等相类似的商业秘密专门性法律。

三　适应商业秘密保护国际化趋势

在世界贸易组织制定统一的知识产权保护标准，将"未披露的信息"纳入《TRIPS 协议》前，鲜有域外国家立法对商业秘密保护作出明确规定的，《TRIPS 协议》颁布后，诸多国家纷纷掀起商业秘密保护立法热潮。起初一些国家通过修订本国的《反不正当竞争法》《侵权责任法》《民法典》等法律对商业秘密保护作出补充规定，近年来有不少国家制定或者着手制定商业秘密保护专门法，商业秘密立法日益受到各国的普遍重视。因此，进行商业秘密专门立法是各国适应商业秘密保护国际化的基本趋势。

四　优化国内外商投资环境的需要

习近平总书记在博鳌亚洲论坛 2018 年年会开幕式上做出"中国开放

---

①　习近平：《决胜全面建成小康社会　夺取新时代中国特色社会主义伟大胜利——在中国共产党第十九次全国代表大会上的报告》，人民出版社，2017，第 31 页。

的大门不会关闭，只会越开越大"① 的重要论断，他还明确指出："鼓励中外企业开展正常技术交流合作，保护在华外资企业合法知识产权。"② 商业秘密是企业综合竞争力的重要方面，保护在华外资企业商业秘密实属必然。《TRIPS 协议》确立了商业秘密保护的国际标准，并规定缔约成员国均在协议框架范围内制定不低于此国际标准的国内法，我国早在1993 年制定的《反不正当竞争法》第 10 条即对商业秘密保护作出了较为明确的规定，履行《TRIPS 协议》规定的义务。然而，我国当前商业秘密立法和司法水平都与改革开放的需求相去甚远，外商投资环境仍然饱受诟病。因此，为优化国内外商投资环境，消除域外贸易障碍，促进对外交流与贸易合作，我国亟须制定一部专门的《商业秘密保护法》，严格执行《TRIPS 协议》规定的标准，最大限度地保护商业秘密权利人合法权益。

五　防范域外经济间谍行为的需要

近年来，以美欧为代表的西方国家和地区无端指责中国企业窃取其尖端技术，贸易摩擦的硝烟仍在弥漫，境外经济间谍时刻威胁我国的国家经济安全和企业技术安全。例如，2009 年澳大利亚力拓集团上海办事处胡某等 4 名雇员涉嫌间谍活动和涉嫌窃取国家机密被拘，在国内钢铁行业和在华跨国公司中引发"地震"。③ 2018 年美方无端指责中方企业窃取美方企业技术秘密等知识产权，美方贸易代表对中国发起"301 调查"，通过加征关税迫使中方就范，阻碍《中国制造 2025》走向成功。我国企业要在国际市场竞争中取得竞争优势地位，制定专门的《商业秘密保护法》是最佳选择。通过商业秘密保护专门立法，利用域外适用条款和海关监管措施，为防范和制裁域外经济间谍行为提供有力的反制措施，同时，也为防止美国、欧盟等西方国家和地区无端对我国企业采取经济制裁提供相应的反制措施。④

---

① 《习近平谈治国理政》第 3 卷，外文出版社，2020，第 202 页。

② 《习近平谈治国理政》第 3 卷，外文出版社，2020，第 195 页。

③ 张春蕾：《澳力拓集团 4 员工因涉嫌窃取中国国家机密被拘捕》，搜狐新闻，http://news.sohu.com/20090709/n265100096.shtml，最后访问日期：2018 年 5 月 27 日。

④ 郑友德、钱向阳：《论我国商业秘密保护专门法的制定》，《电子知识产权》2018 年第10 期。

第四章 商业秘密法律制度的理论基础

从法律层面对商业秘密加以保护，赋予知识创造者以所有权来激励创新，促进了社会进步和技术传承。无论从智力创造的劳动学说、知识产品的人格理论层面分析，还是从经济学层面分析，商业秘密这一知识产权得到法律的确认和保护具有充分的正当性。同时，商业秘密权利人所持有的权利并不是绝对不受任何限制的，其通常与社会公共利益、他人合法权利行使产生冲突。例如，商业秘密权与离职雇员的自由择业权、商业秘密权与上市公司强制信息披露等，都在不同程度上产生冲突，这就需要我们从制度设计上对它们之间的冲突进行处理和协调。我们要通过建构权利平衡协调机制来设计《商业秘密保护法》的基本框架，实现对商业秘密权利人的利益与社会公共利益的保护。① 这就是本章所探讨的商业秘密法律制度的理论基础——利益平衡理论。

第一节 利益平衡基本理论概述

一 利益平衡理论的基本概念

利益平衡理论（balancing of interest）渊源于19世纪德国自由法学在批判概念法学基础上形成的利益法学方法论。作为一种司法裁判方法，为19世纪末20世纪初美国实用主义法学家和法官普遍运用；作为一种价值判断的法律解释学，最早由日本学者加藤一郎和星野英一提出并形成体系化。20世纪90年代利益平衡理论经民法专家梁慧星先生介绍引入我国，成为我国学者研究法学问题的一种重要方法。

德国学者耶林认为，为克服形式主义解释的弊端，法律人可以根据

---

① 冯晓青：《知识产权法利益平衡理论》，中国政法大学出版社，2006，第464页。

功利的要求，进行社会利益衡量与调整。[①] 美国法学家霍姆斯认为，法官在利益权衡时应当考虑社会利益和个人利益，并通过经济学上的利益比较和平衡，权衡立法目标、实现手段和付出成本。[②] 日本学者星野英一和加藤一郎把利益平衡贯穿于释法过程，主张法律解释存在多种可能，依据法律规定和其他合理方法作出合理解释时，才可能适用利益平衡，这一过程被视为法律解释的过程。中国台湾学者杨仁寿认为，法官在适用法律时如果产生不同解释而无法作出决断时，"须根据现行环境和各种利益的变化，以探求立法者之立法原意，并尽可能体现这种意思，并加以辨别取舍，这即是利益平衡。利益平衡是司法者处理案件的一种价值判断。"[③] 我国法学家梁慧星认为，利益平衡是 20 世纪 60 年代兴起的法律适用方法，即法官根据案件实际情况，权衡当事人利益关系，作出公正合理的判断。同时，他还指出某个法律问题上如果有两种解释时，判断作何种取舍的依据就是利益平衡理论。[④] 综观上述学者的观点，本书认为，利益平衡理论是解决法律适用冲突的重要方法，不仅局限于法官审理案件时作出何种价值判断，而且在利用法律处理各种利益冲突时都是可以广泛适用的。

二　利益平衡理论的适用原则

两种或者多种利益出现冲突时，如何进行衡量，保护何方利益，在遵循法律规定的前提下，应当按照利益平衡理论确立一套基本原则。没有合理的衡量原则，极有可能无法作出正确的价值判断，引起自由裁量权滥用现象的发生。本书认为，利益平衡时应当遵循以下原则。

（一）法律位阶原则

低位法在制定和实施的时候应当以高位法为依据，在利益目标的追求上与高位法保持一致。当出现低位法与高位法发生利益冲突时，正常

---

① 转引自梁上上《异质利益衡量的公度性难题及其求解——以法律适用为场域展开》，《政法论坛》2014 年第 4 期。

② 〔美〕霍姆斯：《法律的生命在于经验：霍姆斯法学文集》，明辉译，清华大学出版社，2007，第 73 页。

③ 转引自朱小玲、俞围红《司法中利益衡量受到的挑战及应对——以利益主体多元化为分析背景》，《山西省政法干部管理学院学报》2013 年第 4 期。

④ 梁慧星：《自由心证与自由裁量》，中国法制出版社，2000，第 178 页。

情况下高位法的利益优于低位法的利益，这样既有利于维护法律的效力和权威性，也有利于对大多数人利益的保护。这一原则被称为法律位阶原则，是利益平衡过程中必须遵循的重要原则。例如，当商业秘密权与雇员劳动权发生冲突时，我们应当从它们的立法依据来判断谁优先的问题。商业秘密权的立法依据是《反不正当竞争法》，劳动权的立法依据是《宪法》，《宪法》的效力优先于任何部门法，司法机关在进行利益平衡时，就应当坚持上位法优于下位法的原则，以保护《宪法》所规定的劳动权为优先。

（二）基本权利为核心

利益平衡过程通常存在多种利益的博弈，在这些权益中应当以基本权利为核心，在满足基本权利的条件下，满足其他利益诉求。例如，不少国家都将国民的生存权和发展权放在各项权利的首要位置，在进行利益平衡时理所当然地将它们放在核心部分进行考量。又如，劳动权和自由择业权是国民的基本权利，其是否可以正常行使直接影响到雇员生计，一旦为保护商业秘密而实施竞业禁止影响到雇员生计的，商业秘密权的保护应当让渡于雇员劳动权和自由择业权，这也体现以基本权利为核心的精神。在商业秘密权利人与雇员签订竞业禁止协议，给予雇员竞业补偿金时，即不会造成雇员的生活困难，此时法律就偏向对商业秘密权的保护。

（三）整体衡量原则

在进行利益平衡的过程中，不能以某方面的利益或某个人的利益为衡量标准，而要从整体上进行利益考量作出合理的判断，实现利益最大化和最优化。例如，在上市公司信息披露与商业秘密保护冲突时，利用利益平衡理论就要以整体上的利益为标准，如果整体利益大于个人利益即以整体利益保护为重，反之则考虑个人利益的保护。人们常言的"个人利益服从集体利益"在某些时候仍然值得商榷，当个人利益大于集体利益时，依据整体衡量原则，我们应当优先保护个人利益。因此，利益平衡过程中应当遵循整体衡量原则，作出符合利益最大化的价值判断。

（四）说理论证原则

进行利益平衡时不能简单地作出利益上的取舍，应当注重说理论证。

一方面，说理论证可以避免人为主观臆断，而是通过理性的论证分析，作出合理的判断以得到公众的认可，另一方面，说理论证原则也是尊重各方利益的表现，虽然在利益平衡决定作出时会对多方利益有所取舍，但是在衡量过程中应当尊重各方利益，这也是利益平衡过程公平、公正的重要体现。以商业秘密案件审理为例，法官应当对案件所涉法益的保护依据进行具体阐释，并对法官所作出的利益抉择进行说理论证，不断增强案件裁判结果的说服力。理论界和实务界都普遍认为，国家应当逐步建立类型化案例群，通过案例群的形式对商业秘密侵权行为予以类型化，形成成熟完整的商业秘密案例群。此种方式就是通过利益平衡过程中的说理论证进而作出合理判断并形成类型化的案例群，能够增强商业秘密案件裁判结果的说服力。

三　利益平衡理论的适用界限

利益平衡理论的应用应有明确的界限，否则，即可产生滥用，而危及合法权利的维护。以本书为例，商业秘密立法、执法和司法过程中均应当明确什么情形下可以适用利益平衡理论，只有这样才能防止利益平衡理论的滥用，防止给商业秘密权利人带来的不利影响。

（一）"法外空间"不应适用利益平衡

法律并非规范全部生活现象和人类行为，法律的功能在于维持人际关系。有些生活现象和人类行为虽然涉及人际关系，但是这些并不宜适用法律，而适用习惯、惯例等生活规范来约束。法律管不着、法律不用管，抑或法律不宜管的事项即构成了所谓的"法外空间"。[①]"法外空间"并不等同于法律漏洞，原因在于有些事项本身就不必由法律作出规范，法律对这些事项没有规定就没有违反立法的计划性。[②] 就本书的商业秘密领域而言，在对商业秘密保护与其他相关利益保护进行利益平衡时，其他相关利益必须是法律所承认和明确规定予以保护的利益，否则，不宜适用利益平衡理论。

---

① 黄茂荣：《法学方法与现代民法》，（台北）台湾大学法学丛书编辑委员会，2002，第435～436页。
② 〔德〕卡尔·拉伦茨：《法学方法论》，陈爱娥译，商务印书馆，2003，第281～282页。

（二）同一法律关系中适用利益平衡

选择合适的法律制度，是适用利益平衡并取得理想效果的关键，而法律关系是法律制度的基本骨架，因此，利益平衡的关键是对法律关系的把握。[①] 利益平衡的焦点主要是同一法律关系的双方之权利义务分配，权利义务的分配不可能发生于不同法律关系当中。例如，离职雇员通过头脑记忆、私下刻录等方式带走原公司的商业秘密，与这相关的即是基于雇佣劳动关系这一法律关系产生的商业秘密权和自由择业权。司法机关在处理此类案件的过程中，就应当对原公司的商业秘密权与离职雇员的自由择业权进行利益平衡，并作出合理的价值判断。

（三）适当的法律制度是适用的前提

对于利益平衡而言，合适的法律制度是进行利益权衡的关键因素，这是权利制度属性所决定的，负载或特定的立法目的和宗旨，也应具备必要的构成要件。[②] 我们在进行利益平衡时，通常把当事人利益置于具体的法律制度语境下进行衡量，并且利益平衡的结果与现行法律制度相协调。例如，变性人塞门娅夺取 2018 年田径钻石联赛女子组冠军并得到钻石大奖，此事件掀起人们对体育赛事公平性的质疑。那么，这到底是否影响到体育赛事的公平性呢？我们应当通过田径赛事规则来分析此问题，并分析其行为对各方利益造成的不利影响，作出合理的价值判断。在对此问题进行分析时，可以从变性人是不是人、变性人是不是女人、变性人参与女子组比赛是否对其他选手构成不公平这几个角度出发。如果分析后认为变性人参加比赛，破坏了赛事公平竞争规则，那么通过利益平衡得出的结论是保护其他选手的合法权益，禁止变性人参与此赛事，即便获得大奖也将被取消。由此可见，以法律制度为背景进行利益平衡，是得出公平合理结果的基本前提。

（四）妥当的文义蕴含于法律制度中

执法和司法机关在运用法律时通常会碰到对法律用语理解不精准的情形，对此，英国学者哈特认为，任何语言都非精确的表意工具，都存

---

① 梁上上：《利益衡量论》，法律出版社，2013，第 183 页。
② 梁上上：《利益衡量论》，法律出版社，2013，第 180 页。

在"开放结构"（open texture）：核心词语是确定的，但核心词语向"边缘地带"扩展，语言变得具有不确定性。[1] 此情形下适用利益平衡方法处理疑难问题并作出合理的决定或者判决时，执法和司法机关应当把这一不确定性词语置于法律制度中，以获取妥当的词义。

（五）法律漏洞是适用利益平衡的前提

概念法学派在法律适用中处于主导地位，它们认为法律没有漏洞。这并不符合当今复杂的社会情况，法律漏洞的存在实属必然。[2] 法律难以通过语言的严格规范来达到准确的表达，语言的"开放性"决定了法律用语常会出现歧义和模糊。与此同时，立法者的立法水平和技巧、执法者和司法者的主观意图和成见、应急式立法缺乏传统立法的从容不迫，等等因素都增加了法律漏洞存在的概率。

第二节　利益平衡与商业秘密保护

商业秘密具有一定的经济价值，能为权利人带来竞争上的优势地位，理应得到法律的认可和保护。然而，商业秘密保护的过程中，也要注重商业秘密权利人权利与社会公共利益之间的平衡，维护商业道德等社会公共利益的实现。要实现这一目标，我们就必须建构权利之间利益平衡的机制。

一　商业秘密保护中利益平衡的价值构造

商业秘密保护中利益平衡的价值构造，是指商业秘密保护过程中的结构性均衡问题，它涉及商业秘密权利人与知识产品的使用者或者义务人之间的权利义务平衡。商业秘密保护中的结构性均衡是商业秘密制度所涉及的权利与义务在整体组合与分布上的平衡。知识产权一般体现为对信息的公开，其利益实现也依赖于知识信息的充分公开。而商业秘密是一种特殊的知识产权，它以信息的秘密性和保密性为前提条件，然而，

---

[1] 〔英〕哈特：《法律的概念》，张文显等译，中国大百科全书出版社，1996，第124～135页。

[2] 〔德〕卡尔·拉伦茨：《法学方法论》，陈爱娥译，商务印书馆，2003，第246页。

信息具有自由流动性，公众可以不受限制地接触信息，这是民主社会的基本要求。[①] 因此，对信息流动从法律上加以必要的限制应当具有特别的正当性。

就商业秘密而言，商业秘密的保护应当需要特别的正当性，这种正当性就是在商业秘密权利人权益得到有效保护的同时，有增进社会福祉、维护商业道德之目的。此外，商业秘密的法律保护也有利于公平正义目标的实现。公平正义的目标主要体现为兼顾权利人的商业秘密权与利益相关者的权利，特别是权利人的商业秘密权与权利人有竞争关系者独立开发和利用商业秘密权、雇员离职后自由择业权、投资者享有要求上市公司披露信息权、社会公众自由接近信息权等。在商业秘密法律关系中，利益相关者的权利看似是一种私权，但是，其反映的是一种公共利益，是由自由择业权、公平竞争权、自由获取信息权等私益构成的社会公众权益。因而，法律在保护权利人商业秘密权的同时，应当注重商业秘密权利人与利益相关者之间的利益平衡。

从法律的价值目标来看，商业秘密权作为个体权利，应当服从公共利益的需要；从商业秘密保护的初衷而言，商业秘密之所以得到法律的认可和保护，是因为保护商业秘密有利于促进社会文明进步，实现公共利益最大化。这些都表明，社会公共利益优先于商业秘密权利人的利益。例如，执行公务需要、国家紧急情况、出现涉及重大公共利益的非常情况时，商业秘密权利人适当或者全部披露其商业秘密具有正当性。当然，在要求商业秘密权利人披露部分或者全部商业秘密的同时，要适当考虑披露行为对其造成的利益损失，由使用者支付适当的使用费。又如，上市公司应当定期披露其年度报告，其不得以保护商业秘密为由拒绝披露涉及股民投资的秘密信息，因为披露此部分秘密信息是为了更好地维护广大股民的公众利益，帮助其进行理性的投资。需要注意的是，商业秘密权利人利益让位于社会公共利益的具体情形，必须有法律明文的规定。

综上所述，有关部门在商业秘密保护适用利益平衡时，需要兼顾商业秘密权利人利益和商业秘密保护过程中涉及的社会公共利益，做到两者的平衡协调，实现商业秘密保护的价值目标。

---

① 冯晓青：《知识产权法利益平衡理论》，中国政法大学出版社，2006，第464页。

二　商业秘密保护中利益平衡的基本原则

（一）维护商业秘密权利人合法利益原则

从经济学角度来看，经济主体都是自私的主体，均希望以自己的创造性活动获取最大化的利益。赋予创造者信息以产权，防止信息产权人因他人"搭便车"所以信息开发和投资成本无法回收。因此，商业秘密权利人合法利益的保护对新信息生产具有激励作用，赋予信息以产权，能够促进更多信息的创造和传播。

从法学的角度来看，商业秘密权利人是知识产品创新的主体，是社会财富的创造者，对其合法利益应当加以特别的维护。除适用除外（如公共利益）的情形外，他人未经商业秘密权利人的同意而使用其持有的商业秘密，均构成商业秘密侵权行为。即便是法定适用除外情形，商业秘密权利人仍享有要求使用人支付适当报酬的权利。例如，德国《反不正当竞争法》对于商业秘密侵权行为不仅要求侵权者承担民事赔偿责任，而且还须承担刑事责任。我国《反不正当竞争法》第9条和《刑法》第219条也是如此规定。因此，保护商业秘密权利人合法权益是商业秘密法的立法起点，是利益平衡过程中应当考虑的重要方面。

（二）尊重雇员劳动权和自由择业权原则

劳动是人类社会存在的基础，是人类区别于其他动物的重要标志，正如恩格斯提出"劳动创造了人本身"[①]的著名论断。由此可见，人类社会发展史就是一部劳动史，自人类认识到劳动存在以来，其长期处于被迫的、被强制的状态，无论是奴隶社会还是封建社会，被迫的强制劳动广泛存在，劳动被视为辛苦的体力付出，是下贱的差事。但是，直到英法古典政治经济学的出现，人们逐渐认识到劳动的真正价值，认识到劳动在实现公民财产权和人身权保障中的作用，从而使劳动从自在状态转变为自为形态。[②]由此，劳动逐渐演变成为公民的基本权利，劳动不再是强迫劳动，而变成人们谋生的重要手段，以及实现劳动者作为公民应享有的天赋权利的手段，劳动者有权自由支配自己的劳动。此后，劳

---

① 《马克思恩格斯选集》第3卷，人民出版社，2012，第988页。
② 赵宝华：《公民劳动权的法律保障》，人民出版社，2013，第2页。

动权被视为公民的基本权利，得到国际条约和域外国家的承认。我国《宪法》也肯定性地规定了公民劳动权和自由择业权。

雇员工作期间依法兼职或者离职后自谋职业，是其行使劳动权和自由择业权的重要表现，商业秘密权利人不能无故禁止雇员从事相关职业。例如，1986 年国务院发布的《关于促进科技人员合理流动的通知》，确认科技人员在不泄露或者不带走原单位技术秘密的前提下，可以自主择业和自由流动。2015 年中共中央、国务院《关于深化体制机制改革加快实施创新驱动发展战略的若干意见》和国务院《关于大力推进大众创业万众创新若干政策措施的意见》等相关政策性文件也都提及破除人才流动的制度障碍，鼓励人才自由流动。2017 年党的十九大报告指出："破除妨碍劳动力、人才社会性流动的体制机制弊端，使人人都有通过辛勤劳动实现自身发展的机会。"① 尽管上述提及的都是政策性文件，但是，对于商业秘密保护中尊重和保护雇员劳动权和自由择业权都具有指导性意义。因此，商业秘密权与雇员劳动权和自由择业权，应当得到法律同等的保护，不能只保护其中一种权利，而忽视对另一种权利的保护。

（三）保障社会公众自由获取信息权原则

信息获取权，是指人们通过合法途径和渠道无障碍获取各种信息的权利。当今世界被称为信息社会和信息时代，世界大多数国家都在宪法和法律中明文规定或者间接默认公民享有信息获取权。例如，1966 年美国国会通过的《情报自由法案》便将信息获取权视为社会公众（包括本国人和外国人）享有的基本权利。1996 年韩国制定的《情报公开法》明确将"保障国民获取信息的权利"作为此法的立法宗旨。同时，信息获取权也得到了国际公约和国际惯例的公认，被确定为社会公众基本权利。例如，1946 年联合国宣布"信息获取权作为一项公民享有的基本人权"。1966 年联合国大会通过的《公民权利和政治权利国际公约》也将信息获取权作为一项基本人权。

信息具有公共产品的属性，其可能是知识产权（当然包括商业秘密在内）的客体，也可能是公共利益的重要方面。保证充分的信息自由流

---

① 习近平：《决胜全面建成小康社会　夺取新时代中国特色社会主义伟大胜利——在中国共产党第十九次全国代表大会上的报告》，人民出版社，2017，第 46 页。

动是民主社会健康发展所必需的，在以权利为基础的自由民主社会中，信息和个人财产制度在个人的行为自由与国家强制力之间需要清楚地划分。信息在个人之间的不平等，需要通过更广泛地接近信息来加以矫正①。因此，公众获得信息的途径必须畅通、无障碍，只要获取信息的手段和途径合法，任何人都不得限制和禁止，即便所获取的是他人的商业秘密，商业秘密权利人亦无法限制与禁止。例如，商业秘密保护立法将反向工程、独立研发等作为商业秘密侵权的适用除外，即是明证。

（四）公共利益的适用除外原则

公共利益，是指一个特定社会群体存在和发展所必需的、该社会群体中不确定的个人都可以享有的利益。② 公共利益不同于个人利益，其是不特定的多数人同时享有的利益，总是与一个社会群体存在和发展所必需的社会价值有关。作为一种公共产品，其消费越普遍，实现的外在利益就越大，也就越有利于社会公共利益的实现。以著作权为例，作品不仅给作者带来充分的言论自由和经济回报，而且给投资者带来一定的经济利益，给社会公众带来丰富的精神产品。这就是在实现著作权人个人利益的同时，实现作品促进人类整体文明进步的公共政策目标。从某种意义上说，法律对著作权人个人利益予以保护的最终目的就是通过激励著作权人从事文学艺术创作，实现文化产品的公共政策目标。

商业秘密权是一种私权，然而，私权保护也存在重要的公共利益。一切善法都在维护社会公共利益的前提下，尽力满足社会成员的个人利益。商业秘密立法也是如此，坚持商业秘密权利人利益与社会公共利益并重，摒弃任一方利益都是不合理的。诚如英国知识产权委员会（CIPR）发布的《整合知识产权与发展政策》所言："不论如何阐述知识产权，我们倾向于把它作为一种公共政策工具，授予个人或者单位某种特权的目的是产生更大的公共利益。"③ 商业秘密立法保护应当充分尊重社会公共利益，如果偏离了公共利益的目标，要么公共利益无法实现，要么公共利益受到严重影响，此时商业秘密权利人的个人利益也将难以

---

① 冯晓青：《知识产权法利益平衡理论》，中国政法大学出版社，2006，第 369 页。
② 冯晓青：《知识产权法利益平衡理论》，中国政法大学出版社，2006，第 311 页。
③ 唐安邦：《中国知识产权保护前沿问题与 WTO 知识产权协议》，法律出版社，2004，第 115 页。

充分实现。因此，商业秘密立法过程中，应当遵循公共利益的适用除外原则，尊重和保护社会公共利益，保障商业秘密权利人的利益得以更充分地实现。

三　商业秘密保护中利益平衡的具体内容

（一）商业秘密权与自由择业权

《与贸易有关的知识产权协定》第 39 条第 2 款规定："自然人和法人应有可能防止其合法控制的信息在未经其同意的情况下以违反诚信商业行为的方式向他人披露，或被他人取得或使用……"然而，企业雇员离职后与前企业的商业秘密纠纷在国内外时有发生，例如，通用汽车公司前工程师秦宇（Yu Qin）和其妻杜珊珊（Shanshan Du）涉嫌窃取商业秘密案，老干妈配方遭到该公司前产品工程师贾某窃取案，陈某涉嫌侵犯华为公司商业秘密案，等等。因此，如何更好地区分商业秘密与雇员自身知识、经验、技能，实现离职雇员保密与商业秘密权的平衡，成为摆在人们面前的一大课题。

1. 商业秘密权与自由择业权利益衡量的原因

根据利益衡量理论，当社会主体利益发生冲突时，应当用一定的价值取向权衡哪一种利益更为重要从而首先需要保护，在优先保护了这一利益的前提下再对其他利益予以兼顾，以此尽量满足社会各方面利益从而实现法的社会公共管理职能。[①] 在商业秘密保护中，也存在诸多价值选择——自由、秩序、正义、效率，自由必当处于首位，即商业秘密权利人自由行使基于商业秘密产生的权益。但立法者在考虑对一种利益保护的同时，还应当兼顾其他利益来实现利益平衡。因此，在商业秘密领域，立法者应当在充分保护商业秘密权利人的利益的同时，加强对雇员离职后择业权和参与劳动权的保护，以实现利益平衡。

同时，保护雇员离职后的自由择业权也是基于以下方面的考量。其一，这是提高社会生产力之必须。雇员转换职业是人才流动的趋势在微观层面的体现，按照马克思主义经济学原理，人才流动是社会经济与科学技术发展的需要以及人才成长规律的必然结果，因此，它也是提高社

---

① 张文显主编《法理学》，法律出版社，2003，第 49 页。

会生产力的重要途径。如果作为权利人的用人单位动辄以保护商业秘密为由限制雇员的自由择业与参与社会工作，就会影响人才的流动从而最终阻碍社会生产力的提高。其二，这是我国《宪法》精神的体现。我国《宪法》第42条规定了公民劳动权不受任何组织与个人非法剥夺与干预，此规定的适用应当优先于比其位阶低的《民法典》《反不正当竞争法》《劳动法》《公司法》等部门法，用人单位不能以商业秘密权的保护来限制和剥夺雇员自由择业权。其三，劳动权是人生存之本，是公民享有的基本人权，不容践踏。那么，商业秘密权与自由择业权之间如何进行利益上的平衡呢？笔者认为，利益平衡的核心要义是明确商业秘密与知识、经验和技能的原则界限，实现商业秘密权与自由择业权这两者的利益平衡主要可以通过保密协议和竞业禁止合同来实现。

2. 商业秘密与知识、经验和技能的原则界限

在司法实践中，企业雇员经常以知识技能和经验为由来破坏和对抗商业秘密的秘密性、新颖性，进而抗辩企业对其提起的商业秘密侵权之诉，这一方面可能造成企业商业秘密无形流失，另一方面引起商业秘密保护法律规则的混乱，导致无法进行司法规制。英国《违反保密义务的法律草案》第7条规定，该草案有关商业秘密保护的任何条款，对下列信息不产生法律效力：（1）有关信息在雇员工作过程中获得的；（2）该信息的获得是为增长雇员个人知识技能和经验而利于其从事职业。[1] 在美国，商业秘密是否存在取决于个案中"当事人的行为和信息的性质。""雇员在任职结束时可以带走和使用雇佣过程中获得的一般技能或知识，这也是很清楚的。"[2] 这一原则实现了劳动力流动中的公共利益，促进雇员的从业自由和竞争自由。

我国至今从法律层面还尚未出台雇员知识技能和经验与商业秘密界限划分的立法，仅在1987年原国家科委颁布的《关于科技人员业余兼职若干问题的意见》中谈及此问题，此意见指出，业余兼职时利用本职工作中掌握和积累的知识、技能、信息和经验的，不属于单位的技术权益范畴，单位不得对此进行限制。为此，我们可以借鉴域外国家的先进经

---

[1]　张耕：《商业秘密法》，中国法制出版社，2012，第84页。

[2]　张玉瑞：《商业秘密法学》，中国法制出版社，1999，第16页。

验，明确商业秘密与个人知识、经验和技能的合理界限。笔者认为，判断某一信息是商业秘密信息还是知识、经验、技能，应当结合具体因素进行具体分析：为本行业内的从业人员所公知、交易通过独立的调查轻易获悉或者雇员离职时所带走的材料可以通过其他途径获得的，包括交易价格、快递路径、公司客户以及客户雇员等在内的信息情报，均不属于商业秘密。如果某一信息为某企业所特有，不为同行业普遍认知，或者同行业内人员通过自身知识、经验和技能无法推导得出，或者其离职时以复制、拷贝、故意窃取等手段获取的图纸、文件、客户名单等信息，且该雇员认识到该信息的秘密性，那么该信息就是商业秘密。企业雇员离职以后，对该信息加以利用就构成了对企业商业秘密的侵犯。

3. 保密协议视域下的商业秘密权与自由择业权

我国《民法典》和《劳动法》等均对保密协议制度做了相应规定。根据我国《劳动法》第 22 条和第 102 条的规定，保密协议的签订和生效以双方当事人之间存在有效的劳动合同为前提。然而，这里的"保密事项"仅限于在劳动合同中约定，倘若以独立合同签订保密协议则不适用于《劳动法》，而适用于《民法典》的相关规定。依据《民法典》中的关于主从合同的基本法理，从合同随主合同的产生、变更、消灭而发生相应变化，也即保密协议的效力期间为劳动合同的效力期间，这势必会导致保密协议在企业雇员离职后失去法律效力的情形。针对此情形，有学者提出适用《民法典》第 558 条之规定来排解纷扰，即合同关系终止后，当事人应当遵守诚实信用原则，根据交易习惯履行保密义务。笔者认为，这种观点值得商榷，此法条仅提及"交易习惯"，与"商业秘密"不存在任何实质上的联系。

尽管企业雇员在工作期间与单位签订过保密协议，鉴于商业秘密范围的模糊性，一旦离职他们常以企业没有明确告知或没有用其他方式（如用标签或标志）提示来进行抗辩，这并不影响商业秘密的认定。在美国 Schulenberg v. Signatrol, Inc. 案中，美国联邦第二巡回上诉法院依据《侵权法重述》（1937）第 757 条规定，直接认定详细的制造图纸和容差数据为商业秘密。法院认为，企业雇员和受过教育的雇员完全了解原告生产工艺中数据的重要性，他们应当知道这些信息不能泄露给外界或者进行不利于信息所有人的使用。[1]

正如上述论证的，虽然离职雇员的自由择业权得到了确认，但由于保密协议于劳动合同结束后可能面临失效的威胁，加之，离职雇员向新的用人单位披露有关商业秘密，一旦引起纠纷，新的用人单位以不知晓为由拒绝承担责任，最终受害的还是商业秘密权利人，因此，引入竞业禁止制度来实现商业秘密权与自由择业权之间的利益平衡就显得更为必要。

4. 竞业禁止视域下的商业秘密权与自由择业权

竞业禁止，又称为竞业回避、竞业避止，是指劳动者以及公司的雇员等主体在任职期间和离职后在一定地域与期限范围内不得从事与其所在单位、所在行业有竞争关系或利益冲突关系的业务。[2] 在美国，限制或者禁止雇员竞争的竞业禁止制度，并没有得到法院的认可和支持，商业秘密纠纷中被排除在适用之外。加利福尼亚州认为竞业禁止制度限制离职者从事某些行业，是限制竞争行为，违反了市场经济社会自由竞争规则的要求。该州《商业和职业法》规定，除该法另有规定外，限制相对人或者第三人进行合法交易、商业行为和从事合法职业的合同一律无效。[3] 此规定表明，加利福尼亚州完全否定竞业禁止协议的效力。美国其他各州大都认为竞业禁止条款有其存在的合理性，这些州主要通过成文法或者判例的形式承认合理竞业禁止条款的有效性。例如，1976 年美国纽约州上诉法院审理的"Strauman"案，法院认为："一般来说，竞业限制的协议只有满足合理性要求的情况下，才可以得到承认和生效。"此处"合理性要求"是指有保护商业秘密之必要，即在防止使用和披露商业秘密的情形下，才能执行此条款。[4] 与英美法系不同，大陆法系大多数国家的民法和商法都明文规定了企业管理人员、股东、雇员等竞业禁止，例如，德国《商法典》第 74 条规定："竞业禁止协议限于保护雇主营业上的正当利益。"瑞士《民法典》第 340 条规定："竞业禁止仅对于劳务关系中知悉雇佣人之客户圈、技术秘密或交易秘密之受雇人，

---

[1]　33 Ill. 2d 379, 212 N. E. 2d 865, 869 (1965).

[2]　齐爱民、李仪：《商业秘密保护法体系化判解研究》，武汉大学出版社，2008，第 176 页。

[3]　Business and Professions Code of California, sections 16600.

[4]　李明德：《美国的竞业禁止协议与商业秘密保护及其启示》，《知识产权》2011 年第 3 期。

有拘束力……雇主不能证明存在值得保护的利益的，该竞业禁止协议无效。"

尽管我国《公司法》第129条对董事、高级管理人员的竞业禁止义务作了相应规定，但只局限于在职期间，没有过多地涉及离职后，而且也只停留在企业高管，没有对涉密人员作出竞业禁止义务的规定。《上海市劳动合同条例》第16条对竞业禁止规定得比较详尽，此条规定雇佣双方在签订劳动合同或者保密协议时可以约定竞业禁止条款，要求雇员在雇佣关系终止后一定期限内不得在与原单位具有竞争关系的单位从事有竞争关系的业务或者不得自营与原单位有竞争关系的业务，竞业禁止的期限不得超过3年，用人单位对雇员给予一定的经济补偿。尽管这一地方性法规只囿于上海市区，但充分体现了利益衡量的原则，应当在未来的立法中予以采纳。笔者认为，竞业禁止较之保密协议对义务人施加的限制程度更大，必须根据利益衡量原则对竞业禁止进行必要的限制。第一，地域范围的限制。竞业禁止应当以商业秘密权利人业务所及地区为界，超出业务所及范围的地区，就没有竞业禁止的必要，这样也能够保护义务人的劳动权和生存权。第二，时间方面的限制。不同国家对竞业禁止规定的时间不一，例如，德国《商法典》规定竞业禁止的最长期限不超过2年；瑞士《民法典》规定，除有特殊情况外，竞业禁止期限不得超过3年；意大利《民法典》针对不同的群体作出了不同的规定，企业高管竞业禁止期限不超过5年，一般雇员不超过3年。笔者认为，可以以商业秘密权利人在某一领域因持有商业秘密而取得优势所持续的时间为限，竞争优势丧失后应当允许义务人从事这项业务，结合世界其他国家和地区以及上海市地方立法，建议这一限制最长不超过3年为宜。第三，对义务人进行补偿。由于竞业禁止义务的履行，义务人长时间择业权受到限制，其承受的不小损失商业秘密权利人应当予以补偿，具体补偿标准应当按照工作性质和工作地区的差异而有所不同，如果没有给予补偿，竞业禁止条款无效。

（二）商业秘密权与上市公司信息强制披露

尽管上市公司信息披露与商业秘密保护都有其理论依据，然而它们分属不同的法律部门，代表不同的利益集团。上市公司信息披露属于《证券法》的规制范围，承载着对投资者利益的保护；商业秘密保护属于《反不正当竞争法》和《公司法》等法律的规制范围，其保护对象是上市公司利益。因此，它们之间产生冲突也有其必然性。

1. 两者冲突的原因分析

第一，价值理念的冲突。上市公司信息披露制度是基于"公开理念"，通过信息公开提高上市公司信息的透明度，为投资者提供可靠的数据信息材料，避免其投资的盲目性；商业秘密保护是基于"保密理念"，通过商业秘密维护公司的合法权益，使其为公司带来经济利益，也有助于促进商业秘密的有偿传播，最终鼓励企业的技术创新。这两种价值理念发生冲突时，选择何种利益成为摆在人们面前的一大难题。学者对此存在两种主张。一是立足于私权利的保护，以保护公司商业秘密为先。他们认为商业秘密是公司通过多年创新付出巨大代价获得的，是公司竞争优势的重要体现，如果缺乏对其保护势必会挫伤商业秘密权利人的积极性，不利于鼓励技术创新。同时，优先适用上市公司信息披露制度将会助长同类公司的"搭便车"行为。二是着眼于对投资者利益保护的角度，优先适用上市公司信息披露制度。这种观点认为信息披露有利于投资者做出正确决策，促进闲散资金的利用最大化。笔者认为，无论是商业秘密保护还是上市公司信息披露，都是为了实现公司利润最大化，达到公司营利之目的。同时，只有公司营利，投资者才能获得丰厚的回报。因此，这两种价值理念在某种程度上具有对立统一性。

第二，法律原则的冲突。《上市公司信息披露管理办法》第3条规定："信息披露义务人应当及时依法履行信息披露义务，披露的信息应当真实、准确、完整，简明清晰、通俗易懂，不得有虚假记载、误导性陈述或者重大遗漏。"《证券法》第3条也明确规定了证券发行的"三公原则"（公开、公平、公正）。从立法上，我们可以认定上市公司信息披露应当坚持"三公原则"，并及时、准确、完整地向投资者披露信息。然而，完整地披露上市公司信息，例如影响投资者决策的募集说明书、定期报告、公司经营过程的重大决策等，这些信息不仅包括对投资者购买股票利好的信息，也包括对投资过程中的潜在风险进行公开的信息，势必会将商业秘密或多或少地公布于众，对上市公司的经营极为不利。根据商业秘密的法律属性，其保护应当坚持秘密性、保密性与未公开性的原则，凡是属于商业秘密的信息都应当给予合理、正当、全面的保护。

因此，在法律原则方面，商业秘密保护和上市公司信息披露存在必然的冲突。上市公司的经营信息，既属于信息披露的内容，也属于商业秘密保护的范围，如何处置也是值得人们关注的问题。

第三，立法内容的冲突。上市公司信息披露分为证券信息的初次披露和持续披露。初次披露包括招股说明书、募集说明书、上市公告书，持续披露则指定期报告和临时报告。定期报告又分为中期报告和年度报告，临时报告通常涉及公司重大事件、公司收购以及其他对公司股价产生影响的事件等。《上市公司信息披露管理办法》第7条规定："信息披露文件包括定期报告、临时报告、招股说明书、募集说明书、上市公告书、收购报告书等。"《关于禁止侵犯商业秘密行为的若干规定》指出商业秘密的范围包括设计程序、产品配方、生产方法、制作工艺、客户名单、管理诀窍、产销策略、货源情报、招投标书内容等。以招股说明书为例，其内容即涉及相关商业秘密内容。《公开发行证券的公司信息披露内容与格式准则第1号——招股说明书》第44条规定，证券发行人应当披露产品或者服务的用途、经营模式（包括采购、生产、销售模式等）等具体情况。第47条规定，证券发行人应当及时披露项目进展、经营目标、研发费用等。第114条规定，证券发行人应当及时披露募集资金用于固定资产项目的使用情况，例如，产品的质量标准、生产方法、核心技术、工艺流程、设备选择等。这些披露信息与《关于禁止侵犯商业秘密行为的若干规定》所规定的商业秘密范畴存在一定的重合，即某些披露的信息构成商业秘密。因此，上市公司信息披露的内容与商业秘密的范围在立法内容上存在根本冲突。

2. 商业秘密与强制披露的信息之利益权衡

（1）从立法制度上设计合理的平衡机制。对上市公司信息披露义务的"信息"应当进行必要限制，否则上市公司的信息将可能被强制无限量地公开，引起商业秘密权利人权益遭受不当侵害，其竞争优势也将丧失。笔者认为，有义务披露的信息应当仅限于足以影响投资者决策的重大信息，对于那些与投资者利益实现和证券投资市场稳定没有直接关系的信息无须公开。因此，"重大信息"认定是完善信息披露制度的关键所在。

美国证券交易监督委员会（U. S. Securities and Exchange Commission）

以判例法的方式对影响投资者决策的重大事实进行了定义。1968年的SEC. v. Texas Gulf Sulphur，法院将"重大事实"定义为所有对证券价值有影响的事实。不实陈述或遗漏"重大事实"会决定投资者的行为，并且可能导致投资者采取一个完全相反的行为。TSC Industries Inc. v. Northway Inc. 案中，指出遗漏事实是否重要（material），取决于其是否具有实质可能性（a substantial likelihood），认为一个理性的股东在决定如何投票的过程中，会将它视为重要。英国UKLA（UK Listing Authority）专门负责信息披露，制定价格敏感性信息披露指南（PSI Guide），提高信息披露的可操作性，该机构将"重大信息"认定为价格敏感性（price sensitivity）。同时，英国伦敦证交所在《上市细则》中规定，公开会违反社会公共利益，严重损害公司利益的信息可以不予公开。日本《证券法》规定，上市公司公开的"重大事项"必须到指定场所获取，否则将获取不到这些信息。"重大事项"主要有公司决策、发生的事实、销售和盈利信息，并特别指出上市公司在发生足以影响投资者决策的上述"重大事项"时必须公开。上市公司根据保护其经营上的秘密为必要，向主管金融、财政的大藏大臣提出部分申报文件不供公众查阅的申请，在获得同意的情况下，可以对这些文件不予公开。[①]

　　我国在立法过程中可以将上市公司披露的信息分门别类，区别对待，做到对投资者的利益加以保护的同时维护上市公司的商业秘密不被泄露。信息可以分为三类：强制性信息披露、必要性信息披露和自愿性信息披露。①强制性信息披露中的"信息"为不公开即对证券市场公平秩序和投资者利益有着重大影响的信息，不允许上市公司以商业秘密为由拒绝信息披露。强制性披露的信息应当通过立法列举式明确规定，范围不宜过窄，过窄一方面会增加证券管理部门的审查负担，另一方面可能不利于投资者做出合理决策；范围也不宜过宽，范围过宽可能会对上市公司生产经营不利，造成其利益受损。②必要性信息披露中的"信息"是指应该披露，不披露会影响投资者做出合理决策，但是如果充分披露又会涉及上市公司商业秘密保护的信息。对于此类信息可以由上市公司提出

① 〔日〕河本一郎、大武泰南：《证券交易法概论》，侯水平译，法律出版社，2001，第57~59页。

申请，经过证券管理部门审查，对其利弊进行权衡，作出简化内容披露、迟延披露或者不披露的决定，但决定的作出不会对投资者造成"实质性"损害。③自愿性信息披露中的"信息"是指法律法规没有规定需要进行披露的信息，这些信息也不一定都属于商业秘密，但是对投资者作出正确决策没有任何影响。自愿性信息披露可以适当地扩大一些，一方面，上市公司为了投资者更好地了解自己，扩大自身的影响力，为公司筹集更多的社会资金供其更好地发展，它们自愿披露信息，实现自身和投资者的双赢；另一方面，减少了信息披露与商业秘密保护的冲突，为上市公司保持其市场竞争优势提供了可能。

（2）用成本—收益分析法衡量两者利益。上市公司信息披露能够有效地节约交易成本，使整个资本市场的资源得到合理配置。但是信息披露制度的建立和完善也需要支付一定的成本，竞争对手一旦得到上市公司的商业秘密，例如重大的投资计划、重要客户名单等，往往会造成该上市公司销售收入下降、市场份额流失等后果，甚至导致上市公司破产。因此，我们应当利用成本—收益的方法进行利益衡量。

①上市公司信息披露成本—收益分析

假设上市公司信息披露成本为 Y（可以分为：直接成本为 Y1，间接成本为 Y2），信息披露收益为 Z：

直接成本 Y1：信息披露直接消耗的成本。

间接成本 Y2：主要有上市公司、管理机构、投资者、中介机构等因信息披露（包括虚假信息披露）这一事实所引发的成本，如表 4 - 1 所示。

表 4 - 1　信息披露间接成本分析

引发成本的对象	成本组成
上市公司	Y21：所披露信息中涉及的商业秘密披露后给企业带来的直接损失
	Y22：因信息披露的及时性、准确性和全面性不合规所付出的代价，包括接受证券监管机构的罚款、警告，以及由此给上市公司声誉带来的影响
	Y23：信息披露给公司融资、经营等活动带来的负面影响，信息披露有可能导致公司经营风险加大，加速其破产等
管理机构	Y24：管理机构的监管成本
投资者	Y25：获取上市公司信息的正常费用

引发成本的对象	成本组成
投资者	Y26：分析上市公司信息真假的成本
	Y27：因获取虚假信息所带来的损失
中介机构等	Y28：中介机构审计信息真实性所支付的成本
	Y29：对发布真实信息的上市公司所造成的"劣币驱逐良币"效应等

我们假设上市公司因不实信息披露被社会公众察觉和管理机构查处的概率为 ω，稳定成本为 $C1 = Y21 + Y23 + Y24 + Y25 + Y26 + Y28$，因不实信息披露被社会公众察觉和管理机构查处的成本 $C2 = Y22 + Y27 + Y29$，信息披露的间接总成本 $Y2 = YC1 + （C2 \times \omega）$。

信息披露的收益 Z 主要有：

Z1：降低了市场信息的不对称，帮助投资者作出合理决策，引导社会资金向生产效益好的企业流动，使资源得到合理配置；

Z2：信息披露使上市公司的真实价值更容易被市场发现和认可，降低市场交易成本和风险；

Z3：投资者因信息披露获得的收益。

信息披露的净收益 $X = （Z1 + Z2 + Z3） - （Y1 + Y2）$。

②商业秘密保护成本收益分析

假设商业秘密保护成本为 A：

直接成本 A1：为保护商业秘密采取保护措施所支付的直接费用。

间接成本 A2：为保护商业秘密所付出的间接成本（机会成本）。比如，为保护商业秘密而不披露公司信息，造成信息不对称、股票价格动荡，投资者对公司投资冷淡，公司融资困难，市场份额流失，机会成本增加。

商业秘密保护收益 B：商业秘密保护给企业带来的经济利益和竞争优势。

从经济学的角度来看，我们假设上市公司以"商业秘密"的形式拥有具有较高市场价值的某种知识或产品信息，那么该公司可能由此拥有在某个领域或者市场的竞争优势。

如图 4-1 所示，D 为该信息的投资者需求曲线，MR 为上市公司占有该商业秘密所取得的边际收益曲线，MC 为该上市公司为保持其商业秘

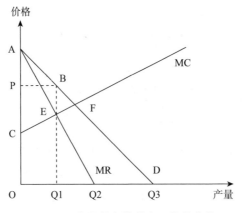

图 4 - 1　商业秘密的成本—收益曲线

密的边际成本曲线，在边际收益等于边际成本的产量水平 Q1 上进行公司的经营活动，均衡点为 E，相应的价格为 OP。在这种情况下，投资者的剩余为 PBA，上市公司的剩余为 CEBP，投资者与上市公司剩余之和为 CEBA，而由商业秘密引起的福利损失为 AFE。从上市公司的角度而言，CEBP 比例越大，其收益就越大；对于投资者而言，PBA 比例越大，其投资回报收益就越大。投资者收益 PBA 可以分为因商业秘密保护给其带来的收益 α 和因商业秘密泄露给其带来的负面收益 β。在进行成本—收益分析时也要考虑商业秘密保护给社会福利造成的损失 AFE 和因商业秘密泄露给其带来的负面收益 β，如果造成的损失为（PBA + β）＞（CEBP - β）时，商业秘密就失去了保护的价值。

③结论

根据上述分析，信息披露的净收益 X ＝（Z1 + Z2 + Z3）-（Y1 + Y2），商业秘密保护的净收益 C ＝ B -（A1 + A2）。我们将其列为表 4 - 2。

表 4 - 2　成本—收益分析

类别	成本	收益	净收益
信息披露	Y	Z	Z - Y
商业秘密保护	A	B	B - A

如表 4 - 2 所示，在进行利益衡量时，如果信息披露净收益（Z - Y）大于商业秘密保护净收益（B - A），则此信息就不应当作为上市公司的

商业秘密，应当予以披露，实现社会利益最大化；反之，以保护商业秘密为重。

（三）　商业秘密权与消费者知情权

商业秘密权是商业秘密权利人所拥有的合法权利，但是，其权利行使并不是不受任何限制的，在出现与他人合法权利发生冲突时，我们就必须进行利益平衡并作出取舍。除上述所言的商业秘密权与自由择业权、商业秘密权与上市公司强制披露信息以外，商业秘密权与消费者知情权也是需要谨慎处理的问题。例如，云南白药被指双重标准，国内配方保密，却被曝 8 年前在美全面公开。[①] 此事件在当时引起国内各界一片热议，不向国内消费者公开即有侵犯消费者知情权之嫌疑。

1. 商业秘密权与消费者知情权冲突的原因

商业秘密权与消费者知情权产生冲突的主要原因如下。第一，权利边界不清晰。我国《消费者权益保护法》对消费者知情权的范围采取的是不完全列举的方式作出规定的，该法规定，消费者有权要求经营者提供商品的产地、价格、用途、性能、使用方法、售后服务等，到底是否包括产品配方、生产工艺流程、制造方法等，法律并未作出明确规定。而产品配方、生产工艺流程、制造方法等都可以由产品生产者利用商业秘密的方式来进行保护，以实现其对这些技术信息的独占使用并获得经济利益。因此，商业秘密权与消费者知情权在权利边界上存在一定的交叉和重合，权利边界不清晰直接导致它们发生冲突。第二，利益追求存在差异。商业秘密权利人与消费者存在不同的利益诉求，具体体现为以下两方面。一方面，产品安全伤害事件频发倒逼消费者知情权扩张。消费者通过知情权的扩张，以扭转其交易中的弱势地位。一方权利的扩张势必会导致相对方权利的缩减，消费者知情权的扩张直接压缩商业秘密权的范围。另一方面，商业秘密权利人可以利用不对称信息追求个人利益。商业秘密权利人（经营者）利用其商业秘密获得竞争优势和经济价值，消费者与其形成了一种信息上的不对等地位，经营者无论是信息的

---

①　AI 财经社：《云南白药被指双重标准，国内配方保密，被曝 8 年前在美全面公开》，百度，https://baijiahao. baidu. com/s? id = 1615110320331746066&wfr = spider&for = pc，最后访问日期：2021 年 5 月 21 日。

数量上还是质量上，都较消费者而言占据绝对优势地位。消费者缺乏专业的商品鉴别知识，仅能依靠经验、感官和经营者提供的有限信息等来获取商品的信息。这种信息的不对称性，必然导致了经营者与消费者之间关系的紧张。

2. 商业秘密权与消费者知情权的利益平衡

第一，从立法上明确规定商业秘密权与消费者知情权的范围。商业秘密相关法律法规中应当借鉴域外通行做法，对商业秘密的范围采用概括式与列举式相结合的规定，以明确其商业秘密权利范围。在进行列举式规定的过程中，要注意商业秘密因科技发展和社会进步，其范围呈现扩张化的趋势，这就需要商业秘密范围在概括式规定时应当具有一定的前瞻性。与此同时，《消费者权益保护法》中对消费者知情权的范围进行了明确的界定，特别是规定经营者应当向消费者公开信息的具体范围，避免消费者知情权的无限扩张，从而造成对他人商业秘密权的损害。从立法上明确两者的范围，避免其边界模糊而影响双方的权利行使和利益维护。

第二，从司法上注重利益平衡理论在冲突中的应用。尽管通过立法可以一定程度上缓解商业秘密权与消费者知情权的冲突，然而，法律具有相对的滞后性和稳定性，不能适应纷繁复杂的社会生活，法律无法囊括社会生活中发生的一切情形。因此，完全划清商业秘密权与消费者知情权只是一种理想状态，这就需要引入利益平衡理论，通过利益平衡原则找到权利主体间的最佳利益平衡点，尽可能减少利益选择所造成的损失，而不能将商业秘密权与消费者知情权进行简单的排序，而应当充分发挥法官的自由裁量权。倘若因商业秘密保护而对消费者的生命健康造成严重损害的，那么商业秘密权必须让位于消费者知情权；倘若权利双方冲突仅仅涉及财产权利，那么法官应当综合考虑含有商业秘密的产品的市场份额、商业秘密的市场价值和应用前景、商业秘密的科技含量和消费者因商业秘密保护所造成的财产损害程度、消费者群体的范围等方面。

第五章　商业秘密法律制度的核心要义

我国现有保护商业秘密的法律规定存在适用范围狭窄、保护手段欠缺和难以实际操作的弊病。究其原因，我国立法上尚未解决好商业秘密立法应当以什么为核心的问题。为消除此弊病，立法者应当以商业秘密权为中心构建以对抗不特定第三人并兼具事前预防与事后救济等措施的商业秘密法律保护制度。例如，商业秘密权成为美国《统一商业秘密法》的保护对象，是该法框架得以构建的基点与主线。商业秘密权虽然经常被人们所提及，但是迄今为止世界上还没有任何正式的法规与判例对它做出过解释。[①] 为此，本章将对商业秘密法律制度的核心要义——商业秘密权进行深入探讨，为我国制定商业秘密专门法提供前提和基础。

第一节　商业秘密权的性质与特征

一　商业秘密权的性质

在法哲学视域下，人们对商业秘密权本质属性的清晰认识是构建商业秘密保护机制的基础。然而，此前学术界和实务界对商业秘密权是否可以作为一项独立权利仍然存在很大争议。代表性的观点有以下几个。①商业秘密权否定说。此观点认为，商业秘密只能作为一种法律所消极保护的利益，而不足以成为绝对权与支配权的客体。[②] ②人格权说。人格权说在德国学界较为流行，此观点认为，商业秘密是人格利益之一，从而商业秘密应当通过人格权模式受到保护，以不正当手段获取他人商

---

① 李仪、苟正金：《商业秘密保护法》，北京大学出版社，2017，第 142 页。
② Ramon A. Klitzke，"Trade Secrets：Important Quasi-Property Rights，" *The Business Lawyer* 2 (1986)：21 – 25.

业秘密是侵犯人格权的行为。① ③知识产权说。此观点源于美国，1868
年美国法院审理的 Peabody v. Norfolk 案中，法官将商业秘密与专利一样
视为知识产权的客体。② 日本学界有学者赞同此观点，他们认为商业秘
密应当包含于知识产权的客体——信息财产之中。③ 本书认为，商业秘
密权是一种民事权利、财产权利、知识产权。

（一）商业秘密权是一种民事权利

商业秘密权，是指权利人自由支配商业秘密并排除他人侵害的权
利。④ 从此概念可以看出，商业秘密权是一种民事权利。然而，有些学
者认为，商业秘密通常不构成权利而只是一种不甚确定的法律利益。⑤
他们指出，《反不正当竞争法》对于商业秘密的保护方式，是规定经营
者不得从事侵犯商业秘密的行为，而没有对商业秘密权作出界定，即没
有"正面规范"商业秘密权，对商业秘密的保护采用"反面推定"的模
式，进而得出其是法益而非权利的结论。笔者认为，法益是调整权利之
外的一种利益形式，它游离于权利之外，但受法律保护。德国《侵权行
为法》也采用权利与法益区别立法的模式，全国人大常委会法工委主任
王胜明指出："不敢大胆接受在侵权责任法中规定侵害的对象一类是权
利，一类是利益。采取更多人都能接受的办法，那就是写'侵害民事权
益'。"⑥ 这表明官方还是承认两者存在本质区别的。商业秘密权是一种
民事权利，理由有以下四点。

第一，商业秘密可以被权利人掌控并积极行使。商业秘密权利人享
有在一定条件下可以转让、质押或处分商业秘密的自由。例如，我国
《公司法》第 27 条规定，股东可以用知识产权出资。⑦ 这里可以以知识

---

① 蒋宁次：《营业秘密之侵害与民事救济》，硕士学位论文，台北大学法学研究所，2007。
② Peabody v. Norfolk 98 Mass 452（1986）。
③ 戴永盛：《商业秘密法比较研究》，华东师范大学出版社，2005，第 76 页。
④ 李仪、苟正金：《商业秘密保护法》，北京大学出版社，2017，第 142 页。
⑤ 转引自郑友德《论反不正当竞争法的保护对象——兼评"公平竞争权"》，《知识产权》
2008 年第 5 期。
⑥ 王胜明：《中华人民共和国侵权责任法解读》，中国法制出版社，2010，第 10 页。
⑦ 《公司法》第 27 条规定："股东可以用货币出资，也可以用实物、知识产权、土地使用
权等可以用货币估价并可以依法转让的非货币财产作价出资；但是，法律、行政法规
规定不得作为出资的财产除外。"

产权出资的商业秘密主要指技术秘密。《民法典》第 863 条规定：技术转让合同主要包括专利权转让、专利申请权转让、技术秘密转让、专利实施许可转让。也有域外学者认为，商业秘密在破产案件中，可以转让给受托人。[①]《民法典》第 440 条规定：包括商业秘密在内的知识产权可以质押。[②] 因此，商业秘密权利人可以掌控并积极行使因商业秘密所带来的各项权利。

第二，立法者的立法态度倾向于默认商业秘密是民事权利。《反不正当竞争法》第 9 条第 4 款规定："本法所称的商业秘密，是指不为公众所知悉、具有商业价值并经权利人采取相应保密措施的技术信息、经营信息等商业信息。"上述在给商业秘密下定义时使用"权利人"字眼儿，商业秘密的主体称为权利人，无疑隐含着立法者将商业秘密作为一项权利的默认态度。《刑法》第二编第三章第七节将侵犯商业秘密罪作为侵犯知识产权犯罪之一，显然也暗含商业秘密的民事权利属性。

第三，比照其他知识产权立法亦可认定其为民事权利。从立法学原理来看，规定一种权利可以从正面要求人们怎么去做，也可以从反面要求相对人禁止去做。我国《专利法》对专利权即从反面要求相对人禁止实施某种行为。[③] 正如，学界前辈汤宗舜先生所言："按照各国专利法，专利权的定义有两种表达方式：（1）专利权是实施专利发明的独占权利；（2）专利权是阻止他人实施专利发明的权利，我国即采用第二种方式。"[④] 我国《反不正当竞争法》第 9 条第 1 款也作出类似的禁止性规定，禁止他人特定的行为。从立法思路上，与《专利法》完全一致，只是没有规定"商业秘密权"，但这不代表"商业秘密权"作为一个法律概念不存在。

第四，商业秘密与专利是技术信息两种不同的保护方式。一方面，

[①]　Miles J. Feldman, "Toward a Clearer Standard of Protect able Information: Trade Secrets and the Employment Relationship," *High Technology Law Journal* 9 (1994): 151 – 183.

[②]　《民法典》第 440 条规定："债务人或者第三人有权处分的下列权利可以出质：……（五）可以转让的注册商标专用权、专利权、著作权等知识产权中的财产权；……"

[③]　《专利法》第 11 条规定："发明和实用新型专利权被授予后，除本法另有规定的以外，任何单位或者个人未经专利权人许可，都不得实施其专利，即不得为生产经营目的的制造、使用、许诺销售、销售、进口其专利产品……"

[④]　汤宗舜：《专利法教程》，法律出版社，2003，第 163～164 页。

倘若承认专利权，就应当承认商业秘密权的存在。商业秘密所有人所持的秘密一经申请即变成专利，专利在开发初期都通常以技术秘密形式保管，如开发完成后不申请专利，也可以商业秘密形式进行管理。另一方面，商业秘密保护成本高于专利权保护的成本，那么该项商业秘密可以考虑申请专利保护，而对那些不是独立完整、符合专利授予条件的技术信息，一旦公开既不能授予专利，也丧失了其秘密性，应该选择将其作为商业秘密予以保护。从这两种保护模式来看，无论选择商业秘密保护还是专利保护都是所有者的权利。

（二）商业秘密权是一种财产权利

学界对于商业秘密立法的法理基础作过较多探讨，大致可以分为财产权理论、保密合同理论、反不正当竞争理论、隐私权理论和侵权行为理论等。[①] 对此，本书认为这些理论中财产权理论是比较符合实际的，真正体现了此法的立法目的，理由如下。一是衡量某一个客观物是否具有财产性的依据之一应该考察它是否凝结人类劳动。对于商业秘密来说，秘密持有人为了取得某种技术诀窍或调研得出某种市场经营信息，付出了相应的时间、金钱和精力，因此，从财产为劳动所创造的意义上，商业秘密应当被视为财产，商业秘密权是财产权的重要组成部分。二是商业秘密能给持有人带来经济利益，从财产权的本质属性（利益性）出发，商业秘密也应当被看作是财产。三是国内外的立法例和司法实践也充分证明商业秘密权属于财产权。财产权理论最初产生于美国，将商业秘密看作财产权的典型案例可以追溯到1868年的 Peabody v. Norfolk 案。Peabody v. Norfolk 案原告皮博迪发明了一种用黄麻生产麻布的机器和工艺，他雇用被告诺福克为其工作，并同被告签订了书面合同约定被告不得将此工艺和机器的秘密泄露给他人也不得自行使用，但不久被告辞职与他人合伙开办了一家同样类型的工厂，制造了与原告相同的机器同时还使用了原告的工艺。原告遂向衡平法院申请禁令，要求阻止侵权行为，法院最后支持了原告的主张。格雷法官在判决中指出："如果运用自己的技术和努力从事某种商务，他在商务中付出的劳动在法律上应被视为财

---

① 张耕：《商业秘密法》，厦门大学出版社，2011，第58～67页。

产。"① 美国 1978 年制定的《统一商业秘密法》和 1996 年制定的《经济间谍法》中也都隐晦地承认商业秘密是特殊财产的思想。大陆法系国家长期以来固守严格的物权观念，将商业秘密权排斥于财产权之外，近年这一观念发生了较大变化，日本学者就主张将商业秘密规定为财产信息。我国现有法律也有将商业秘密当作财产看待的，如"三资企业法"以及《公司法》将商业秘密之一的专有技术和非专利技术作为出资财产。

保护商业秘密的财产权理论，对商业秘密的保护具有很大的优势：一是在商业秘密民事保护方面，财产权理论对因意外获得商业秘密者的义务、责任，以及善意第三人对商业秘密的义务、责任，提供了合理的法理基础，使用上述其他理论无法圆满解释这些责任；二是在商业秘密的刑事保护方面，只要具备了商业秘密的构成要件，具有秘密性、新颖性、管理性和实用性等特性，根据商业秘密的财产权理论，我们就可以非常容易地追究侵权人的刑事责任，即商业秘密财产权属性利于实现对商业秘密的刑事保护；三是依据财产权理论对商业秘密进行保护，还可以对不符合商业秘密保护条件的信息，认定有关保密合同、协议等无效，有关行为不构成侵权。对这些简单或公知技术，进行是否构成知识产权的鉴别，对于技术合作和创新、防止合同欺诈、保护相对方合法权益等都具有重要的意义。

（三）商业秘密权是一种知识产权

知识产权是人们基于自己的智力活动创造的成果和经营管理活动中的标记、信誉而依法享有的权利。② 它是一种具有知识产权属性的权利，原因如下。第一，从国际条约规定来看，商业秘密被作为知识产权看待。例如，《TRIPS 协议》第 39 条规定"未披露的信息"与专利权、商标权均被列入知识产权的范畴，要求缔约各成员国对此加以保护。1996 年世界知识产权组织在《反不正当竞争示范条款》第 6 条也有商业秘密的规定。第二，商业秘密是创造者基于智力活动创造而获得的成果，其客体与著作权、专利权等一样，都属无形性的精神财富或知识产品，符合知

---

① Peabody v. Norfolk, 98 Mass. 452, 457~458 (1868).
② 吴汉东：《知识产权法》，法律出版社，2014，第 30 页。

识产权无形性或非物质性的本质属性。[①] 第三，知识产权领域呈现扩大化趋势，是一个开放的体系。随着科技进步和经济发展，具有经济意义的智力活动创造成果和经营管理活动中的标记、信誉远远超出传统知识产权的范畴，主要包括创造性成果权、经营性标记权和经营性资信权，商业秘密权被归为创造性成果权之列。[②] 第四，知识产权具有独占性、地域性和时间性三大基本特征，但包括商业秘密在内的知识产权具有的专有性、地域性和时间性三大基本特征都是相对的，它们不是知识产权的本质特征，只是一种立法技术的表现，我们不能因为知识产权所谓的"三性"将商业秘密权排除在知识产权之外。例如，商业秘密的"专有性"在于商业秘密权利人可以依法排除他人不正当的获取、披露和使用行为，从而使自己在市场中凭借控制的商业秘密而获取竞争优势，并最终带来实质性经济利益。然而，随着知识产权开放性的增强，其基本特征不是绝对的，非权利人可以通过反向工程、自我研发等行为正当地获取商业秘密，并加以披露或使用。知识产权的本质特征只有一个，即客体的无形性，商业秘密权的客体满足了这一本质特征，理应属于知识产权的范畴。[③]

二　商业秘密权的特征

（一）具有知识产权的共性特征

商业秘密权作为知识产权的下位权利，其与著作权、商标权和专利权等具有一些共性特征。

1. 绝对权

又称"对世权"，是指权利人向不特定义务人主张的权利。基于知识产权法理，任何民事主体都可以成为知识产权的主体，而民事主体有无民事权利能力和民事行为能力并不重要。同时，任何人也都有尊重他人知识产权的义务，在没有法律规定和双方约定的情况下，不得侵犯他人知识产权。这就意味着商业秘密权一经确立，其权利与义务主体范围不再仅限于《反不正当竞争法》所规定的"经营者"和《民法典》等立

---

① 吴汉东：《知识产权保护论》，《法学研究》2000 年第 1 期。
② 吴汉东：《论财产权体系》，《中国法学》2005 年第 2 期。
③ 吴汉东：《论财产权体系》，《中国法学》2005 年第 2 期。

法上所涉及的合同当事人等民事主体，而应当扩及至一切民事主体，因此，商业秘密权的义务人范围是不特定的、广泛的民事主体。从上述义务主体的范围来看，商业秘密法律保护不能仅依靠《反不正当竞争法》就能实现，而理应制定一部专门的《商业秘密保护法》。

2. 支配权

民法上的支配权，是指民事主体直接支配权利客体并享有由此产生的利益而无须义务配合的权利。商业秘密权是一种特殊的支配权，其主要体现在：权利人通过采取合理保密措施等手段来实现对商业秘密的控制，并利用商业秘密获取在市场上的竞争优势或者经济上的丰厚回报。唯一与物权不同的是，商业秘密是一种无形的财产，权利人的占有和支配方式有所不同罢了。

3. 地域性

包括商业秘密权在内的知识产权具有地域性特点，具体体现在以下几点。第一，取得的地域性。在不同的国家或者地区，同一知识产权的客体获得保护所依据的法律规定程序和条件相互独立，各有差异。简言之，同一客体在不同国家或者地区被授予不同的知识产权，甚至有些国家授予其知识产权，他国或者地区并不授予其知识产权。第二，行使的地域性。各知识产权主体在获得知识产权后，在不同国家或者地区行使该国或者地区规定的权利。第三，保护的地域性。知识产权保护的范围也有一定地域性，权利主体只能获得授予国或者地区的保护。

4. 可共用性

知识产权的可共用性，是指权利人对其知识产品可以在同一地区或者不同地区支配其权利客体，也可以授权不特定的多数主体同时在某一地区或者不同地区支配此权利客体。商业秘密权也是如此，作为商业秘密权客体的商业秘密权利主体可以独立支配，也可以有偿或者无偿地将其转让给不同的人使用并取得收益，只是使用人不得泄露其使用的商业秘密。

（二）商业秘密权的独有特征

商业秘密权在具备其他知识产权共有特征的同时，作为一项独立的智力成果，其还具有不同于其他知识产权的独有特征。具体体现在以下几点。

1. 非独占性

众所周知，知识产权具有一定的独占性，权利人独占其智力成果，他人在法律规定或得到权利人许可的情况下，方可使用其智力成果。由于商业秘密具有秘密性的特点，他人通过独立研发、反向工程等合法手段获取此商业秘密，其也可以采用商业秘密方式加以保护，亦可寻求专利的方式来对此加以保护。由此可见，商业秘密不只是为权利人所独占，他人仍然可以通过合法途径获取之。例如，某秘密配方权利人在使用其配方过程中，无法阻止他人通过研发等途径拥有其配方。此时这一商业秘密不同所有权主体各自以自己使用的方式行使商业秘密权而不能互相干预。

2. 保护期限的不确定性

作为传统知识产权的智力成果，往往以公开权利内容为其获得权利的前提，其保护期也是有限制的。例如，作者为自然人的作品，其著作权财产权的保护期为其生前和死后第 50 年的 12 月 31 日；专利权保护期（发明专利权 20 年，实用新型专利权 10 年，外观设计专利权 15 年）和商标权保护期（10 年）在立法上都有明确规定。而商业秘密则不同，其权利存续主要取决于权利人保守商业秘密的主观愿望和措施的严密程度，而不宜由法律来规定其保护期限。只要商业秘密不为公众所知悉，其将一直受到法律的保护，而没有时间的限制。

第二节　商业秘密权的主体

一　商业秘密权主体的范围

商业秘密权主体即商业秘密权利人，是指通过独立研究开发、反向工程或者其他正当手段获得商业秘密的自然人、法人或者其他组织。根据获得商业秘密的方式不同，商业秘密权主体主要分为原始主体和继受主体。原始主体是通过自身的独立研发、反向工程或者其他正当手段获得商业秘密的自然人、法人或者其他组织；继受主体是通过受让、继承、赠予等法律规定的方式获得商业秘密的自然人、法人或者其他组织。

法律并未对商业秘密权主体的范围作出明确的规定，《反不正当竞争法》第 9 条从义务主体的视角对商业秘密权主体所持有的商业秘密予以保护，此条表述是"经营者不得实施下列侵犯商业秘密的行为"，商业秘密权的义务主体是经营者，那么其权利主体也当然是经营者。该法第 2 条第 3 款将"经营者"界定为"从事商品生产、经营或者提供服务（以下所称商品包括服务）的自然人、法人和非法人组织"。然而，学术界对经营者的理解仍然存在分歧。一种观点认为，经营者必须具有法律上的主体资格，即存在相应的权利能力，经市场监督管理部门（原工商行政管理部门）核准登记而从事商品经营或者营利性服务的自然人、法人或者其他组织。与之相反的另一种观点认为，只要实际从事商品经营或者营利性服务的自然人、法人或者其他组织都属于此处所言的经营者，是否经市场监督管理部门核准登记在所不论。

本书认为，第二种观点较为合理，现实生活中很多行业并非都需要经登记核准，例如，2017 年国务院颁布的《无证无照经营查处办法》第 3 条规定："下列经营活动，不属于无证无照经营……"此办法就表明无证无照仍然可以从事某些行业的经营活动。同时，第二种观点也符合《反不正当竞争法》的立法初衷，将不具备相应主体资格的人纳入法律规制范围，更好地保护合法经营者的利益和正常的市场经济秩序。如果对其不正当竞争行为不予以《反不正当竞争法》上的规制，显然放纵了其不正当竞争行为，对合法经营者的合法利益不能予以合理的保护，严重影响《反不正当竞争法》的执法效果，而且也有悖于民法上公平与平等原则，造成同一行为因实施的主体不同而受到不同的待遇，这显然是不合适的。

当然，商业秘密权主体不仅限于经营者。例如，我国《民法典》对于技术秘密转让合同的签订作出了明确的规定，技术秘密转让合同的主体当然也就成为商业秘密权的主体。国家工商行政管理局 1995 年颁布的《关于禁止侵犯商业秘密行为的若干规定》第 2 条第 6 款规定："本规定所称权利人，是指依法对商业秘密享有所有权或者使用权的公民、法人或者其它组织。"由此可见，任何民事主体都可以成为商业秘密权的主体。例如，某公民在业余时间通过独立研究开发而拥有某一产品的配方，其便可以寻求商业秘密方式加以保护，他并非经营者，但仍然是商业秘密权主体。

二　商业秘密权主体认定的规则

（一）商业秘密权主体认定的一般规则

正如著名知识产权专家吴汉东所言，创造性活动是权利产生的源泉，法律是权利产生的根据。[①] 以商业秘密权为例，商业秘密权的原始取得是基于主体实施技术研发或者市场资源开发等创造性活动，而商业秘密的研发或者开发行为是民法意义上的事实行为，而非法律行为，任何民事主体都可以通过独立构思开发一项秘密技术，从而获得对该技术的商业秘密权。因为事实行为的实施并不要求行为者具备完全民事行为能力。因此，任何民事主体都可以成为商业秘密权主体，而不仅限于《反不正当竞争法》上的"经营者"。

（二）商业秘密权主体认定的特殊规则

除了从普遍意义来说"任何民事主体都可以成为商业秘密权主体"的认定规则以外，商业秘密权主体的认定，还应当遵循以下规则。第一，个人通过独立研发、反向工程等合法手段获得商业秘密的，其权利主体是个人。第二，两个以上的主体共同开发而形成的商业秘密，其权利主体是共同开发者，合同另有约定的除外。第三，雇员为完成单位工作任务而开发出的商业秘密，其权利主体是单位，个人享有获得奖励的权利；雇员非为完成单位的工作任务而开发的商业秘密，其权利主体是雇员本人。第四，受他人委托而开发出商业秘密的，其权利主体由双方约定，双方没有约定或者约定不明的，权利主体是受托人，委托人在委托目的范围内可以免费使用该商业秘密。

三　雇员离职后技术研发成果的权利归属

此处所言"离职后技术研发成果"是指离职雇员在原单位商业秘密的基础上，利用自己所掌握的知识技能开发出更有价值、更具创新性的技术信息。此类信息既汲取了原单位技术秘密的"营养"，也凝聚着开发者个人智慧和创新。它到底是商业秘密，还是知识技能呢？美国《反

[①]　吴汉东：《知识产权法》，法律出版社，2014，第 67 页。

不正当竞争法重述（第三次）》第42节表明，离职后雇员的研发成果是否涉嫌侵犯前雇主商业秘密，应当从内容上加以判断。该节用实例加以论述。例如，技术工程师B受雇于化工厂A，在该工厂工作期间，B为A研发出一种新型清洁剂，对业界已有的技术作出了重大改进。B离职后进入与A有竞争关系的C公司，并向其披露自己在A工作期间研发的新技术，B和C须对A承担商业秘密侵权责任。[1]

　　在美国司法实践中，一般认为离职后成果在前人基础上有所改进，超过了原商业秘密保护范围的，属于离职雇员知识技能的范畴，不宜认定为侵犯原雇主商业秘密。例如，Am. Can Co. v. Mansukhani一案[2]，原告Am. Can Co.是一家生产喷墨的公司，被告伊什瓦尔·曼苏卡尼（Ishwar Mansukhani）是原告公司的雇员，在被告离开该公司后开始生产和销售与原告公司性质相同的喷墨，遂原告以被告侵犯商业秘密为由向法院提起诉讼。一审法院认为，被告违反了信任关系和保密义务，复制了原告的产品配方和有关技术，因此作出判决禁止被告使用和销售利用原告产品配方和有关技术生产的喷墨，被告提出的上诉亦被法院驳回。在随后的一段时间，原告发现被告仍在生产和销售与自己有竞争关系的另两种喷墨，向法院申请颁布禁令禁止被告生产和销售这两种喷墨的行为，法院经审查颁布了初步禁令。被告对此不服提出上诉，上诉法院认为，原告原有的部分技术秘密已经因申请专利而公开，商业秘密的范围大大缩小，而且此两种喷墨并非照搬原告产品配方，而是被告在此基础上推出的新产品，已超出了原告所主张的商业秘密保护范围，不宜认定为商业秘密。[3] 因此，上诉法院撤销了原法院作出的初步禁令。

　　美国的司法实践和司法经验值得我们学习和借鉴。我国《专利法实施细则》第12条第3款规定："退休、调离原单位后或者劳动、人事关系终止后1年内作出的，与其在原单位承担的本职工作或者原单位分配的任务有关的发明创造。"这就意味着雇员离职一年以后所做出的发明创

---

① 张玉瑞：《商业秘密法学》，中国法制出版社，1999，第518页。

② Am. Can Co. v. Mansukhani, 742 F. 2d 314；1984 U. S. App. LEXIS 20045；223 U. S. P. Q. （BNA）97；39 Fed. R. Serv. 2d（Callaghan）877.

③ Am. Can Co. v. Mansukhani, 742 F. 2d 314；1984 U. S. App. LEXIS 20045；223 U. S. P. Q. （BNA）97；39 Fed. R. Serv. 2d（Callaghan）877.

造即使与原工作有关，也不属于职务发明创造，其权属属于离职雇员。如果在商业秘密领域实行这一原则，将会导致雇员在离职一年后，可以改头换面使用原单位的商业秘密，甚至将其公开申请专利。这将动摇商业秘密保护的制度基础，不利于保护商业秘密持有人的权益。因此，依照我国现行法律规定，雇员离职后，明知或者应知其发明创造使用了原单位商业秘密的，应当承担侵权赔偿责任，没有任何期限限制。

然而，上述规定要求离职雇员"无限期"地履行不得侵权义务，同时限制其从事与原单位相关的工作进行发明创造，这对离职雇员是极其不公的，也会降低创新效率，无助于社会创新体系建设。离职雇员害怕产生权属纠纷，这将会促使其不敢从事与原工作相关的某些发明创造。因此，建立合理的商业秘密保护制度，对离职雇员在原商业秘密基础上进行发明创造应当给予特殊的保护，做到既保护原商业秘密权利人的合法权益，维护商业秘密制度既有基础，也尊重开发者的智力成果，避免挫伤他们创造的积极性。那么，如何建立一种合理的制度成为需要解决的问题。

签订技术秘密使用许可合同，约定雇员离职后发明创造的权利归属不失为一个明智之举。技术秘密使用许可合同，是指技术秘密权人或经其授权的人许可他人在一定范围内使用其技术秘密并支付使用费用的合同。我国《民法典》只规定了专利实施许可合同①，《专利法》第51条也对新发明创造建立在原发明创造的基础，给予新旧发明人交叉使用许可。我国目前还没有法律法规对技术秘密使用许可合同做出相应规定。但是，我们可以比照专利实施许可合同的有关规定来处理实践中的技术秘密使用许可合同。需要指出的是，技术秘密使用许可合同的签订，不意味着技术秘密所有权的让渡，其只是一种使用权的有偿让渡。

笔者认为，雇员离职后在原雇主商业秘密基础上进行的技术研发，其成果权属由合同约定；没有约定的或者约定不明的，可以通过补充协议确定；不能达成补充协议的，按照合同有关条款或者交易习惯确定；

---

① 技术秘密使用许可合同，有学者认为是原《合同法》第18章第3节所说的"技术秘密转让"，这种说法不够严谨。所谓"转让"一般产生所有权的转移，技术秘密使用许可合同只涉及技术秘密使用权的让与，所有权仍在商业秘密权利人手中。参见张玉瑞《商业秘密法学》，中国法制出版社，1999，第461页。

上述方法仍然不能确定的，"新技术信息"属于离职雇员所有，但是其必须向原雇主支付必要的许可费，且不得公开其研发成果，以防止原雇主商业秘密遭受泄密。原雇主对离职雇员的研发成果享有使用权。同时，关于此技术成果离职雇员只能诉诸商业秘密法保护，不得申请专利或者公开使用、披露，以避免原单位商业秘密泄漏。[①]

第三节　商业秘密权的客体

商业秘密权的客体即是商业秘密（trade secret）。商业秘密是普遍意义上信息的一部分，从事实上来说，作为商业秘密的信息是具有实际的或者潜在的经济价值、能给权利人带来竞争优势地位的信息；从法律上而言，商业秘密的范畴仅限于符合法律规定的商业秘密构成要件的信息。作为商业秘密的信息与其他信息并不同，主要表现为以下几点。首先，非一切竞争信息都是商业秘密，属于商业秘密范畴的仅限于那些具有竞争优势和带来经济利益的信息，且这些信息也不一定全是商业秘密。同时，随着高科技产业的兴起，商业秘密的信息并不仅仅限于昔日所言的经营信息和技术信息，其他竞争信息，如科研竞争、教育竞争、文学艺术的创作竞争等同时用于商业目的时，即具有经济属性，也可以认定为商业秘密。其次，符合法律规定的商业秘密构成要件的那些信息，才能成为商业秘密，即符合秘密性、保密性、实用性三要件的信息，可以认定为商业秘密，而不是任何能够给权利人带来竞争优势和经济利益的信息均可认定为商业秘密。[②] 最后，商业秘密分为技术信息和经营信息，但是，不是所有经营信息和技术信息均属于商业秘密。

一　商业秘密的表现形式

（一）域外国家的观点

美国商业秘密判例表明，司法机关将商业秘密的范围限于具有较强

[①]　商业秘密与专利都是基于发明创造而进行的不同保护方式，此处笔者主要借鉴了《专利法》有关专利交叉许可等规定，但考虑到商业秘密的特殊性（秘密性），实施商业秘密交叉许可过程中要以保守商业秘密不被他人知悉为前提。

[②]　宋惠玲：《论商业秘密的法律性质》，《行政与法》2008年第9期。

财产特征的技术性信息，例如，美国 Salomon v. Hartz 一案，哈尔茨（Hartz）是萨洛蒙（Salomon）的雇员，其辞职后进入与萨洛蒙的公司有竞争关系的公司，并将有关生产科尔多瓦皮革的商业秘密泄露给该公司，根据萨洛蒙的申请，初审法院向哈尔茨和萨洛蒙的竞争对手发布诉前禁令，禁止哈尔茨和萨洛蒙的竞争对手使用或者泄露萨洛蒙的原料配方、客户名单和商品定价等经营秘密。此案在上诉审理中，新泽西（New Jersey）法院取消了对非技术信息部分的诉前禁令，仅支持诉前禁令中的技术信息部分。① 1905 年美国联邦最高法院审理的 Chicago Board of Trade v. Christie Grain and Stock Co. 案中，原告芝加哥商会收集并整合了各种农作物的价格和各销售商的相关信息，形成行情报告，提供给合同用户使用，被告公司通过非法手段得到这些行情报告，并违法扩散取得非法收益，法院为此颁布禁止令，阻止原告商业秘密被他人使用或者泄露。② 此案是第一起非技术秘密即经营秘密被确定为商业秘密的表现形式。1939 年的美国《侵权行为法重述》首次较为完整地表述了对商业秘密实施侵权行为法保护，该法第 757 节评论 b，规定商业秘密既包括任何配方、样式、信息的编辑产品，制造、加工或者储存材料的工艺，机械或者其他装置等"技术秘密"，也可以包括与产品销售或者业务运营有关的价目表中的折扣、回扣或者进行谈判做出妥协条件的规则、企业运营管理方法、客户名单等"经营秘密"。美国《统一商业秘密法》（1979 年）第 1 节第 4 条规定，只要是商业信息，且这些信息具备秘密性、价值性、新颖性、保密性等特性，即为商业秘密的保护对象，这种表现形式抛弃了过去外延式的列举，非连续、非系统地改进生产经营活动的方法、技巧，即便是个别、零散的信息，只要符合商业秘密的构成要件，也属于商业秘密的范畴。英国有些判例也认为，商业信息的复杂和高深程度不是衡量其是否为商业秘密的标准，在企业生产经营中产生的一些简单的、有实用价值的信息，也有可能成为商业秘密法的保护对象。1995 年美国《反不正当竞争法重述》第 39 条认为，商业秘密的表现形式主要有经营性秘密、技术性秘密、其他秘密。通常情况下，商业秘密

① 4N. J. Ep. 400, 2A 379 (1886).

② Chicago Board of Trade v. Christie Grain and Stock Co., 198 U. S. 236, 1905: 250 – 251.

权利人都是生产经营者和某些商业机构。然而，一些非营利组织，例如教育、协会、慈善、宗教组织等，它们所持有的具有一定经济价值的商业信息也可能被认定为商业秘密。因此，商业秘密的表现形式具有多样性、开放性等特性，《TRIPS 协议》将商业秘密的定义表述为"未披露的信息"，所以，从正面来描述商业秘密的表现形式，是难以达到预期效果的，任何企图用法律来定义所有商业秘密表现形式的做法都是无益的、徒劳的。

　　加拿大 1988 年颁布的《统一商业秘密法草案》对商业秘密的表现形式做出了与美国相类似的规定。该草案第 1 条规定："'商业秘密'系指符合下列条件之任何信息：（1）被用于或可能用于贸易或商业；（2）在贸易或商业中不为公众所知悉；（3）因其非公知而具有经济价值；（4）依据具体情况，尽合理之注意，以防止其被公知。前述定义中所称'信息'，包括（但不限于）体现或包含于，配方、模型、计划、资料汇编、计算机程序、方法、工艺、程序、产品、装置或机械中之信息。"与美国立法的不同之处在于，加拿大对商业秘密的表现形式仅限于贸易或商业中的信息，没有美国《统一商业秘密法》所含的广泛。然而，在加拿大学界有学者认为，商业秘密可以是一种工业秘密，例如，保密的工艺、配方、机器，或者作业的对象、时间进度、经费开支、成功或失败的信息；也可以是任何类型的信息，例如，科学信息、广告宣传上的精彩语句或创意，等等。[1] 这种观点并没有为加拿大立法机关所采纳，仅停留于理论层面。

　　德国立法将商业秘密的表现形式表述为"交易或生产经营上之秘密"，通常称之为企业秘密（Unternehmensgeheimnisse），企业秘密包括交易秘密（Betriebsgeheimnis）和生产经营秘密（Geschäftsgeheimnisse）。除上述信息为企业秘密以外，还有哪些信息属于企业秘密，主要取决于法官的认识。德国实务界认为，一项秘密信息，只要其与企业的生产经营相关联，具有经济上的价值，并由雇主控制于秘密状态，即为企业秘密，受到法律保护。从德国立法和学界的观点来看，"交易或生产经营上之秘密"为商业秘密的主要表现形式，具体哪些属于商业秘密由法官来决断。

---

　　① Terrence F. Maclaren, *World Trade Secrets Law*, CBC, A2 - 5.

日本 1993 年《不正当竞争防止法》规定，商业秘密包括技术秘密和经营秘密两大类。但是法律实务界对商业秘密的表现形式往往超越了此范围。从日本判例来看，凡是产品配方、商业数据、计算机程序、建筑设计图、客户名单、电话信号、大学入学试题，只要其权利人采取合理措施，维持其秘密性，均应当作为商业秘密予以法律保护。

（二）我国学者的观点

我国法学界对商业秘密的表现形式的认识存在分歧，主要存在两种观点。一种观点认为，商业秘密分为技术信息和经营信息两大类，这种划分方法是极为合理和严密的，能够全面涵盖通过商业秘密保护的各种信息。作为商业秘密的信息，除了经营信息，就是技术信息，也即经营信息以外的信息。也有学者用以下理由来支撑此观点："即使反不正当竞争法调整范围扩大，即使非营利机构也可成为商业秘密权利人，但如果相关信息因不能用于商业活动而不能为技术信息或经营信息囊括时，其本身本来就不能成为商业秘密。"[①] "将商业秘密的范围限定为技术信息和经营信息是可取的。"[②] 另一种观点则持反对意见，认为"商业秘密不仅仅包括技术秘密和经营秘密，它们只能说是商业秘密的主要部分，商业秘密有其他的内容组成"。反对者的理由主要有以下几个。①故事主题和情节构思、广告宣传上的精彩创意、新颖的教学方式方法、体育领域的训练方法等文学、艺术、教育、体育方面的信息，一般不被归入技术信息和经营信息，但是它们也属于商业秘密的范畴。例如，《论体育训练方法的商业秘密法保护》一文就持此观点。②经营信息和技术信息，仅是从竞争法的保护视角对商业秘密所下的定义，如果将商业秘密保护置于更为广阔的视野下研究，其表现形式不仅仅局限于技术信息和经营信息。同时，随着社会的发展，《反不正当竞争法》调整的范围逐渐由原来的工商业领域扩大到体育、文化、科研、旅游、医疗卫生等领域。因此，这些扩展的领域内相关的秘密信息理应被作为商业秘密受到保护。③尽管我国《反不正当竞争法》只调整经营者之间的关系，但未来的发

---

① 蔡伟：《侵害商业秘密的法律问题分析》，《中国审判》2018 年第 11 期。
② 王雪：《新〈反不正当竞争法〉对商业秘密保护之管窥》，《江南大学学报》（人文社会科学版）2018 年第 5 期。

展趋势将逐步与国际社会接轨。

(三) 现有观点的剖析

商业秘密的表现形式包括技术信息和经营信息，但是，其不能囿于当前立法规定的技术信息和经营信息的范围。本书建议，商业秘密的表现形式应当采用例示主义和概括主义相结合的方式，即一方面可以通过法律直接列举哪些秘密信息可以作为商业秘密，哪些信息不属于商业秘密；另一方面可以明示商业秘密不局限于法律所列举的部分，这样与社会、经济、科技发展相适应，为法律法规扩展商业秘密的范畴留下伏笔。至于商业秘密是否分为经营信息和技术信息两类，本书认为，商业秘密分为经营信息和技术信息是确定无疑的。上述学者间产生异议的原因主要是他们对经营信息和技术信息的内涵与范围在理解认识上有所差异而已。例如，体育训练方法具有一定的价值，应当属于商业秘密中的技术信息范围，情节构思、广告宣传上的精彩创意，如果具有高科技含量的信息，亦可认定为商业秘密中的技术信息，能带来经营上利益的某些创意，则可以认定为商业秘密中的经营信息。

我国立法和司法实践中认为，技术信息包括但不仅仅局限于诸如数据、图纸、工艺、设计、配方等符合商业秘密构成要件的信息，如原国家科委《关于加强科技人员流动中技术秘密管理的若干意见》、深圳市人大常委会通过的《深圳经济特区企业技术秘密保护条例》等均采用例示主义和概括主义相结合的方式对其作出了规定；经营信息主要包括客户名单、产销策略、货源情报、招标投标中的标底及标书内容，与经营者的投资、销售、财务、金融、采购、分配有关的信息，比如，企业投资计划、投资方向、产品研发计划、产品定价、购销渠道等。这些信息是否属于商业秘密，要以商业秘密构成要件并结合具体情况进行分析。以客户名单为例，认定其商业秘密属性，主要考虑以下一些因素：客户名单是否可以从公开渠道获取，获取客户名单支付了多大的人力、财力和智力；权利人采取保密措施的程度。对于客户名单不易获取，开发过程中消耗了大量人力、财力和智力，且权利人采取了一定的保密措施的秘密信息，即被认定为商业秘密，即便雇员离职后不带走任何商业秘密资料，仅凭头脑记忆带走这些秘密信息，在新工作中使用、泄露或者允许他人使用的，也属于商业秘密侵犯行为。

综上所述，商业秘密的表现形式主要有经营信息和技术信息，随着创新驱动发展战略的实施和经济社会的发展，商业秘密的表现形式有不断扩张之势，但是它们都属于经营信息和技术信息的范畴。同时，对于某一经营信息和技术信息是不是商业秘密，我们应当根据具体情况进行分析判定。

二　商业秘密的构成要件

现代社会是信息社会，各种各样的信息充斥于人们的生产生活，然而不是任何与经营和技术相关的信息均属于商业秘密。认定这些信息是否属于商业秘密，需要从商业秘密的构成要件来考量。由于不同国家在文化传统、政治状况、经济条件等方面存在明显差异，它们在认定商业秘密的构成要件方面也存在细微不同，而并非有些学者所言的"存在重大差别"。① 这主要是因为《TRIPS 协议》已经对商业秘密的构成要件作了明确的规定，这一规定对各缔约国商业秘密构成要件立法具有重要的指导作用。② 那些主张不同国家在立法和司法上对商业秘密构成要件的认定存在重大差别的学者认为，英美法系国家将是否符合社会公共利益作为商业秘密构成要件之一，大陆法系国家大多没有做出这样的规定。本书认为，这种观点值得商榷，符合社会公共利益是大陆法系国家关于商业秘密构成要件立法和司法的应有之义。"权力不得滥用""诚实信用""公序良俗"等原则成为世界大多数国家民事立法的基本原则和基础。因而，在商业秘密构成要件的立法中，没有必要单独将社会公共利益条款列为其构成要件。③

商业秘密构成要件在我国学界也存在不同声音。有些学者认为商业

---

① 尽管学界对商业秘密进行法律保护的理论依据上存在不同的看法，但是域外国家立法和司法实践中对商业秘密构成要件的认识只是大同小异，而并非某些学者所宣称的那样"两大法系在商业秘密的界定上存在重大差别"。参见陈骏、彭林《商业秘密司法保护的若干问题研究》，《学习与实践》2013 年第 4 期。

② 《TRIPS 协议》第 39 条第 2 款规定，只要有关信息符合下列三个条件：在一定意义上，其属于秘密，就是说，该信息作为整体或作为其中内容的确切组合，并非通常从事有关该信息工作之领域的人们所普遍了解或容易获得的；因其属于秘密而具有商业价值；合法控制该信息之人，为保密已经根据有关情况采取了合理措施。

③ 张耕：《知识产权民事诉讼研究》，法律出版社，2004，第 537～540 页。

秘密是一种知识信息，是人们智力活动的成果，它未获得传统意义上知识产权的直接保护，具有非物质性、可传授性和可转让性的特性，要想成为商业秘密应当具备秘密性、经济性和一定的新颖性等要件；[①] 有学者认为商业秘密的构成要件是秘密性、经济性和独特性；[②] 也有学者认为商业秘密构成要件主要有秘密性、保密性、实用性、经济性；[③] 还有学者认为商业秘密的构成要件是秘密性、独特性、实用性、经济性。[④] 上述观点除掉商业秘密与其他类型的知识产权的共性以及仅内涵相同而表述有异外，主要集中于两个方面的争议：一是新颖性是否有独立于秘密性而存在的必要；二是实用性是否能成为商业秘密的构成要件。本节拟对商业秘密构成要件作一深入探讨。

（一）秘密性

要想获得商业秘密保护，有关信息必须具有秘密性，不为公众所知。秘密性的观点得到了发达国家大量案例的支撑。例如，美国1979年的 Carson Products Co. v. Califano[⑤] 案中法院以产品成分在有关学术论文中，甚至在专利文献中已经用于相同产品，而拒绝原告申请食品成分保密的请求，其判决书中指出："不用侵权手段即可以得到的信息不能是商业秘密的对象。" 至于秘密性要求是绝对秘密性还是相对秘密性，美国《侵权行为法重述（第一次）》认为，秘密性是相对的，而非具有绝对的秘密性，即它不要求任何人都不知晓该商业秘密信息，而是有限度地公开于一定范围之人知悉。[⑥] 1868年 Peabody v. Norfolk 案[⑦]和 Pressed Stell Car Co. v. Standard Stell Car Co. 案[⑧]都指出，商业秘密的某些程度的公开是不可避免的。在我国，秘密性是指商业秘密"不为公众所普遍知晓"，具有"相对秘密性"，它为一定范围内必须知道的人所掌握。对于"一定范围内必须知道的人"具体是哪些人，一般

---

① 种明钊、盛学军、郑鹏程：《竞争法》，高等教育出版社，2012，第258~262页。

② 张今：《知识产权新视野》，中国政法大学出版社，2000，第12~13页。

③ 衣庆云：《客户名单的商业秘密属性》，《知识产权》2002年第1期。

④ 张向群：《浅谈商业秘密的法律保护问题》，《当代法学》2003年第1期。

⑤ Carson Products Co. v. Califano, 594 F. 2d 453; 1979 U. S. App. LEXIS 14904.

⑥ Restatement of the Law, Third, Unfair Competition, Section 39, Comment g.

⑦ Peabody v. Norfolk, 98 Mass. 452（1868）.

⑧ Pressed Stell Car Co. v. Standard Stell Car Co. , 210 Pa. 464, 60 A. 4（1904）.

不能一概而论，应当根据个案的不同作出符合实际情况的认定。例如，在下列情况下，商业秘密就不会丧失其秘密性：①负责企业生产具体实施过程的雇员需要运用商业秘密；②按照双方签订的协作协议、技术合同等商业秘密权利人将商业秘密披露给合同或者协议另一方或者其他负有保密义务的单位或者人员；③法庭庭审披露的、成果鉴定会展出的商业秘密；④两个以上的市场主体对某一商业秘密同时合法持有；⑤某一区域范围不属于商业秘密的信息，在其他区域内可能又属于商业秘密的信息。上述五种情形并不影响信息秘密性的存在。笔者认为，我们可以从两个方面来认定，即客观秘密性和主观秘密性。客观秘密性，是指客观上某一信息不为同一领域相关人员所普遍知晓，主要从该信息被公开所造成的实际效果和该信息获取的难易程度两个方面加以判断；主观秘密性，是指信息持有者从主观上对信息有进行保密的意愿，这种主观意愿一般以信息持有者是否采取有效、合理的保密措施来加以判断。

有些学者将新颖性作为商业秘密构成要件之一，本书对此并不苟同。商业秘密的新颖性是指商业秘密非该信息行业领域的公开信息和公知信息，这些既存信息通过正当手段是无法获知的。[①] 综观域外有关国家立法，它们对秘密性和新颖性的表述不尽相同，但所指含义具有高度的一致性。譬如，美国《经济间谍法》和《统一商业秘密法》均将"秘密性"解释为：不为公众所知，通过合法手段无法获知。日本《不正当竞争防止法》将其规定为：不为普通公众所知晓。从美、日两国立法来看，美国法律关于商业秘密的"秘密性"的含义明确囊括了秘密性和新颖性；日本法律明确昭示商业秘密的秘密性，然而"不为普通公众所知晓"亦暗示其新颖性的本质属性。因此，从某种意义上说，新颖性是秘密性的前提，没有新颖性就没有秘密性可言，秘密性意味着最低限度的新颖性，即在该信息所属领域内不同于既存的信息。综上所述，新颖性是秘密性的重要组成部分，是秘密性的最低限度，可以不作为商业秘密的构成要件来看待。

---

① 张耕：《商业秘密法》，厦门大学出版社，2012，第7页。

（二）价值性

价值性，又称之为实用性，是指商业秘密能为持有者带来一定的实际经济价值或者潜在经济优势。《TRIPS 协议》中将"实用性"解释为"因其属于秘密而具有商业价值"，即具有商业价值的信息才有成为商业秘密的可能；对于具有精神价值、社会价值等都不构成商业秘密。判断一条信息是否具有实用性，主要通过能否给权利人带来经济利益或者竞争优势作为衡量尺度。商业秘密既包括积极信息，还包括消极信息。所谓积极信息是指持有信息者投入人力、财力经过实质性开发获取的，能给自己经营活动带来利益的信息。消极信息是指开发的信息对开发者没有任何经济价值，但该信息若被竞争对手获取，可以汲取经验教训，避免重蹈覆辙，同时，也可以节省他们因开发出这些没有经济价值的信息而花费的大量时间、金钱，缩短研发时间，使他们在竞争中获得优势地位。从这个意义上来说，消极信息也是商业秘密。除了积极信息和消极信息以外，对于正在开发的信息，也具有一定的价值性，也应当获得商业秘密法的保护。商业秘密的实用性，可以通过相关证据证明。例如，商业秘密持有者在开发相关信息过程中花费的时间和金钱，为保持相关信息处于秘密状态而付出的一定努力，以及他人愿意支付费用而使用相关的信息、商业秘密权利人使用相关信息所得明显的利益，等等。

（三）保密性

保密性，即持有者应当对商业秘密相关信息采取合理的保密措施。此处所采取的保密措施是根据具体情形而采取的"合理或适度的保密措施"，并非过分或者极端的保密措施。[①] 例如，美国《反不正当竞争法重述》所作的"评论"中指出：保持信息秘密性的措施，应当与确定所需保密的信息是否可以当作商业秘密予以保护有关。保持信息秘密性的措施比较多，包括防止未经授权而获得信息的物理保密措施，针对有限披露的程序以及向接受者、强制者强调信息采取秘密性措施（例如不得披露协议、作出秘密性标记和限制性说明）。这些措施可以视为采取合理保密措施，是认定此类信息具有价值性、秘密性和保密性的证据。正如一

---

① 李明德：《美国知识产权法》，法律出版社，2014，第 189 页。

句名谚所言："一扇未上锁的门不等于一张请柬"（An unlocked door is not an invitation）。只要设有"门"虽未"上锁"，即视同权利人采取了合理保密措施，过路者"禁止入内"。例如，在美国 Eu Pont de Nemours & Co. v. Christoper 案中法院认为，杜邦公司在施工场地设置了围墙即被认定为采取了保密措施，而不能强求该公司在施工场地加盖顶棚以防止竞争对手从空中偷窥才认定其采取了保密措施。①

　　法律要求对商业秘密采取合理保密措施，"合理"有两种含义：从"质"层面而言，法律要求保密措施是具有实际效果的，能发挥应有作用并达到保密目的；从"量"层面而言，法律要求采取适当的保密措施，只要能够让接触到商业秘密的雇员知悉此信息构成商业秘密或者采取防止普通人能够以正当手段获取的措施，即可认定商业秘密权利人采取了适当的保密措施。从各国立法趋势来看，不少国家将合理注意义务作为认定是否采取合理保密措施的基本依据，即在合理范围内，采取的保密措施足以使正常人普遍意识到商业秘密的存在，基于商业伦理与商业秘密的考量，不特定的第三人应当尊重权利人的保密意志，对权利人既存的商业秘密信息予以主动回避。即使在通常情况下不特定的第三人的行为是合法的，也会被视为以合法形式掩盖非法目的的不正当行为。例如，雇员因雇主一时疏忽大意而忘记及时采取合理保密措施（例如，忘记在保密文件或者物体上标注秘密字样、没有将其锁入柜子等）而侵占商业秘密。正基于此，美国《反不正当竞争法重述》第39条评论 g 认为：倘若信息具有的秘密性和经济性为公众所周知，这时就没有必要要求权利人提供采取保密措施的证据。

　　综上所述，未来的商业秘密立法在认定商业秘密构成要件时，采用"三要件说"，即秘密性、实用性和保密性。同时，根据商业秘密保护的法理依据，商业秘密具有财产权属性，但是宜借助竞争法理论对其进行保护。因此，未来的商业秘密立法中应当借鉴和移植一些竞争法相关理论，以规制不断变化的市场环境带来纷繁复杂的商业秘密侵权行为，保护商业秘密持有者的合法权益。

---

① Eu Pont de Nemours & Co. v. Christoper, 431 F 2d 1012, 1066 U. S. P. Q. （BNA）421 （5th Cir 1970）, cert. denied 400 U. S. 1024 （1971）, reh. denied 401. U. S. 967 （1971）.

三 商业秘密中"消极信息"之性质认定

从某种程度上说，社会公众对消极知识的使用是普遍和没有争议的。所有或者几乎所有艺术和科学的创造都建立在过去的实践、过去的创造性作品和过去失败的基础上，前辈认知的错误，或者个人发现的错误，能够引发新的想法。事实上，有创造力的人有时候会详细了解以前的研究方法以汲取经验教训。使用消极知识是很普遍的，在例如艺术、科学等几乎所有学科中。例如，每一次有影响的科学发明（化学、物理、天文等领域）都建立在以前的理论无法解释新发现的异常情况和问题的基础上，需要打破或者借助旧的理论支撑新的"范式"。① 亚里士多德在柏拉图错误形式理论的引导下发展了哲学本质的思想。文学评论家认为英美诗人在借鉴前辈的经验和"错误"基础上创造了新体诗歌，虽然这直接源于前人的一些知识。②

然而，商业秘密法中的消极信息的概念并不同于日常生活中所使用的消极知识。所谓消极信息（亦称"否定性信息"，negative information），是指为了创造发明或者完善和改进新技术，开发者花费很大精力得出的、对开发者没有任何用处也不能运用到商业活动中去的失败数据、方法、设计、配方等信息。在商业秘密语境下，从事研发和销售等岗位的雇员，对原单位的消极信息再清楚不过了。但是，与原单位有竞争关系的企业并不知道这些消极信息，雇员离职后进入这些企业，是否可以重复原用人单位得出的"错误"或者"失败"结论，是否需要对此承担责任。换言之，雇员在原用人单位得出的"错误"或者"失败"结论是否可以作为自己的知识技能使用，抑或这些"错误"或者"失败"结论是否构成商业秘密？离职雇员并未使用原单位的积极信息而仅使用这些消极信息，是否需要承担法律责任呢？为此，我们必须对商业秘密中"消极信息"的性质加以认定，以更好地保障商业秘密持有人和雇员等相对人的合法权益。

---

① Thomas S. Kuhn, *The Structure of Scientific Revolutions* (Chicago: University of Chicago Press, 1970) pp. 77 – 80.

② Harold Bloom, *The Anxiety of Influence* (Oxford: Oxford Univ. Press, 1997) pp. 15 – 18.

（一）学界对消极信息性质的认知

通过对国内外学者研究成果的总结归纳，消极信息属性的认定主要存在以下三种不同的观点。

1. 消极信息不构成商业秘密，不受商业秘密法的保护

笔者对此种观点提出的理由进行归纳总结，主要有以下三种。①消极信息没有经济价值或者实用性。例如：日本学者盛岗一夫认为，具有经济价值的信息才受到保护，消极的、无经济价值的信息不受商业秘密法的保护；① 又如，约翰·T. 高斯（John T. Cross）认为，发明创造应当具有实用性，对于没有实用性的发明创造，不构成商业秘密，也无法获得法律的保护。② ②消极信息无碍持有人的生产生活。例如，我国学者单海玲认为，消极信息即使有点创意，为他人使用，对持有人的生产和生活也不会造成严重影响，持有人申请初步禁止令很难获得法院的支持。③ ③消极信息是雇员在雇主单位工作期间诚实获取的（honestly acquired）。例如，玛丽－罗斯·麦奎尔（Mary-Rose McGuire）认为，雇员基于诚实获取的方式掌握前雇主单位的商业秘密，在其离职后可以合法披露和使用。消极信息即便作为商业秘密，也是在前雇主单位诚实获取的，因此很难受到商业秘密法的保护。④

2. 消极信息构成商业秘密，雇员离职后不得使用或者披露

例如，我国著名学者孔祥俊先生认为，消极信息尽管是某种不具有利益或者努力失败的经验性信息，但它同样给权利人以启示，同样可以为权利人预防、消除重蹈覆辙和失败而让权利人具有经济利益和竞争优势，由此他认为消极信息发挥的仍然是"积极作用"，应当属于商业秘

① 刘金波、朴勇植：《日、美商业秘密保护法律制度比较研究》，《中国法学》1994 年第 3 期。

② John T. Cross, "Information Convergence: At the Boundaries of Access Dead Ends and Dirty Secrets: Legal Treatment of Negative Information", *J. Marshall J. Computer & Info. L.* 4 (2009): 619.

③ Shan Hailing, *Protection of Trade Secrets Through IP and Unfair Competition Law: China*, http://aippi.org/wp-content/uploads/committees/215/GR215china.pdf.

④ Mary-Rose McGuire, *Protection of Trade Secrets Through IP and Unfair Competition Law: Germany*, http://aippi.org/wp-content/uploads/committees/215/GR215germany_en.pdf.

密的范畴。① 张耕也曾指出，消极信息虽然不能够为持有人带来经济效益，但是如果被竞争对手所知悉，其必然可以从中得到借鉴，进而缩短其研发产品的过程，避免无谓的资源和时间浪费，这便会削弱或者丧失消极信息持有人的竞争优势，从这个意义上说，消极信息也构成商业秘密。② 克里茨克（Klitzke）指出，经过实验证明某种工艺不可行或者某种方法不可能产生某种效果的信息，也构成商业秘密。③ 日本学者田村善之以新药研发为例对消极信息的属性进行的论述，他指出，在新药研发过程中，当该新药出于其副作用、效果等原因尚未投放市场时，利用非法手段获得该新药研发过程中所得的数据等否定性信息的人，在从事新药研发过程中利用这些否定性信息必然会节省人力、时间和费用等，故此他认为否定性信息构成商业秘密。④ 持此种观点的学者较为普遍，而且此种观点亦为我国大量的司法判例所承认。

3. 消极信息是否构成商业秘密，应当进行严格的审查

查尔斯·泰特·格雷夫斯（Charles Tait Graves）认为，消极信息的属性认定直接关系到商业秘密保护和离职雇员的自由流动两个方面，必须对其严格地审查，以离职雇员利用消极信息所研发的成果是否与前雇主所生产的产品相同或者类似的方式来进行辨别。他认为，消极信息对于前雇主而言不能应用于实际工作中，且没有任何直接效用，竞争对手使用可以缩短研发流程，节约社会资源和成本，不应当将其视为商业秘密。⑤ 本书较为认同第三种观点，消极信息是否构成商业秘密，应当进行严格的审查，根据审查的不同情况分别作出认定，其具体理由将在本节后文作进一步阐述，在此将不再赘述。

（二）美国对消极信息性质的认定

美国立法和司法实践对消极信息的性质认定经历了一个漫长的过程，存在过四种不同的态度：消极信息不构成商业秘密；回避消极信息的属

---

① 孔祥俊：《商业秘密司法保护实务》，中国法制出版社，2012，第140页。

② 张耕：《商业秘密法》，厦门大学出版社，2012，第15页。

③ Klitzke, "The Uniform Trade Secret," *Marquette Law Review* 64 (1980): 277 – 310.

④ 〔日〕田村善之：《日本知识产权法》，周超、李雨峰、李希同译，知识产权出版社，2011，第39页。

⑤ Charles Tait Graves, "The Law of Negative Knowledge: A Critique," *Tex. Intell. Prop. L. J.* 1 (2007): 387 – 416.

性认定；消极信息构成商业秘密；消极信息的属性认定上采用"修改规则"（modification rule）。下面将以美国一些经典案例阐述各种不同态度的缘由，为消极信息属性认定提供有益借鉴和参考。

1. 消极信息不构成商业秘密

美国立法和司法过程中，对消极信息属性的认识经历了逐渐式的发展过程。美国 1939 年《侵权行为法重述（第一次）》中商业秘密的定义中不包括消极信息，该重述要求商业秘密必须对原告有用，它含蓄地排除了最消极的信息，因为他们不继续使用认为是错误的信息。美国大多数法院在《统一商业秘密法》被采用之前采用 1939 年《侵权行为法重述（第一次）》，直到今日有些州仍然使用 1939 年重述所提出的观点，不将消极信息认定为商业秘密，也不承认离职雇员对使用消极信息要承担责任。1995 年《反不正当竞争法重述（第三次）》也将消极信息排除在商业秘密之外。该重述评论指出，需要连续使用的涉密信息，才构成商业秘密，引导人们避免的"消极信息"，例如，特定的过程、技术或者知识等不适合商业用途的信息，不构成商业秘密。[1]

司法实践中不少案例也认为消极信息不构成商业秘密。例如，Hurst v. Hughes Tool Co. 案[2]，原告赫斯特（Hurst）主要从事渗硼工艺的研发，通过长期的研究开发，发现渗硼可以延长油气井钻头的使用寿命。在研发过程中，被告 Hughes Tool Co. 知晓原告研发过程中的一些错误数据、失败实验等消极信息，双方并没有就这些信息签订保密协议。随后，被告在产品生产中使用了从原告处得知的消极信息，原告遂以被告违反保密协议向法院提起侵权诉讼。辛普森（Simpson）法官认为，原告应当就本案提供以下证据：①商业秘密的存在；②违反保密协议或者使用不正当手段获取商业秘密；③使用商业秘密；④受到损害。而本案中，被告没有真正使用原告提供的积极信息，原告提供的都是消极信息，即"不去做什么"（what not to do），这些消极信息不构成商业秘密。[3] 法院判决

---

① Restatement (Third) of Unfair Competition § 39 cmt. e (1995).

② Hurst v. Hughes Tool Co., 634 F. 2d 895 (5th Cir.). 454 U. S. 829, 70 L. Ed. 2d 105, 102 S. Ct. 123 (1981).

③ Hurst v. Hughes Tool Co., 634 F. 2d 895 (5th Cir.). 454 U. S. 829, 70 L. Ed. 2d 105, 102 S. Ct. 123 (1981).

中指出，原告所提出的被告违反了保密协议的主张不成立，没有证据表明其违反协议，被告从来没有采用渗硼切削结构，也没有使用轴承销中的硼处理过程。就本案而言，法院即认为消极信息不是商业秘密，离职雇员可以自由使用。

宾夕法尼亚州法院审理的 SI Handling Sys., Inc. v. Heisley 案[①]，原告 SI Handling Sys., Inc. 主要从事空气干燥器的开发和制造，被告海斯利（Heisley）是原告公司的一名雇员，主要从事空气干燥器的研发工作。被告于研发期间在掌握制造空气干燥器技能的过程中获得了现场测试和实验中的一些错误信息、失败数据、相关问题的研究和分析等秘密信息。法院分析认为，本案中原告禁止被告使用的"诀窍"主要包括：①解决应用过程中出现新问题的能力；②避免过去错误和失败（消极技术）。"虽然我们不贬低这些'诀窍'的价值，且技术秘密的使用需要获得所有人的授权。然而，我们并不认为解决问题的能力和相关知识是离职雇员应避免的误区。"宾夕法尼亚州法律规定，雇佣关系终止后，离职雇员有权使用他在原单位获得的经验、知识、记忆和技能。然而，按照宾夕法尼亚州法律的规定，雇主可以将雇员在其工作期间的错误和失败知识作为商业秘密，这一规定值得商榷。法院认为，允许离职雇员使用错误和失败的经验符合常理和人性，我们不可以用"司法橡皮"抹掉雇员掌握的知识与技能。因此，上诉法院认为，一审法院认为原告所主张的"诀窍"构成商业秘密是错误的，适用《侵权行为法重述（第一次）》规定，指出错误和失败中没有商业秘密，原告就消极信息主张权利并申请初步禁令被法院驳回。[②]

类似的案例还有，在 Earth Web, Inc. v. Schlack 案[③]中，法院拒绝原告利用不可避免披露规则反对前雇员在新工作中使用在原单位掌握的"试错过程"（the trial and error process），法院认为，这一"试错过程"属于雇员工作中掌握的知识技能，原雇主不得禁止前雇员在未来的工作中使用。[④] 在 Van Prod. Co. v. General Welding & Fab. Co. 案中，原告请

① SI Handling Sys., Inc. v. Heisley, 753 F. 2d 1244, 1262（3d Cir. 1985）.

② SI Handling Sys., Inc. v. Heisley, 753 F. 2d 1244, 1262（3d Cir. 1985）.

③ Earth Web, Inc. v. Schlack, 71 F. Supp. 2d 299, 305, 316（S. D. N. Y. 1999）.

④ Earth Web, Inc. v. Schlack, 71 F. Supp. 2d 299, 305, 316（S. D. N. Y. 1999）.

求法院颁布禁令防止前雇员使用包括错误和更正在内的信息。法院认为，消极信息属于雇员经验的一种形式，在其变换工作以后仍然可以使用，故此驳回原告的诉讼请求。[①] 在 Winston Research Corp. v. 3M Corp. 案[②] 中，加利福尼亚州法院遵循《反不正当竞争法重述（第三次）》的规定，驳回原告相关请求，被告只能被禁止使用原告器械的"积极规范"（the positive specifications）。

　　2. 回避消极信息的属性认定

　　在美国，雇主为了防止雇员离职后泄露商业秘密，请求法院禁止雇员离职后为竞争对手服务，即不可避免泄露规则。在适用此规则过程中，法院很少意识到对消极信息的保护，在消极信息的属性认定问题方面也采取模糊的态度。例如，Brentwood Indus., Inc. v. Entex Tech., Inc. 一案中[③]，宾夕法尼亚州尽管采用了《统一商业秘密法》，但是法院仍然按照《侵权行为法重述（第一次）》来进行审理。法院认为，雇主对有价值的信息寻求保护，除了不被被告以任何方式使用外，不能将其作为限制雇员经过个人努力得出有益经验和知识而谋取新职业的理由，法院似乎没有意识到对雇主的消极信息进行保护。

　　又如，美国第五巡回法院适用得克萨斯州法律审理的 Metallurgical Industries, Inc. v. Fourtek, Inc. 一案，法院驳回原告主张的消极信息很难与积极信息分开因此构成商业秘密的诉讼请求。[④] 被告 Fourtek 公司知悉原告 Metallurgical Industries 如何完善锌回收炉的方法和原告研究此方法过程中产生的消极信息，法院认为商业秘密是发现研发某产品的方法，而研发该产品方法之前所产生的消极信息不是单独类别的信息。由于该案原告 Metallurgical Industries 起诉的是被告使用自己的方法（积极信息），并没有提及"死胡同"或者研发失败的消极信息，法院因此将原告所主张的积极信息认定为商业秘密。法院同时指出："尽管我们不认为这种区别永远是徒劳的，至少在这种情况下，我们认为区分积极信息与消极信息是不明智的。" Metallurgical In-

---

① Van Prod. Co. v. General Welding & Fab. Co., 213 A. 2d 769, 774, 777 – 78（Pa. 1965）.

② Winston Research Corp. v. 3M Corp., 350 F. 2d 134, 143 – 44（9th Cir. 1965）.

③ Brentwood Indus., Inc. v. Entex Tech., Inc., No. Civ. A. 04-CV-03892, 2005 U. S. Dist. LEXIS 5471.

④ Metallurgical Industries, Inc. v. Fourtek, Inc., 790 F. 2d 1195, ∗; 1986 U. S. App. LEXIS 25463, 229 U. S. P. Q.（BNA）945.

dustries, Inc. v. Fourtek, Inc. 案表明消极信息的地位具有不确定性。

3. 消极信息构成商业秘密

20 世纪 80 年代,美国立法上对消极信息的认定态度发生了根本的转变,1979 年颁布的《统一商业秘密法》被 40 个以上的州逐步采用,改变了以前《侵权行为法重述(第一次)》中对消极信息属性的认定,它认为消极信息符合商业秘密的定义。美国《统一商业秘密法》评论中指出,商业秘密的定义包括了具有商业价值的消极信息,例如,冗长而昂贵的研发过程表明,某一个产品的研发过程行不通,这些行不通的过程对于竞争对手来说可能具有巨大的价值。目前尚不清楚《统一商业秘密法》的起草者为什么要将消极信息归类为商业秘密。该重述评论仅用一句话作出了解释①,没有讨论当商业秘密与雇员基本知识技能出现冲突过程中消极信息属性如何认定的规则,也没有讨论前雇员如何避免使用消极信息和使用这种消极信息如何进行损害赔偿。起草者没有表示将消极信息作为商业秘密给前雇员流动带来潜在影响的担忧,也没有表明前雇员应当义不容辞地避免重复前雇主的错误。②

《统一商业秘密法》颁布以后,法院开始更易于将消极信息作为商业秘密进行保护。在特殊的情况下,雇主还可以在雇员离职后在新工作中不得使用消极信息为由,申请禁止令阻止雇员从事新的工作。例如,Avery Dennison Corporation v. Donald Finkle et al. 一案中,康涅狄格州法院在考虑雇员的新工作会使用原告单位的部分消极信息的基础上,适用康涅狄格州统一商业秘密法,颁布不可避免泄露禁令,阻止雇员从事新的工作。③ 在解释颁布禁令原因时,法院指出,前雇员不可能没有获知原单位的消极信息,这些消极信息对于雇主保持优势地位极为重要,构成商业秘密。④ 犹他州法院也认为,前雇员在新工作中肯定不会再重复在

---

① Unif. Trade Secrets Act § 1, Commissioners' Comment (amended 1985).

② Charles Tait Graves, "The Law of Negative Knowledge: A Critique," *Tex. Intell. Prop. L. J.* 1 (2007): 387 – 416.

③ Avery Dennison Corporation v. Donald Finkle et al., 2002 Conn. Super. LEXIS 329.

④ Charles Tait Graves 认为,被告芬克尔(Finkle)可能是善意的,从本质上不可能是 Avery Dennsion 公司的商业秘密,特别是"死胡同"(dead ends),不影响芬克尔与 Bic 之间的雇佣关系。参见 Charles Tait Graves, "The Law of Negative Knowledge: A Critique," *Tex. Intell. Prop. L. J.* 15, NO. 1 (2007): 387 – 416。

原单位所"犯的错误",不可避免泄露规则可以禁止前雇员将在原单位得到的消极信息应用于新工作中。这也从侧面说明了消极信息是被作为商业秘密来对待的。例如,Novell,Inc. v. Timpanogos Research Group,Inc. 一案①中,被告默基(Merkey)和梅杰(Major)通过在狼山品牌研发中积累的长期和直接的经验,知悉公司的积极信息和消极信息。当他们离职后宣称不使用 Novell 公司的商业秘密,但是如果他们制造出与 Novell 公司类似的狼山品牌产品,人们难以相信他们没有使用 Novell 公司的消极信息,没有人愿意花钱做那些已知会失败的研发项目。至少在消极信息上,原告公司希望被告默基和梅杰不使用任何消极信息发展与 Novell 公司具有竞争关系的产品,也不允许以违反合同和信任义务的形式使用在 Novell 公司工作期间获得的信息从而获得利润。法院对原告的诉求予以支持,适用不可避免泄露规则颁布禁止令,限制默基和梅杰从事与其有竞争关系的工作。

值得注意的是,不仅是技术研发过程中的消极信息构成商业秘密,有些法院认为,消极客户名单信息也可能构成商业秘密。例如,加利福尼亚州法院审理的 Cinebase Software,Inc. v. Media Guar. Trust,Inc. 一案,法院适用《加州统一商业秘密法》,将消极信息当作商业秘密保护,法院认为,对原雇主产品不感兴趣的客户身份,一般不在客户名单之列,但是原雇主为此也付出了精力和时间,例如,通过逐个打电话、上门拜访等方式获得的"不感兴趣客户列表",其他竞争对手并不了解这些客户身份,这些"不感兴趣客户列表"构成商业秘密,离职雇员也不得在新的工作中使用。②

4. "修改规则"

"修改规则"允许出现轻微的、非实质地使用商业秘密(包括消极信息和积极信息),只要使用之后产出的结果或者产品是不同的,这样可以避免任何人重犯毫无意义的"错误"和误入"死胡同"。加州联邦法

---

① Novell,Inc. v. Timpanogos Research Group,Inc.,46 U. S. P. Q. 2d 1197,1216 – 17 (Utah Dist. Ct. 1998).

② Cinebase Software,Inc. v. Media Guar. Trust,Inc.,No. C98-1100EMS,1998 WL 661465,at 12 (N. D. Cal. Sept. 22,1998).

院审理 Digital Dev. Corp. v. Int'l Memory Sys. 案①的过程中，论述修改规则时指出，依据修改规则要求前雇员承担责任，依赖于有证据证明被指控的侵权人以精确的形式使用了商业秘密，哪怕侵权人在使用商业秘密细节上有所修改或者改进。

修改规则在商业秘密法与版权法上的适用是不同的，商业秘密法认为，在没有复制最终作品的情况下，允许发明创造中使用他人作品。例如，Sony Computer Entm't, Inc. v. Connectix Corp. 一案②，法院认为，通过反向工程，中间复制他人软件，没有出现在最终作品不算侵权。这是因为商业秘密法涵盖了非公开思想的使用，不管它们是否拷贝他人的表达方式和过程。正如，威斯康星州法院在 M. Bryce & Assocs., Inc. v. Gladstone 一案中解释修改规则时指出的："在修改规则问题上，商业秘密法和著作权法存在明显的不同，商业秘密法允许中间的侵权复制作品，而最终的产品没有复制。这是因为商业秘密涵盖的是非公开的思想，无论他们复制原告的商业秘密以何种形式表现出来。正如威斯康星州法院在一个案例中解释的修改规则正在争论中，商业秘密与著作权保护之间的界限是清晰的，商业秘密法律保护的内容与表达形式无关，著作权法保护表达形式而不是潜在的思想。"从这个意义上来说，消极信息的使用主要应用于发明创造的过程中，而且不是以有形载体的形式表现出来，故很难认定消极信息是否被前雇员使用，只能从前雇员所研发的最终作品上作出判定。由此可见，"修改规则"认为，消极信息可以作为雇员知识技能使用，但是使用其所产生的研发结果不能与原单位商业秘密所产生的结果相同或者相似。

修改规则在美国几十年来已经被广泛地接受，它的应用具有极度的合理性。由于消极信息与积极信息总是联系在一起而且难以厘清它们之间的界限，为了避免离职雇员借助修改规则在使用消极信息的过程中侵犯雇主的积极信息，美国法院对修改规则作出了进一步完善和改进。例如，加州联邦法院对修改规则作出如下定义：责任的归属不依赖于证据证明指控的罪犯使用和披露商业秘密的精确形式，即使罪犯使用商业秘

---

① Digital Dev. Corp. v. Int'l Memory Sys. , 185 U. S. P. Q. 136, 141 (S. D. Cal. 1973) .

② Sony Computer Entm't, Inc. v. Connectix Corp. , 203 F. 3d 596, 602-03 (9th Cir. 2000) .

密在细节上存在不同，对商业秘密有所修改或者改进，他也将会承担责任。修改规则在商业秘密领域的应用类似于专利法中的等同原则（the doctrine of equivalents），要求某人对使用他人商业秘密的行为承担法律责任，他使用所接收到的商业秘密形式没有任何要求，即便他经过自己的努力修改或者改进了别人的商业秘密并加以使用。细节的差异性不能排除使用他人商业秘密的嫌疑，不能因此而排除使用人承担侵权责任。唯有持有人对商业秘密的贡献较小，研发商业秘密还存在其他来源，离职雇员是免责的；即使在此种情况下，离职雇员仍然要对他的行为导致泄露和占有雇主商业秘密的损害行为承担责任，离职雇员对商业秘密所作出的修改或者改进的程度将直接影响到损害责任的承担和侵权造成损失的计算。①

（三） 消极信息的性质认定

从理论上而言，消极信息符合商业秘密的构成要件，是商业秘密的重要组成部分。它虽然不具有实际或者潜在的独立经济价值，这里的"独立经济价值"是指信息可以独立使用，而不依附于其他信息或者雇员知识技能而存在。但是，消极信息如果保持其秘密性，将可以使竞争对手花费大量时间和经费，从而使得竞争对手滞后而对消极信息持有人具有价值性，即表现为保持其在某一领域的竞争优势。但是，倘若我们固守既定的构成要件来认定消极信息是否构成商业秘密，无益于推动社会发明创新。试想一下，如果我们对那些错误、失败实验、过时的方法、"死胡同"等授予知识产权，这势必有违知识产权设立和保护的初衷。因为即使不保护这些错误信息，公司还会继续开展发明创造。同时，将消极信息作为商业秘密加以保护，必将迫使前雇员毫无意义地从形式上重复前雇主的"错误"，并促使前雇主的竞争对手像前雇主那样花费大量的金钱和时间来重走"弯路"。只有这样，才能避免存在不重复"错误"之嫌，进而规避前雇员因侵权行为所应当承担的责任，这亦与商业秘密保护之目的相悖离。因此，消极信息属性应当视不同情况，分别作出认定。

---

① Charles Tait Graves，"The Law of Negative Knowledge：A Critique，" *Tex. Intell. Prop. L. J.* 15 (2007)：387 –416.

第一，被证实不能应用于实际生产的消极信息，一般不构成商业秘密。消极信息是雇员在研发过程中产生的，这一研发过程势必会利用自己现有的知识、经验和技能，倘若雇员不具备这方面的知识、经验和技能，将无法进行技术研发，当然无法产生包括消极信息在内的信息。但是，消极信息与积极信息存在根本的不同，积极信息能为雇主带来经济利益，使其在市场竞争中处于优势地位；而消极信息不能为雇主带来经济利益，只是如果被竞争对手知悉会缩短其研发时间，可能会使雇主在市场竞争中的优势地位得以削弱。然而，消极信息与雇员原知识技能基础上所增长的知识技能存在一定程度的融合，从而难以区分。一般而言，那些对消极信息持有人没有任何价值，对竞争对手也毫无价值的消极信息，不构成商业秘密。

第二，对于离职雇员在前雇主消极信息基础上进行的研发创造，创造出超越前人的技术成果，那么使用前雇主消极信息则不构成商业秘密侵权行为，离职雇员所研发的技术成果属于离职雇员个人所有。这是因为：一方面，这符合当前国家提出"大众创业、万众创新"的基本精神，可以提升技术人员的创业、创新活力，充分发挥技术人员的创新潜能。如果强行对其加以禁止使用，势必会阻止技术进步和人类发展。另一方面，可以充分发挥消极信息应有的价值，符合知识产权保护的真正目的。知识产权保护的目的是保护智力成果产权人的利益，激励他们创造出更先进的技术成果，打击不劳而获损害产权人合法权益的侵权行为。离职雇员在前人基础上进行的技术研发，不但不是不劳而获，而且推动了技术进步和人类发展，这和知识产权保护的目的是一致的。

第三，对于离职雇员在前雇主消极信息基础上进行无实质性的修改或者改进，所生产出的产品与前雇主几乎无异，这就存在侵犯前雇主"积极信息"的嫌疑，此类消极信息一般构成商业秘密。这是因为：消极信息和积极信息之间经常处于混沌状态，有些技术成果的成功与失败犹如硬币的两面，非此即彼，避免重复前雇主的消极信息很可能意味着使用前雇主的"积极信息"。如果离职雇员在进行研发创新的过程中，只是对自己所知悉的前雇主的技术信息进行无实质性的修改或者创新，此类信息虽然汲取了前雇主信息的"营养"，但是并未凝聚着离职雇员的个人智慧和创新，是一种侵权行为。在这种情况下，消极信息不宜认定为雇员的知识技能，否则对前雇主和社会创新都是不利的。

第四，能够从消极信息中直接得出持有人所想保密的积极信息，这些消极信息构成商业秘密，不宜认定为雇员知识技能的范畴。消极信息与积极信息相伴相生，在开发积极信息过程中会产生一些错误数据、失败试验结果等消极信息。这样能够从消极信息中直接得出持有人所想保密的积极信息，那么此类消极信息不宜认定为雇员的知识技能，否则，必将使得积极信息遭到他人的使用或者披露。譬如，雇主为了得到某个有价值的技术信息，经过无限次的反复实验、计算，花费了大量的人力物力，实验、计算结果即将产生之际，从事该工作的技术人员离职，那么此技术人员就不能够使用实验、计算过程中产生的数据，因为通常实验、计算失败次数越多，离成功研发的目标就越近，雇员离职后很容易通过少量的实验、计算便得到雇主所想保密的积极信息。因此，此类消极信息构成商业秘密，不能视为雇员的知识技能。相反，如果雇员从事某技术研发不久便离职，那么其掌握的消极信息一般不构成商业秘密。

四　特殊行业客户名单的商业秘密保护

（一）特殊行业客户名单所涉及的三方权利

特殊行业客户名单具有一定的特殊性，涉及客户、原单位和离职雇员三方，他们均有自己的权利，这使此类客户名单的属性认定变得更为复杂。为了便于更好地认定特殊行业客户名单的属性，本节将以律师事务所的客户名单为例，对特殊行业客户名单所涉及的三方权利进行必要介绍。

1. 原单位的权利——商业秘密权

在美国，律所客户名单用何种方式加以保护，经历了从私有财产方式保护到商业秘密方式保护的变迁。早期美国司法机关以私有财产方式来保护律所客户名单，例如，Adler，Barish，Barish，Daniels，Levin & Crerskoff v. Epstein，et. 一案[①]，被告爱泼斯坦（Epstein）等 4 人是原告

---

① Adler, Barish, Daniels, Levin & Creskoff v. Epstein, 252 Pa. Super. 553；382 A. 2d 1226；1977 Pa. Super. LEXIS 2973.

阿德勒·巴里什（Adler Barish）律师事务所的律师，1976～1977 年在该所办理案件，1977 年 3 月 10 日爱泼斯坦等 4 名律师辞职成立新律所，在获得阿德勒·巴里什的允许后继续在原办公室工作至 3 月 19 日。从成立新律所至原告起诉这一段时间，爱泼斯坦等人为了拓展业务，以打电话、发邮件或者上门拜访等方式联系曾经在阿德勒·巴里什律师事务所工作期间所接触到的客户。原告遂向费城（Philadelphia）法院提起诉讼，要求禁止被告与自己的客户联系，经审理法院下达禁令禁止被告的行为。被告不服提起上诉，上诉法院解除了一审法院颁布的禁令，阿德勒·巴里什不服，向宾夕法尼亚州高等法院提起上诉，宾夕法尼亚州高等法院认为，律所客户名单不属于律师个人，而属于律所所有，甚至律所律师所办理的案件也属于律所，这是律所的私有财产。经过大量类似案例的审理，美国司法机关逐步认识到律所客户名单构成商业秘密。例如，Fred Siegel Co., L. P. A. v. Arter & Hadden 案[1]，俄亥俄州高等法院根据该州成文法 1333.51（A）（3）的规定认为，Fred Siegel Co. 在客户开发方面付出了精力和时间，且这些客户名单能够为其带来竞争上的优势，构成商业秘密。[2] 从美国相关判例来看，律所客户名单构成商业秘密是一种主流观点。[3] 尽管律所客户名单并不完全等同于律所商业秘密，但是，从主流观点来看，律所客户名单必然涉及律所的商业秘密权。符合商业秘密构成要件的律所客户名单，律所当然对其享有商业秘密权。

2. 客户的权利——自由选择权

律所的客户有自由选择律师的权利，这种权利不受任何外界因素的约束和限制。正如美国学者罗伯特·W. 希尔曼（Robert W. Hillman）所言，律所不能为了自己的利益同客户签订合同，禁止客户与其他律所的交易，

---

[1]　Fred Siegel Co., L. P. A. v. Arter & Hadden, 85 Ohio St. 3d 171；1999-Ohio-260；707 N. E. 2d 853；1999 Ohio LEXIS 828.

[2]　尽管该案法院作出有利于原告的判决，原告 Fred Siegel Co. 却无法证明被告阿尔特·哈登和鲍恩·施密特侵犯了具有经济价值的律所客户名单，只能证明被告参考了其客户名单。法院认为，律师代理过的客户名单并不属于律所的商业秘密，律师仅仅参考律所客户名单来核实自己客户信息的行为并不构成商业秘密侵权，但是，法院在说理过程中指出，Fred Siegel Co. 的律所客户名单，构成商业秘密。参见 Fred Siegel Co., L. P. A. v. Arter & Hadden, 85 Ohio St. 3d 171；1999-Ohio-260；707 N. E. 2d 853；1999 Ohio LEXIS 828。

[3]　黄武双：《商业秘密保护的合理边界研究》，法律出版社，2018，第 189 页。

限制客户自由选择权。① 在美国，律所律师离职后新成立律所，可以对原律所客户进行非秘密的"劝诱"，与原律所开展公平竞争，竞争时禁止双方实施贬损对方形象的行为，原律所客户可以根据自己的实际考量自由选择交易的对象。② 我国《律师法》也认为，客户有自由选择律师的权利。例如，第 32 条第 1 款规定："委托人可以拒绝已委托的律师为其继续辩护或者代理，同时可以另行委托律师担任辩护人或者代理人。"《律师执业行为规范》第 82 条禁止律师和律所限制委托人与其他律师或者律所交易，不得强制委托人接受其提供的服务。由此可见，客户选择哪个律所或者律师是自己的自由，任何人都不得强制客户接受其提供法律服务。因此，即便律所客户名单是某律所的商业秘密，律所也无法阻止客户自由选择从该律所离职的律师为其提供法律服务，这是客户的自由选择权。

3. 律师的权利——自由流动权

律师自由流动已经成为业界普遍的共识，实务经验丰富、业务水平高的律师能够为律所带来可观的经济利益，成为各律所竞相追逐的对象，律师出于经济上或者其他方面的考虑，随时都在准备离开从业的律所而加盟其他律所。因此，律师享有法律赋予的且不违反执业道德规范的自由流动权利。③ 在美国，《模范律师职业责任法典》第 2 – 108 条规定，律所不得限制和剥夺律师终止雇佣关系后继续执业的权利。基于事业上的追求和经济上的需求，法律应当赋予律师自由流动权。这种自由是无条件的、不得加以限制的。④ 我国《律师执业行为规范》第 76 条也从侧面肯定了律师的自由流动权，同时，规定律师自由流动时不得损害原律所的利益。⑤

正是因为律所的客户名单涉及三方的权利，所以，律所客户名单的

---

① Robert W. Hillman, "The Property Wars of Law Firms: Of Client Lists, Trade Secrets and the Fiduciary Duties of Law Partners," *Florida State University Law Review* 4 (2003): 770 – 789.

② Robert W. Hillman, "The Property Wars of Law Firms: Of Client Lists, Trade Secrets and the Fiduciary Duties of Law Partners," *Florida State University Law Review* 4 (2003): 770 – 789.

③ 〔美〕博登海默:《法理学——法律哲学与法律方法》，邓正来译，中国政法大学出版社，1999，第 145 页。

④ 黄武双:《利益平衡视角下的律师事务所客户名单商业秘密保护——美国法律制度及其借鉴》，《政治与法律》2008 年第 7 期。

⑤ 《律师执业行为规范》第 76 条:"律师变更执业机构时应当维护委托人及原律师事务所的利益;律师事务所在接受转入律师时，不得损害原律师事务所的利益。"

属性认定不同于一般客户名单，其是否构成商业秘密以及雇员离职后是否可以使用，应当根据具体情况来加以认定，律所的客户名单不都是律所的商业秘密。即便是律所的商业秘密，仍要基于上述三方权利考虑，判断这些客户名单是否可以为离职律师使用。

（二）特殊行业客户名单属性认定应考虑的因素

在认定特殊行业客户名单属性的过程中，我们应当运用利益平衡理论，充分考虑原单位、离职雇员和客户三方的权利与利益，既尊重客户的自由选择权，又兼顾离职雇员的自由流动权和原单位的商业秘密权。基于此，笔者认为，特殊行业客户名单属性认定时应当考虑以下两个因素。

1. 是否形成"个人信赖"关系

以是否形成"个人信赖"关系为考虑因素划分商业秘密与雇员知识技能的界限，是指基于个人信赖，能证明客户自愿与离职雇员或者离职雇员所属的新东家进行交易的，视为正当竞争行为，这些客户名单不构成商业秘密。例如，美国新泽西州高级法院审理的 Edmond J. Dwyer and Albert C. Lisbona v. Fred W. Jung JR 案[1]，原告与被告是同一律所的合伙人，开业初期有竞业禁止协议约定，客户名单属于原告所有，被告离职后 5 年内不得与原律所所发展的客户开展业务关系。然而，被告离职后违反协议约定，与原单位所发展的客户开展业务关系，原告遂向法院提起诉讼。法院审查认为：

> 律师行业竞业禁止协议与一般行业竞业禁止协议有着本质区别，本案中先前所签订的竞业禁止协议无效。客户有权选择代理律师，原告不能限制客户基于信赖关系委托被告作为其代理律师，法院对原告的诉讼主张不予支持。有鉴于此，为考察信赖关系是否存在，被告须证明：①雇员离职前，被告与客户存在信赖关系，并且在信赖关系前提下与原单位有过交易；②雇员离职后，客户自愿与离职雇员或者离职雇员新单位进行交易。

---

① Edmond J. Dwyer and Albert C. Lisbona v. Fred W. Jung JR, 137 N. J. Super. 135; 348 A. 2d 208; 1975 N. J. Super. LEXIS 546.

2. 是否存在"引诱"行为

是否存在"引诱"行为是判定离职雇员获知并使用的"商业秘密"是否真正属于原雇主商业秘密的关键。所谓"引诱"行为，是指在雇佣关系终止以后，离职雇员存在招揽或者引诱原雇主的客户，并将这些客户资源转移至自己或者新雇主，与原雇主形成竞争关系的行为。判定引诱行为要有引诱事实的存在，还要考量引诱误导的程度和引诱的对象。引诱误导的程度，是指引诱具有目的性和误导性，并使得客户产生误解，达到了引诱所要达到的目的。引诱对象大多是原雇主的客户，雇员在原雇主处工作期间与客户之间并不存在信赖关系，雇员离职后与这些客户进行交易，就是"引诱"行为。例如，Reeves v. Hanlon 案①中，被告汉隆（Hanlon）离开原律所，与原律所律师格林（Greene）合办一家新律所。被告离职前复制带走 2200 名原律所客户资料，通过电话、邮件等手段引诱原律所客户在不明真相的情况下选择他们律所，使得原律所失去大量的原有客户。原告以被告侵犯其商业秘密向法院提起诉讼。被告主张客户自愿与其交易，属于正常的业务关系，不存在侵犯商业秘密行为。法院在判决书中指出：

> 本案客户资料具有独立的经济价值，原告采取了保密措施，构成商业秘密。被告使用电话、邮件等手段向客户做出说明，有引诱误导客户的意思表示，致使有些客户甚至误认为 Reeves 死亡或者营业终止。同时，在被告的引诱行为误导下，一年内原告有 144 名客户流失。故本院对原告的诉讼请求予以支持，上述客户名单属于商业秘密，被告的行为构成侵权。

第四节　商业秘密权的内容

根据权利结构划分的传统理论，权利由权益与权能两个基本要素构

---

① Robert L. Reeves et al. v. Daniel P. Hanlon et al., 33 Cal. 4th 1140；95 P. 3d 513；17 Cal. Rptr. 3d 289；2004 Cal. LEXIS 7239.

成。[①] 商业秘密权能即是指权利人在实践中行使商业秘密权的具体方式。《民法总则》第 114 条规定："物权是权利人依法对特定的物享有直接支配和排他的权利，包括所有权、用益物权和担保物权。"商业秘密权作为无形财产权，立法者需要通过明文规定商业秘密权的行使方式，从而将权利人得以支配商业秘密的途径予以合法化。与此同时，任何权利的行使都应当受到限制，商业秘密权也不例外。立法者对商业秘密权的限制，主要是基于商业秘密权利人利益与社会公众利益的平衡。

一　商业秘密权的行使

商业秘密权的行使方式，也称为商业秘密权的权能，其与物权的权能较为相似，商业秘密权的权能主要分为积极权能和消极权能。所谓积极权能，是指权利人有权自由使用和支配其商业秘密，许可他人使用或者转让其商业秘密；消极权能，是指权利人有权禁止他人未经许可窃取、使用、披露或者允许他人使用其商业秘密。[②]

（一）积极权能

1. 控制权

商业秘密控制权，是指权利人对其所持有的商业秘密进行事实上的管领与支配的权利。之所以将其表述为"控制权"，主要是由于商业秘密权有别于有形物权，权利人无法对其通过有形占有的方式加以管领和支配，而只能依靠法律拟制的"特权"来加以控制。[③] 控制权是商业秘密权其他权能存在的基础，而权利人对商业秘密的控制程度较专利和商标要低，这主要是由于商业秘密具有秘密性的特征，其存在一直处于秘密状态，权利人的身份也是不公开的，当第三人通过独立研发、反向工程等形式获取与权利人相同的商业秘密，那么权利人和第三人都并行不悖地行使自己拥有的商业秘密权。

2. 使用权

商业秘密使用权，是指权利人在法律允许的范围内可以自由使用其

---

① 李仪、苟正金：《商业秘密保护法》，北京大学出版社，2017，第 172 页。
② 吴汉东：《知识产权基本问题研究》，中国人民大学出版社，2009，第 606～607 页。
③ Carlos M. Corre：《传统知识与知识产权》，载国家知识产权局条法司编《专利法研究》，知识产权出版社，2003，第 447～469 页。

持有的商业秘密的权利并不受他人非法干涉。此处"法律允许的范围"意指：①商业秘密权利人在行使使用权过程中，不得损害国家、集体、他人的合法权益，不得妨害社会公共利益，也不得违反法律强制性规定和公序良俗原则；②不局限于商业活动之目的。有学者认为，商业秘密使用权主要是基于商业活动之目的。[①] 本书认为此观点值得商榷，权利人对商业秘密的使用不局限于商业活动领域，以何种方式使用商业秘密是权利人的自由，法律没有必要对其适用范围进行限定，只要商业秘密权利人使用行为没有违反法律强制性规定，不损害社会公共利益和第三人的合法权益，其行为即为法律所允许。

3. 收益权

商业秘密收益权，是指权利人凭借其拥有的商业秘密而获得在某一领域的竞争优势，从而取得由此带来经济利益的权利。收益权是商业秘密权中最重要也是最基本的权利，是商业秘密价值性的具体体现。倘若商业秘密权利人无法行使收益权，其他权能的设置对于其也将失去任何现实意义。商业秘密权利人无论是自己使用商业秘密，抑或将其交给他人占有、使用并不重要，权利人所关注的重点是商业秘密带来的利益最大化。

4. 处分权

商业秘密处分权，是指权利人通过法律规定的方式改变商业秘密存在的形态和归属的权利。处分权分为事实上的处分和法律上的处分。事实上的处分是权利人享有将其所拥有的商业秘密予以公开的权利；法律上的处分主要包括转让权、投资权、许可使用权、专利申请权、设质权。①转让权是指商业秘密权利人将其商业秘密转让给他人的权利。商业秘密转让应当签订转让合同，转让以后商业秘密所有权发生转移，原商业秘密权利人即变成义务主体，负有保守商业秘密的义务。②投资权是指权利人享有将其拥有的商业秘密作为资产进行作价出资的权利。商业秘密权是一项财产权，其具有一定的经济价值和竞争优势，权利人可以将其作价投资，以获取经济收益。我国《公司法》第27条、《合伙企业法》第16条都明确指出，知识产权等可以作为非货币财产作价出资。③许可使用权

---

① 张耕：《商业秘密法》，厦门大学出版社，2012，第127页。

是指商业秘密权利人享有许可他人使用其商业秘密的权利。许可使用权与转让权不同，其在不转移权利主体的情况下，许可他人使用权利人的商业秘密，且负有保守商业秘密的义务。许可使用权因使用方式的差异，又可以分为独占许可使用权、排他许可使用权和普通许可使用权，这与专利权许可具有一定的相似性。④专利申请权是指权利人享有将其符合专利授权条件的商业秘密通过法定程序申请专利的权利。专利申请权仅限于技术秘密，且符合创造性、新颖性、实用性的构成要件。商业秘密和专利是对技术信息的两种不同保护形式，它们各有利弊。如果权利人研发的技术信息不易保密或者别人易通过反向工程获得，而权利人又想获得较强的垄断权，那么可以将符合专利权授予条件的技术信息申请专利。权利人在申请专利过程中撤回专利申请的，倘若商业秘密尚未公开，权利人的商业秘密权仍然存在。⑤设质权是指商业秘密权利人享有将其商业秘密质押给债权人，以担保债权实现的权利。《民法典》第440条规定，债务人或者第三人有权处分的注册商标专用权、专利权、著作权等知识产权中的财产权可以出质。因此，作为知识产权客体之一的商业秘密当然可以作为质押的对象。商业秘密权利人在行使设质权时，应当与对方签订保密合同，违反保密合同者应当承担赔偿责任。商业秘密出质后，出质人不得将其许可他人使用或者不得向他人转让，但是双方协商同意的除外。

（二）消极权能

商业秘密权的消极权能，是指权利人通过法定手段排除他人对其拥有的商业秘密实施不法侵害的权利，即排除妨害权。基于商业秘密的专有性，商业秘密权利人对违反合同约定或者法律规定通过不正当手段获取、披露、使用或者许可他人使用或者转让其商业秘密的行为，可根据情况向侵权行为人直接提出，或者通过仲裁机关、法院向其提出停止侵害、消除影响、赔礼道歉、赔偿损失的要求。如果存在商业秘密侵权行为将给权利人造成不可挽回损失的紧急情势的，商业秘密权利人可向市场监督管理机关要求查封、扣押商业秘密附着物，也可在起诉前或者起诉后向法院提出申请。

我国对商业秘密权消极权能的规定主要体现于《反不正当竞争法》第9条，此条列举了不得实施有损商业秘密权的具体情形，这些具体情形即是商业秘密权的消极权能的具体体现。然而,《反不正当竞争法》第 9 条规定的消极权能仍不够全面。本书认为,除了上述情形外,还应当包括以下三种情形:①恶意从第三人那里取得、使用或者披露商业秘密的;②善意从第三人取得商业秘密后,恶意使用或者披露商业秘密的;③因意外或错误而取得商业秘密,恶意使用或者披露的。商业秘密权利人可禁止侵权人实施上述行为。

二　商业秘密权的限制

根据知识产权利益平衡理论,商业秘密权并不是不受任何限制的。我们在保护权利人正当行使权利的同时,还应当考虑社会公共利益和其他社会主体的合法权益。本书认为,商业秘密权限制体现为反向工程、独立研发、公权限制、公共利益之必须、善意取得限制等方面。

(一)反向工程

反向工程,是指通过技术手段对从正当渠道取得的产品进行拆卸、分析、测绘等而获得有关技术信息和数据的行为。[①] 反向工程为不少国家商业秘密立法和司法领域所普遍认可的限制商业秘密权行使的法定事由,权利人以反向工程为由主张侵权无法得到法院的支持。但是,他人以计算机软件等为商业秘密权客体实施的反向工程应当予以禁止。反向工程应当具备以下要件。

1. 合法获得产品

反向工程是一种由产品本身推导出制造方法、产品结构、功能特性、技术规格等技术要素的逆向行为,此行为的正当性前提是产品系从正当渠道获得,例如,通过购买、继承、赠予等方式获得产品所有权,或者通过租赁、承揽、保管等有效合同取得产品占有权。其之所以能够为法律所允许,主要原因有二:第一,产品获得者的获得行为正当合理,未违反诚实信用原则,符合一般商业道德标准和合理行为准则;第二,产品所有权的转移直接导致产品原权利人的权利用尽,原权利人失去了对产品的控制权,而让渡于产品的所有人。此时,产品所有人可以自由处理合法取得的产品,不受他人干涉。

---

① 黄武双:《商业秘密保护的合理边界研究》,法律出版社,2018,第 99 页。

2. "净室程序"

"净室"（clean room），是指研究某种方法或者开发某种产品时，研究人员应当与受到法律保护的商业秘密相隔绝；"净室程序"（clean room procedure），是指通过反向工程获取他人商业秘密，其获取程序应当严格遵循法律的相应规定，即研究开发过程不得非法依赖他人技术信息。此程序为美国司法机关和法学研究者所普遍认可。例如，Pixion Inc. v. PlaceWare Inc. 一案，[1] 2002 年 PlaceWare 创立一家独立公司，使用"净室技术"重新设计 LiveDemo 功能。又如，Alcatel US Inc. v. Cisco Systems Inc. 一案，[2] 思科认为，当其了解到阿尔卡特对三斯软件创作存在潜在诉讼请求时，就立即采取措施，消除任何可能的不正当风险。譬如，由于三斯未能透露自己的软件创作与蒙特利的就业协议，思科终止了三斯的就业，思科还声称已经采取措施开始软件公司的"净室"开发，以取代三斯在蒙特利的项目。倘若参与研发者过去接触过或者知悉他人的商业秘密，此时反向工程过程受到"污染"而不符合"净室程序"，其获取的与商业秘密权利人相同的技术信息是不合法的。

3. 不违反"黑箱封闭"条款

在不让渡所有权的情况下，将物品交由使用人、保管人、受托人、维修人有期限地管理，并约定禁止前述人员实施反向工程，此即"黑箱封闭"条款。[3] 通常情况下，如何处置自己合法持有的产品是产品所有者的基本权利，产品所有者可以将产品进行分解或者拆卸从而得知商业秘密。但是，对于仅合法占有含有商业秘密物品并尚未取得此物品所有权的，不得通过分解或者拆卸等手段获得商业秘密，否则就构成侵权行为。"黑箱封闭"条款是合同约定产生的义务，还是依事实推定出的默示义务，实践中存在较大争议。有学者认为，"黑箱封闭"条款多适用于出租含有商业秘密的物品，这些条款必须由出租合同明确约定，否则将不会发生效力。[4] 还有学者指出，"黑箱封闭"是默示义务，即使出租合同未明确约定，租赁人也不得对租赁物进行分解或者拆卸，这是一种

---

① Pixion Inc. v. PlaceWare Inc. , No. C03 - 02909 SI, 2005 WL 3955890 （N. D. Cal. 2005）.

② Alcatel US Inc. v. Cisco Systems Inc. , 239 F. Supp. 2d 660, （pin cite）n. 2 （E. D. Tex. 2002）.

③ 胡开忠：《反向工程的合法性及实施条件》，《法学研究》2010 年第 2 期。

④ 范志远：《商业秘密保护中反向工程问题研究》，硕士学位论文，西南政法大学，2016。

推定租赁人负有的不言自明的义务。① 笔者比较认同第二种观点，未经产品所有权人的同意，不得对其产品进行拆卸或者分解，"黑箱封闭"可视为所有权之外的另一种保护方式。美国《反不正当竞争法重述》第 41 条规定，除非有相反的协议，购买含有商业秘密产品的人不负有保密义务。购买此产品者对产品进行分析、拆卸、测绘获得的信息可以自由使用。但是，在寄托或者出租关系中，保管产品的当事人知道合同的特定目的，应推定其负有保密义务。② 因此，"黑箱封闭"是一种默示义务。

（二）独立研发

商业秘密权利人只能禁止他人以不法手段获知自己所有的商业秘密，而不能禁止他人以独立研究开发手段获取与权利人拥有的商业秘密相同的技术信息。独立研发是凭借研发者自己创造性的智力劳动来获取技术信息，不能因为获取的技术信息与他人商业秘密相同就加以禁止，这是研发者诚实劳动、合法竞争的重要成果，应当予以保护。独立研发产生的技术信息，研发者既可以通过商业秘密的形式对其予以保护，也可以通过专利的形式对其予以保护。以独立研发为由对抗商业秘密权利人，应当受到"净室程序"的限制，即当事人在知悉他人商业秘密的情况下，主张其掌握与权利人商业秘密相同的技术信息是其独立研发获取进行侵权抗辩，法院对此一般不予支持。

但是，在雇佣关系中，雇员的知识、经验和技能也是考量其是否能够独立研发的重要因素，倘若雇员具有丰富的知识经验和娴熟的业务技能，他们凭借自身知识技能可以独立开发信息，哪怕这些信息在其他雇员看来是无法独立开发完成的，这些信息对于具有丰富知识技能的雇员而言，并不构成商业秘密，此雇员可以以独立研发来对抗商业秘密权利人。例如，美国法院审理的 Levine v. E. A. Johnson、Junker v. Plummer、Fairchild Engine & Airplane Corp. v. Cox、Affiliate Hospital Prods. , Inc. v. Baldwin. 等案件都持此观点。

在 Levine v. E. A. Johnson 一案中，原告是生产制造有限公司的分支机构 Santa Fe 的有限合伙人，主要从事建造冷却塔和其他工业用材等业

---

① 黄武双：《商业秘密保护的合理边界研究》，法律出版社，2018，第 102 页。
② 张玉瑞：《商业秘密法学》，中国法制出版社，1999，第 98 页。

务，Santa Fe 公司在弗农设有受人关注的大型工厂，在全美各大中城市
设有分支机构，该公司从事生产经营已有 40 余年的历史。被告约翰逊
（Johnson）是 Santa Fe 公司的一名技术人员，在该公司工作大约 35 年，
在原告单位工作期间他主要从事工程技术管理工作，在其职权管理范围
内能够全面接触和掌握公司的设计图和其他工程数据。1943 年 10 月，约
翰逊终止了与原告的雇佣合同，与其儿子爱德华合作经营他自己所关注
的领域。原告认为，被告正在经营与自己有竞争关系的企业，使用被告
在自己公司期间获得建造冷却塔方面的技术信息，侵犯了自己的商业秘
密，遂向法院申请临时禁令。诉讼开始阶段法院同意并作出临时禁令，
但是随着诉讼判决呈现向有利于被告的方向发展，先前颁布的临时禁令
被法院取消。法院审理认为：约翰逊作为该行业领域的技术专家，有过
多年建造各式各样冷却塔的经历，在冷却塔制造领域具有较高的知识技
能水平，没有必要窃取原告有关技术图纸等信息，他完全有足够的能力
独立开发出原告所主张的商业秘密，原告不能阻止被告离职后从事新工
作时使用或者披露这些秘密信息。因此，该案判决书指出，Santa Fe 公
司所主张的信息对于普通人来说，开发起来复杂、困难，确实构成商业
秘密，但是对于具有丰富知识技能的被告来说，他完全具备自行研发出
这些信息的能力，故法院驳回原告的诉讼请求。①

　　在 Junker v. Plummer 一案中，原告 Junker 系一家化合性鞋布公司，
1941 年独立研发出一台黏合机并投入化合性鞋布的生产，被告普卢默
（Plummer）、孔蒂（Conti）和奥尔康（Alcorn）是该公司的雇员，熟知
原告公司的技术秘密。1945 年 4 月，被告普卢默辞职，2 个月后独立从
事化合性鞋布业务，为了顺利地进入鞋布生产领域，他利用在原告公司
掌握的技术秘密设计了一台与原告相同型号的粘合机。在此之前的 1944
年 11 月和 1945 年 1 月被告孔蒂和奥尔康也分别离开了 Junker 公司，独
立从事化合性鞋布业务，并且使用的机器类似于原告机器。1946 年初，
Junker 公司发现三被告使用自己的技术秘密，使用相同的粘合机和粘合
剂，认为三被告侵犯了自己的技术秘密，遂向法院提起诉讼。法院审理
查明，原告自 1918 年就从事鞋布行业，经过多年的研发和摸索，他获得

---

① Levine v. E. A. Johnson，107 Cal. App. 2d 322；237 P. 2d 309；1951 Cal. App. LEXIS 1905.

了制造鞋布过程中的机械、材料和工艺等方面所必需的知识和经验，并成功研制出独具特色的粘合机。同时，原告所发明的粘合剂等材料所花费的成本仅 300 美元，而同行业所使用的同类动力驱动产品成本不低于3000 美元。这些都足以表明，其符合商业秘密的构成要件，应受到商业秘密法的保护。三被告在进入原告公司之前，他们不具有制造此类机器所需要的知识、技能和经验，法院承认他们离职后可以使用在原告工作期间所掌握的基本知识技能，但是他们不得使用或者披露原告的技术秘密和发明创造，即原告所独立研发的机械设备、化合材料和制作工艺。法官斯伯丁（Spalding）在分析此案例时指出，雇员在原告公司工作前没有掌握与原告相同的技术秘密方面的知识技能，而且凭自己具备的知识技能无法独立研发出与原告商业秘密相同的技术，被告离职后当然不能以独立研发为由在今后的工作中运用原告的商业秘密。同时，即便是具备大量专业知识的专家，如果利用不正当手段从原雇主商业秘密计划中获得利益，而不是自己独立的努力，则不属于"独立研发"的范畴。①

在 Fairchild Engine & Airplane Corp. v. Cox 案中②，该案被告考克斯（Cox）在原告公司担任董事兼经理，负责产品程式的开发和授权使用业务，虽然被告接受过良好的教育，且毕业于耶鲁大学，但是他没有实务经验，不具有工程师资格，凭自己的知识技能无法开发出原告所研发的技术秘密，因此，法院认定该产品程式构成原告的商业秘密，故作出有利于原告的判决。又如，Affiliate Hospital Prods.，Inc. v. Baldwin 案中，法院认为，虽然被告具备较高的技术水平和研发能力，但是他所获得的与原告相同的设计图纸不是通过自己独立努力研发，而是窃取了原告的商业秘密，法院因而认定被告以设计图纸系自己独立研发为由抗辩不成立。③

从上述案例来看，我们在理解独立研发的限制时，应当要把握以下三点。其一，雇员知识水平较高、研发能力较强，凭借自己的知识水平

---

① Junker v. Plummer, 320 Mass. 76；67 N. E. 2d 667；1946 Mass. LEXIS 679；165 A. L. R. 1449；70 U. S. P. Q. （BNA）332.

② Fairchild Engine & Airplane Corp. v. Cox, 62 U. S. P. Q. 98.（N. Y. Sup. Ct. 1944, Collins J.）.

③ Affiliate Hospital Prods.，Inc. v. Baldwin, 57 Ill. App. 3d 800, 373 N. E. 2d 1000, 1001, 1005－1006, 15 Ill. Dec. 528, 202 U. S. P. Q. 575（1st Dist. 1978）.

和研发能力，能够独立开发出来的技术秘密，对于该雇员来说不构成商业秘密，不能禁止其离职后使用，否则，严重影响到雇员自由择业权的行使。但是，这不代表这些技术秘密对于普通雇员来说不构成商业秘密。其二，即便雇员具备独立开发某技术秘密的知识水平和相关能力，但是如果使用不正当手段从原单位获取技术秘密的，应当认定为商业秘密侵权行为。其三，考虑独立研发限制时，我们应当注重从雇员知识水平和研发能力两个方面来权衡，对于具备知识水平，但实务经验欠缺、研发能力差的雇员，其离职后不可能独立研发出原单位所掌握的技术秘密，因而不能以独立研发为由进行抗辩。

（三）公权限制

国家行政和司法机关及其工作人员执行法定职务的需要，可以强制获取或者使用权利人所持有的商业秘密，权利人不得拒绝提供或者披露。例如，环保部门在查处环境污染问题时，依据《环境保护法》赋予的检查权，责令排污单位提供或者披露与排污物有关的产品数据、技术配方、工艺流程和治理技术等业务资料或者技术资料，排污单位或者相关人员不得以涉及商业秘密为由拒绝提供或者披露上述资料。需要指出的是，国家公权对商业秘密权的限制必须在法律规定的范围内进行，是维护公共秩序或者公共利益所必需的。因此，国家公权对商业秘密权的限制应当符合三个条件。

1. 必须有法律的明文规定

行政执法实行"法无明文不可为"，国家公权对商业秘密权的限制必须基于法律的明文规定，否则，即构成国家公权的滥用。就行政机关而言，信息公开是一个政府加强自身建设的重要法律制度，信息公开即要求行政机关向社会公开有关行政信息，这些信息往往涉及权利人提供或者主动提供的商业秘密，其也是行政信息的组成部分，不得因其是商业秘密而拒绝向社会公众公开。在法律未有明文规定的情况下，行政机关不得以任何理由拒绝公开含有秘密性的行政信息。例如，美国1966年颁布而几经修订的《信息自由法》（*The Freedom of Information Act*）规定，如果文献部分保密，禁止政府对全部文献不予公开，保障公众对政府文献的接触权。政府只能在以下两种情况下有权决定不向公众提供特定的信息：①法律直接规定需要保密的，或者属于法律规定的保密标准、类型的，不得公开；②经个人授权，或者向个人承诺保密而获得的商业秘密，不得公开。1979 年美国最高法院审理 Chrysler Corp. v. Brown 一案的法官指出，出于公共利益，政府有公开特定商业秘密的权力，即政府机构有权在认为必要时公开；但是私人主动提交的个人商业秘密，政府机构如果公开，则需要有明确的法律依据。① 因此，在没有法律明文规定的情况下，商业秘密权的行使不得受到任何限制。

2. 以执行公务之必须为限

国家机关及其工作人员仅能在行政执法和司法审理的必要范围内获得或者知悉权利人的商业秘密，不得超越执行公务之必须。倘若国家机关及其工作人员将其工作过程中知悉的商业秘密用于公务之外，或者披露或者允许他人使用，其行为不仅造成了商业秘密权利人的利益受损，构成商业秘密侵权，而且也削弱了国家机关的公信力，有损执法机关和司法机关的尊严和权威。下列情形都违背了"执行公务之必须"，应当追究国家机关及其工作人员的法律责任：①国家机关及其工作人员在行政审批过程中知悉商业秘密，而予以使用、披露或者允许他人使用的；②国家机关及其工作人员在行使监督、管理、检查等职能过程中知悉权利人的商业秘密，而予以使用、披露或者允许他人使用的；③有隶属关系的上级行政机关，将其知悉的商业秘密披露给下级公司或者允许其使用的；④司法机关及其工作人员在审判活动中知悉商业秘密，而予以使用、披露或者允许他人使用的。

3. 负有保密义务

我国《公务员法》第 14 条第（5）项规定：公务员应当履行保守国家秘密和工作秘密的义务。这一立法规定要求国家机关及其工作人员在执行公务过程中获得或者知悉权利人的商业秘密后，仅能用于职务活动，不得用于职务活动以外的任何活动，且对其获得或者知悉的商业秘密负有保密的义务。域外国家也有类似规定，例如，美国《统一商业秘密法》对公职人员泄露私人商业秘密的责任作出了明确规定：任何美国政府机构、代理机构的公职人员或者雇员，或者反垄断民事程序法规定司法部代理人，不得违反法律，以任何方式、任何程度发表、泄露、公开

---

① Chrysler Corp. v. Brown, 441 U. S. 281, 99 S. Ct. 1705, 60 L. Ed. 2d 208, 1979 U. S. LEXIS 34.

或者使他人知悉其担任公职期间通过检查、调查得到或者他人报告、提示、记录或者存档得到的下列信息：有关商业秘密、工艺、操作、工作方法、设备，或者身份、保密统计数据，或者私人、商号、合伙、公司、联营的任何收入、利润、损失或花费的数量和来源，也不得违反法律向他人提供呈送或者受检的任何收入报告或复制本、记有摘要或要点的簿册。违反上述规定的，处以 1000 美元以下的罚金，单处或并处 1 年以下有期徒刑；并开除公职或解除雇佣。

（四）公共利益之必须

商业秘密权得到各国法律的普遍保护，除了因其客体具备秘密性、价值性和保密性要件之外，还应当具备另一关键要素，即合法性。合法性不仅体现为对法律的尊重，同时还体现为对公共利益的维护。例如，《民法典》第 8 条规定："民事主体从事民事活动，不得违反法律，不得违背公序良俗。"《民法典》生效前的《合同法》第 7 条规定，合同的订立和履行不得损害社会公共利益。《深圳经济特区企业技术秘密保护条例》第 9 条规定，损害社会公共利益的技术秘密，不受本条例的保护。因此，公共利益成为限制商业秘密权的重要依据之一。公共利益的限制较上述其他限制更为绝对，商业秘密公开与否主要取决于保守商业秘密所涉及的公共利益与披露商业秘密所涉及的公共利益之间的平衡，决定两者哪个为重。

域外国家都将公共利益视为限制商业秘密权的重要理由，是商业秘密立法亟须处理好的难点问题。美国《侵权行为法重述（第一次）》第757 节诉讼程序规定，出于公共利益，披露商业秘密可以不负侵权责任。《统一商业秘密法》第 2 节规定了公共利益至上的原则，该节评述指出，尽管侵占人对商业秘密的使用将会损害商业秘密权利人的利益，然而，发布禁令可因例外情况而不适用。例外情况就涵盖公共利益，出于公共利益的需要，侵占人可以向法院主张取消商业秘密禁令。加拿大《统一商业秘密法》第 10 条第 2 款就涉及公共利益的规定，此款规定，使用或者披露已经涉及或者将要涉及的公共利益，重于继续保持秘密的需要，被告可以主动地使用或者披露他人商业秘密。此法"公共利益"受到损害，主要指权利人对商业秘密的开发、使用等行为，存在：①违反法律规定的犯罪行为，或者其他违法行为；②影响公共健康和安全的事项。被告提出因"公共利益"使得商业秘密权的行使受到限制，仍然需要法院做出具体认定。该条第 3 款即规定，法院在判断是否适用公共利益限制时，应当考虑以下因素：商业秘密的性质、被告使用或者披露的情况、使用或者披露的正当性、使用或者披露的程度。英国国会法律委员会（UK Law Commission）发布的《关于违反保密义务的法律草案》第 11 条的标题"原告证明恪守秘密有关公共利益，否则败诉"即表明公共利益是商业秘密权行使限制的重要理由。因此，公共利益是商业秘密权保护的例外，任何商业秘密权利人在行使权利过程中都不得损害公共利益。

为此，我国进行商业秘密专门立法时，应当坚持商业秘密权保护与公共利益并重，两者产生冲突时，应以公共利益为重。具体来说，我们立法上要从义务和权利两个层面来限制商业秘密权的肆意扩张和滥用而损害公共利益。

第一，商业秘密的研发、利用，不得违反国家法律，不得损害公共利益。商业秘密的研发和利用违法存在两种情形。①商业秘密本身是违法的。也即商业秘密研发之目的就违反国家法律的规定，例如，存在隐匿各种侵害他人合法权益的阴谋，尽管此阴谋符合商业秘密的构成要件，但是其本身不具有合法性，因此，无法受到法律的保护。②商业秘密本身不存在违法，但是因其利用不当造成违法后果的。例如，生产有毒农药的配方符合商业秘密的构成要件，其配方具有合法性，可以预防蔬菜水果等农作物病虫害。如果滥用此配方，势必会给社会公众身心健康造成严重危害。故法律应当对此滥用行为予以严格禁止，防止其不当利用损害公共利益。

第二，商业秘密权的行使，损害公共利益的，任何单位和个人都有权使用或者披露该商业秘密。众所周知，商业秘密权所保护的私益与公共利益的冲突在所难免，大多数国家和地区为满足公共利益往往对商业秘密权加以限制。例如，美国不少州立法禁止企业适用竞业限制条款限制雇员自由流动，损害雇员个人和社会公共利益，如加利福尼亚州《商业与职业法典》第 16600 条禁止雇主利用竞业限制条款妨害公共利益和雇员自由流动。美国 Wexler v. Greenberg 案①、Whyte v. Schlage Lock Co.

---

① Wexler v. Greenberg, Appellant. the Supreme Court of Pennsylvania. 399 Pa. 569；125 U. S. P. Q. 471（1960）.

案[1]等案例也表明商业秘密权的行使不得损害社会公共利益。加拿大《统一商业秘密法（草案）》第 10 条规定，涉及的公共利益比继续保持某商业秘密更为必要时，被告对使用或者披露商业秘密的行为不负法律责任。[2] 俄罗斯《联邦商业秘密法（2004）》第 10 条第 6 款亦有类似规定，该条规定商业秘密的保护不得损害他人合法权益和国家安全。[3] 因此，商业秘密权限制的立法，应当充分考虑其权利对于社会公共利益的影响，对于造成公共利益损害的商业秘密，不仅得不到法律应有的保护，而且任何单位和个人都有对其加以使用或者披露的权利。

（五）善意取得限制

商业秘密善意取得，是指第三人以善意取得的方式获得商业秘密，无须经过权利人的许可，在一定条件下与一定范围内使用商业秘密的行为。[4] 商业秘密具有秘密性的特点，取得商业秘密的人在很多情况下无法知悉商业秘密的来源是否存在瑕疵，在其善意的情形下，不能将其视为侵权行为。例如，Chipco v. Hi Techco 一案中，梅克英多西（MacIntosh）就职于 Chipco 公司，Chipco 公司是一家高技术硅片制造商，梅克英多西知悉该公司的所有商业秘密，1990 年梅克英多西离职后就职于原公司的同行 Hi Techco 公司，其就职后提出许多产品改进的建议，这些建议都涉及 Hi Techco 公司的商业秘密。Chipco 公司得知后以 Chipco 公司和梅克英多西侵犯商业秘密为由向法院提起诉讼。法院审理认为，Hi Techco

---

① Whyte v. Schlage Lock Co., 125 Cal. Rptr. 2d 277（Court of Appeal of Cal., 2002）.

② 加拿大《统一商业秘密法（草案）》第 10 条："（1）依本法进行的任何非法披露或使用商业秘密的诉讼中，被告对于原告不负责任——如果被告证明：a. 该披露是根据有权命令披露信息的法院或裁判机关的要求向法院或裁判机关进行的；b. 根据商业秘密的性质，在披露或使用之时，披露或使用已经涉及或将要涉及的公共利益出于继续保持秘密的需要。（2）对于本条（1）b 项，披露或使用商业秘密中的公共利益是指意识到存在涉及普遍公众利益的；a. 违反已生效法律［规定有管辖权］，有犯罪行为或其他非法行为；b. 影响公共健康与安全的事件，其有关开发、合成或使用商业秘密。（3）对于（1）b 项，法院必须考虑案件全部情势，包括：a. 商业秘密的性质；b. 导致被告已经及将要披露或使用商业秘密的情势；c. 已经或者将要披露或使用的程度或性质是否正当。"

③ 俄罗斯《联邦商业秘密法（2004）》第 10 条第 6 款："商业秘密制度的利用目的不得与宪法和道德原则的要求相抵触，不得损害他人的健康、权利和合法利益，并且不妨碍国防和国家安全。"

④ 李仪、苟正金：《商业秘密保护法》，北京大学出版社，2017，第 176 页。

公司在 1992 年接到 Chipco 公司的通知之前，并不知道梅克英多西以前的情况和其提出产品改进建议的信息来源，Hi Techco 公司对 1990～1992 年使用 Chipco 公司商业秘密的行为无须承担法律责任，但应当禁止其今后继续使用该商业秘密。①

　　善意取得成立应当具备三个要件。①第三人系从侵权人手中获得商业秘密。如果第三人从权利人手中取得商业秘密，就无须讨论善意取得的问题。②第三人不知道也没有理由知道侵权人对商业秘密无处分权。有学者认为，善意与否应当以第三人在从侵权人手中获得商业秘密时的情况为准。② 此种观点值得商榷，笔者认为，第三人必须在取得和使用商业秘密过程中都不知道也没有理由知道侵权人对商业秘密没有处分权。③第三人支付对价。原则上第三人构成善意取得须支付对价，但也存在例外，倘若第三人未支付对价，在取得商业秘密时不知道也没有理由知道侵权人无处分权，并已经为实施商业秘密做好充分准备的，也可构成善意取得。

　　善意取得成立后，其是否具有效力成为学界讨论的热点问题，当前主要存有三种较为具有代表性的观点。①全盘否定说。此观点认为，善意取得商业秘密并非从权利人手中获知商业秘密，权利人有权禁止善意取得人使用，因为无论是善意还是恶意，都会对权利人的利益造成损害。③ ②极端肯定说。此观点认为，权利人无权禁止善意取得人使用商业秘密，因为商业秘密侵权行为是建立在不正当手段获取、使用或者披露的基础上的，善意取得人并没有采取不正当手段，因此不能阻止善意取得人使用商业秘密。④ ③折中说。此观点认为，权利人无权禁止善意第三人使用商业秘密，但是第三人应当负有保密义务和支付许可费等义务。⑤ 本书对上述观点都不完全认同。善意第三人不知道或者不应当知道自己所取得、使用的商业秘密源自无权处分人之处的，其无须承担赔

---

①　Simmon Mehigan and David Griffiths, *Restraint of Trade and Business Secret: Law and Practice* (London: Longman, 1996), p. 15.

②　彭学龙:《商业秘密善意取得与动产善意取得制度之比较》,《政法论丛》2001 年第 4 期。

③　彭学龙:《商业秘密善意取得与动产善意取得制度之比较》,《政法论丛》2001 年第 4 期。

④　叶京生:《国际知识产权法》, 立信会计出版社, 2004, 第 361 页。

⑤　Simmon Mehigan and David Griffiths, *Restraint of Trade and Business Secret: Law and Practice* (London: Longman, 1996), p. 15.

偿责任；善意第三人得知商业秘密源自无权处分人之处后，应当停止使用行为。如果停止使用将会给其造成重大损害的，可以在征得权利人同意的前提下，在原有的范围内继续使用商业秘密。善意第三人在商业秘密未被公开之前，负有保密义务。

第六章　商业秘密预防性保护制度建构

商业秘密预防性保护可以激励商业秘密权利人投入资金、时间和精力创造出更多有价值的知识产品，促进新科技研究和现有科技的再创新。[①] 对商业秘密采取预防性保护措施，是由商业秘密的特性决定的，商业秘密是一种特殊的知识产权，一旦公开便使商业秘密权利人丧失应有的经济价值和竞争优势。同时，经济全球化的今天，因商业秘密的非独占性，人们可以通过反向工程、独立研发、合法渠道等合法方式获取商业秘密，加之，市场竞争日趋激烈，"挖墙脚"现象愈演愈烈，这些均给商业秘密安全带来潜在的威胁。为此，构建合理的商业秘密预防性保护制度就显得尤为迫切。

第一节　保密协议制度

一　保密协议制度概述

签订保密协议是商业秘密预防性保护的重要途径之一，保密义务既可以由法律明文规定，也可以签订保密协议约定。保密协议既可以是企业与其内部雇员签订，约定商业秘密的范围，约定双方的权利和义务，也可以是企业与商业合作伙伴签订，约定双方的权利和义务。例如，某企业向另一企业转让商业秘密，谈判破裂以后，对方企业对知晓的商业秘密负有保密的义务，这就要通过签订保密协议的方式实现。一旦发生侵权行为，商业秘密权利人可以将保密协议提交行政机关和人民法院进行举证。我国相关法律和部门规章等对保密协议作过一些规定，例如，《劳动法》第22条规定劳动合同中可以由双方当事人约定保守商业秘密事项；《公司法》第148条规定董事和高管不得擅自披露公司秘密；原国

[①] 周琳：《商业秘密预防性保护之比较研究》，中国社会科学出版社，2013，第43页。

家科委《关于加强科技人员流动中技术秘密管理的若干意见》（国科发政字〔1997〕317号）第6条规定，企事业单位依法与本单位技术人员、管理人员和业务上接触到商业秘密的人员签订保密协议。协议的主要内容包括保密内容与范围、双方权利与义务、保密期限与责任等。我国地方性法规和地方政府规章也有关于保密协议的规定，例如，《深圳经济特区企业技术秘密保护条例》第17条至第20条对保密协议有较为具体的规定，特别是对保密义务的规定。

二 保密协议的内容

保密协议的内容通常主要包括以下四个方面。第一，保密事项的具体范围。企事业单位可以在劳动合同的保密条款或者保密合同中约定保守商业秘密和与知识产权相关的保密事项的具体范围。保密的范围不能超过知悉秘密信息人士接触或者可能接触的秘密信息范围，倘若保密的事项界定过宽，将会对他人正常商业活动造成严重影响，直接导致保密协议无效；保密事项的范围规定不能过于空泛笼统，仅表述为"雇员应当保守公司商业秘密"，也不需要具体到商业秘密的实质性内容；不同岗位和职责的人员，其应当保守商业秘密的范围也不尽相同。第二，保密协议的签订对象。保密协议的签订对象以接触商业秘密的人员为主，保密协议的相对人既可以是正式聘用的雇员、特邀的技术人员、技术顾问、离职或者退休人员、与特定技术项目研发人员进行合作的人员、商业秘密出资或者转让等过程中掌握秘密信息的人员，也可以是承担临时性或者阶段性劳动的或者兼职、返聘的、能有机会接触到商业秘密的相关人员。第三，保密协议双方的权利与义务。保密协议双方可以在协议中约定双方负有的权利和义务，单位和雇员在协商保密协议有关权利义务时，雇员一方认为权利义务是对等的，自己在负有保密义务的同时，自然应当有权要求对方支付保密费。[1] 企业一方认为，保密义务是履职的基本要求，已经在工资、酬金或者岗位津贴中有所体现，无须另行支付保密费。之所以会出现分歧，主要是由于我国立法上对此并未有过明确的规定。仅有些地方政府部门对此作出过规定，例如，天津市劳动和社会保

---

[1] 梁智：《劳动合同法实务一本全》，中国法制出版社，2008，第93页。

障局《关于保守商业秘密协议、支付违约金和就业补助金等有关劳动合同问题的通知》明确规定用人单位要支付负有保密义务的劳动者保密补偿费。笔者认为，保密费应当由单位和雇员自主约定，没有支付保密费规定的，雇员仍负有保密的义务，国家不应当强制规定单位支付保密费。第四，保密期限的约定。保密协议不因劳动合同的解除、终止而失去效力，实务界普遍认为保密协议的签订期限为离职或退休后2~5年。[1] 笔者认为，保密协议因约定的保密事项的解密或被披露而终止，否则，相对人都负有保密的义务。保密协议一般不约定解除或终止的具体条件，只是约定保密的期限，可以为10年、20年甚至无限期。此处的"无限期"是指商业秘密没有解密或者公开，相对人就必须保守其所知悉的商业秘密，无论持续多长时间。"无限期"并不是指约定保密无期限限制，即便商业秘密解密或者公开后，相对人仍然负有保密的义务。

三 保密协议的生效要件

保密协议不仅可以精确地界定商业秘密范围，还是保密双方建立信任关系的证据。由于商业秘密的无形性，其权利边界并不像有形物那样清晰明显，所以交易对象更倾向于利用包括保密协议在内的文字记录来确定双方的权利和义务。保密协议的生效应当具备以下要件。

1. 保密协议应当书面签署

书面保密协议在保护商业秘密过程中发挥着不可替代的作用：①被视为防止秘密信息泄露而采取的措施，成为证明此信息具有秘密性和保密性的重要证据；②可以明晰商业秘密的边界，以此确定秘密信息的权利归属；③成为他人未经授权使用、披露或者允许他人使用的有效证据。例如，Dionne v. Southeast Foam Converting & Packaging Inc. 一案，雇佣双方签订书面保密协议，尽管皮埃尔（Pierre）在前雇主单位对某项技术做出了实质性贡献，但是其技术仍然属于前雇主单位，皮埃尔使用该项技术违反了先前签订的保密义务，其抗辩主张因而被法院否定。[2]

---

[1] 张黎：《〈中华全国律师协会律师办理商业秘密法律业务操作指引〉释解》，北京大学出版社，2017，第105页。

[2] Dionne v. Southeast Foam Converting & Packaging Inc. , 240 Va. 297, 397 S. E. 2d 110.

2. 保密协议应于他人使用或者披露信息前签署

他人在尚未签署保密协议的情况下使用或者披露涉密信息，在司法实务中很难认定为侵权行为。例如，RTE Corp. v. Coatings, Inc. 一案，RTE 和 Coatings 交易始于 1972 年 11 月，RTE 将一份附有涉讼图纸的询价单发给 Coating，询问有关惯性焊接的报价，但交易前双方未就所提交附有图纸的信函约定保密事项，1973 年 3 月 Coatings 与 RTE 的第二份订单要求对方承担保密义务。法院在审理此案过程中认为，1973 年 3 月前因缺少保密协议的约束，RTE 无法阻止 Coatings 为任何一客户生产惯性焊接接头。① 因此，保密协议应当在他人使用或者披露秘密信息前签署方为有效。

3. 保密事项清晰、内容不能过宽

雇佣双方签订保密协议的内容应当注重对商业秘密的保护，而不能限制思想交流、知识技能运用，否则保密协议将被认定为无效。例如，美国法院在 Great Lakes Carbon Corp. v. Koch Ind. 一案中认为，限制前雇员和前雇主的竞争对手交流非商业秘密的信息的保密协议，其结果必然会限制前雇员某些知识技能的使用，是法律不能允许的。② 同时，保密的内容也不能过于宽泛，过于宽泛的保密协议势必导致雇员择业的困难，也限制雇员正常知识技能的使用和雇员的合法交流。正如 Puritan-Bennett Corp. v. Richter 一案法院认为，协议彻底禁止前雇员在其熟悉的领域从事工作，这远远超出商业秘密保护的范畴，具有不合理性，将会侵害前雇员的谋生权利。③

4. 保密协议的条款表述不能存在歧义

保密协议的内容应当明确无误地创设保密义务，而不能含糊不清，否则对方将不受协议的约束而进行任意使用。例如，美国伊利诺伊州法院在审理 Hughes v. West Publishing Co. 一案时指出，自愿提交创意设计之后，接收者未收到保密协议的条款或者保密协议条款存在歧义，可以不负有保密义务而使用。④ 又如，马萨诸塞州法院审理 Irizarry Puente

---

① RTE Corp. v. Coatings, Inc. , 84 Wis. 2d 105, 267 N. W. 2d 226.

② Great Lakes Carbon Corp. v. Koch Ind. , 497 F. Supp. 462 （S. D. N. Y. 1980）.

③ Puritan-Bennett Corp. v. Richter, 235 Kan. 251, 679 P. 2d 206.

④ Hughes v. West Publishing Co. , 225 Ill. App. 58 （1st Dist. 1922）.

v. President and Fellows of Harvard College 一案时指出，无明确表达拟创设保密义务的意思而自愿提交创意设计给对方，接收人将会不受任何限制地使用这一创意设计。[①]

四　保密义务的规定

保密义务是保密协议重要的组成部分之一，其是否正确、全面履行直接关系到商业秘密的安全和商业秘密权利人的合法权益。英美等国基于明示的契约或者默示的信任义务（obligation of confidence）或者忠实义务（the duty of loyalty），未经公司的同意，雇员不得泄露公司的商业秘密。日本实务界和理论界都认为，雇员违反忠实义务，雇主可以将其免职。德国司法机关将工业领域内的保密义务归于忠实义务的范畴。诸如《安第斯条约》等国际条约也规定商业秘密的接受传授方或者被许可方负有保密的义务，未经权利人同意，不得披露或者使用其掌握的商业秘密。根据雇员工作的时间段不同，保密义务分为在职期间的保密义务和离职后的保密义务。

根据原国家科委《关于科技人员业余兼职若干问题的意见》的规定，雇员在企业工作期间，不影响正常工作的情况下，可以业余兼职。唯有在法定情况下，其所在单位可以决定其暂不兼职。例如，不能完成本职工作或者不积极完成单位分配的任务、兼职可能导致商业秘密的泄露、兼职可能影响到重要任务的完成、兼职单位与所在单位存在利害关系或可能影响公正办事的。域外也有类似做法，例如，英国法官居里（Gurry）认为，雇员业余兼职对雇主的忠实义务主要有：其一，不得损害雇主的利益，披露其雇佣期间获知的秘密信息；其二，不得为竞争对手工作或者不得与雇主展开业务上的竞争；其三，雇员应当向雇主披露其在职期间获取的不为雇主所知晓的有价值的信息，该信息包括能够给雇主带来业务上的经济价值和竞争优势的任何秘密信息。[②] 又如，Hivac Ltd. v. Park Royal Scientific Instruments Ltd. 案中，雇员就是利用业余时间为原告公司（即其工作单位）的竞争对手工作，法院认为，即便三位雇

---

① Irizarry Puente v. President and Fellows of Harvard College, 248 F. 2d 799, 802 – 03（1st Cir. 1957）, cert. denied, 356 U. S. 947（1958）.

② 陈东:《英国公司法上的董事 "受信义务"》,《比较法研究》1998 年第 2 期。

员没有泄露原告公司的机密信息，也属于违反了其对原告公司的忠实义务。此案表明，雇员不能业余在存在竞争关系的单位兼职。[①]　本书认为，在职雇员负有的保密义务主要包括九个方面：①不得为雇主的竞争对手工作；②不得以不正当手段引诱同一企业掌握秘密信息的人员脱离企业；③不得劝诱企业的客户转向他人；④不得使用或者泄露企业的商业秘密；⑤不得隐瞒在职期间的发明创造；⑥及时报告与在职单位有关的秘密信息；⑦不得为个人私利使用在职单位的商业秘密；⑧不得侵占企业的交易机会；⑨不得为离职后侵犯企业商业秘密作相应的准备，例如，刻意记忆图纸、配方、客户名单等。

　　人才流动是人类社会进步的重要标志，是市场经济的必然规律。人类文明程度越高，人才流动就越频繁，以美国硅谷为例，大量的科技人才流动和技术共享创造了其人类科技史和工业史的诸多奇迹。然而，人才流动却是商业秘密流失的重要原因，就我国司法机关审理的商业秘密案件而言，绝大部分是由于人才流动（也即跳槽）引起的商业秘密权益纠纷。因此，雇员离职后的保密义务就显得更为重要。同时，离职雇员同普通公民一样，享有宪法和法律规定的劳动权和自由择业权，这一权利的行使势必给保密义务的履行带来了严峻挑战。张玉瑞研究员曾指出，为了处理好商业秘密权与劳动权、自由择业权之间的关系，雇员在职期间和离职后的保密义务的范围应当有所区别。他认为，在职期间需要对重要商业秘密和一般保密信息负有保密义务；离职后雇员仅对重要商业秘密负有保密义务，没有明示合同的情况下，离职雇员不对一般保密信息承担保密义务。运用此种手法来实现商业秘密权与劳动权、自由择业权之间的平衡。[②]　笔者认为此种观点值得商榷。雇员保密义务的履行会影响其行使劳动权和自由择业权，其仍然可以正常依法行使劳动权和自由择业权，只是要求雇员在未来的岗位上不得泄露或者使用原单位的商业秘密而已。需要指出的是，在职期间和离职后雇员保守商业秘密的范围，并不能一律以秘密信息是否符合商业秘密三要件来判断，而是在考虑商业秘密三要件的情况下，还应当考虑雇员知识水平和业务能力。例

---

①　Hivac Ltd. v. Park Royal Scientific Instruments Ltd. ［1946］Ch. 169；62 T. L. R. 231；［1946］1 All E. R. 350.

②　张玉瑞：《商业秘密法学》，中国法制出版社，1999，第401页。

如，雇员知识水平高、业务技能强，经过多方面的专门训练，就职于某企业技术岗位并接触企业的核心技术秘密，然而，此项核心技术秘密对于同一领域的普通技术人员而言确实属于商业秘密，但对于此雇员而言，其并不构成商业秘密，而极可能是该雇员的知识技能。

除雇员对商业秘密负有保密义务以外，商业秘密合作或者委托开发、商务咨询与服务、商业秘密转让和许可等方面都可能涉及保密义务问题。这主要表现在以下几点。第一，商业秘密合作或者委托开发过程中，对于商业秘密的权利归属已经在合同中进行了明确约定，合同相对方应当负有保密的义务。第二，在商务咨询或者服务中，企业会向咨询方或者服务方提供企业经营的相关事项、背景资料，并会就咨询或者服务的问题得出相应的咨询或者服务成果，这些都可能构成企业的商业秘密，咨询方或者服务方对属于商业秘密的事项均负有保密的义务。第三，商业秘密转让谈判过程中，谈判双方因某些交易条件产生分歧所以尚未成功交易，相对方对其在谈判期间所知悉的商业秘密负有保密义务，不得使用、披露或者允许他人使用权利人所持有的商业秘密。

第二节　竞业禁止制度

一　竞业禁止制度概述

传统的商业秘密保护方法无论主张违约责任，还是主张侵权责任，都存在一些缺陷。例如，因商业秘密的秘密性和无形性，涉嫌侵权或者违反保密合同的行为不易被发现，即便被发现在举证上也有较大难度，而且传统救济方式局限于事后救济，缺乏时效性和及时性，商业秘密不同于一般的知识产权存在形式，一旦救济不及时而遭到公开进入公知领域将无法补救，商业秘密权利人的竞争优势也会丧失殆尽。而竞业禁止制度具有不可比拟的优势。其一，竞业禁止是一种事前救济，一旦付诸生产实践，必将把雇员的侵权行为或者潜在侵权行为消灭于萌芽状态，更有利于实现对雇主商业秘密的保护。其二，一旦发生商业秘密侵权行为，易于举证，胜诉的概率增大。在因违反竞业协议而造成商业秘密披露或者非法使用的诉讼中，原告仅要证明自己所保密的信息构成商业秘密、被告在原告单位从事过涉密岗位的工作、被告离职后为原告的竞争对手服务，对于被告是否存在使用或者披露原告的商业秘密在所不问。其三，节约诉讼成本和保护成本。签订竞业禁止协议以后，雇员将主动履行保密义务，事先预防了商业秘密侵权行为的发生，降低了发生诉讼的概率，从而节约了大量的诉讼成本。同时，在未签订竞业禁止协议的情况下，雇主将尽其所能强大对商业秘密保密措施的投入，竞业禁止协议签订后，雇主用于保密措施的投入将会相应减少，更有利于实现其利益最大化。

二　我国竞业禁止制度的现状与问题

（一）我国竞业禁止的立法现状

我国竞业禁止法律制度主要集中于《劳动合同法》《公司法》《个人独资企业法》等法律，《关于加强科技人员流动中技术秘密管理的若干意见》等部门规章和广东、上海、浙江等省市的地方性法规。第一，竞业禁止有关的法律规定。《劳动合同法》第 23 条、第 24 条对竞业禁止的范围和期限、竞业限制生效后用人单位和劳动者的权利和义务等作出了规定，《公司法》第 148 条第（四）、（五）项规定公司董事、高管有竞业限制的义务，《个人独资企业法》第 20 条规定企业管理人员在未经投资人同意的情况下不得从事与本企业有竞争关系的业务。《促进科技成果转化法》第 42 条要求参与科技转化的人员应当与单位签订保密协议，其在职或者离职、退休后一定期限内不得从事与原单位相同的科技成果转化活动。第二，竞业禁止有关的部门规章。原国家科委颁布的《关于加强科技人员流动中技术秘密管理的若干意见》第 7 条、第 8 条对接触或者掌握单位所拥有的技术秘密的科技人员和有关人员的竞业限制作出了较为细致的规定。例如，规定有竞业限制条款的内容、补偿费、竞业限制的期限、竞业限制纠纷的处理等。原劳动部颁布的《关于企业职工流动若干问题的通知》第 2 条规定劳动合同双方可以在合同中约定合同终止或者解除后 3 年内不得就职于与原单位有竞争关系的单位或者不得经营与原单位相同的业务、生产与原单位有竞争关系的同类产品，原单位应当给予竞业对象一定数额的经济补偿。第三，竞业禁止有关的地方性法规。《广东省技术保密保护条例》对竞业限制作出概念性界定，并对竞业限制协议形式、协议内容、竞业期限、竞业补偿费、违约责任等进行了具体的规定。《浙江省技术秘密保护办法》《深圳经济特区企业技术秘密保护条例》《宁波市企业技术秘密保护条例》等也作出与之类似的规定。除法定竞业限制外，我国法律还允许存在雇佣关系的双方当事人通过契约的形式，约定雇员在离职后的合理期间、合理范围内，不得从事与原单位有竞争关系的岗位，并由原单位给予其合理的补偿。但是，约定竞业限制不得违反国家法律的规定，不得不合理地损害雇员的合法权益。

由此可见，我国竞业禁止制度的立法目的是由于"商业秘密"的存在，倘若没有商业秘密的存在或者没有接触商业秘密的机会，持有商业秘密的单位不得对在其单位工作的离职雇员进行竞业限制，否则将会造成对其择业权和劳动权的严重侵犯。

（二）我国竞业禁止的司法现状

商业秘密侵权纠纷通常涉及竞业禁止问题，为此，2007 年修订的《民事案件案由规定》在"侵犯商业秘密纠纷"下设置"侵犯商业秘密竞业限制纠纷"案由。① 雇员跳槽引发诉讼是侵犯商业秘密纠纷形成的主要诱因之一。据不完全统计，地方各级法院审理的商业秘密案件有90% 以上是雇员跳槽引起，这不得不引起社会各界的重视。如果企业与雇员之间签订了有效的竞业限制协议，企业可以违反竞业限制的约定为由，主张跳槽雇员承担违约责任。因此，竞业禁止条款是否有效成为司法实践关注的焦点。竞业限制分为法定竞业限制和约定竞业限制，无论是哪一种竞业限制，只要符合法律的规定即为有效协议，雇员须履行约定的竞业义务。

我国各地法院在具体案件审理过程中对竞业禁止协议的效力进行了说理分析。例如，北京中科大洋科技发展股份有限公司（以下简称"大洋公司"）诉陈晋苏不正当竞争纠纷案。② 在判定竞业禁止条款是否有效时，法院指出，被告陈晋苏在大洋公司的收入较高，以出国留学的名义离

---

① 2000 年 10 月 30 日最高人民法院颁布《民事案件案由规定（试行）》，2007 年 10 月 29 日最高人民法院对《民事案件案由规定》进行第一次修正，2011 年 2 月 18 日最高人民法院对《民事案件案由规定》进行第二次修正。此处所指的是 2007 年 10 月 29 日第一次修正的内容。

② 北京市海淀区人民法院（2005）海民初字第 5106 号。

开公司，并一直持有大洋公司 2.44% 的股份，被告离职并不会影响其生活质量、生存权和劳动权。鉴于被告的高薪、持股等情况，应认定大洋公司竞业禁止补偿金的支付形式具有一定特殊性，被告已通过高薪和持股等形式作为对价获得补偿，且以被告的能力在其他非竞争行业就业并非难事，故认为竞业禁止条款是有效的。① 湖南省高级人民法院在其调研报告中认为，企业即便未依竞业限制条款对雇员给予补偿，雇员跳槽后也不得随意泄露企业的商业秘密。例如，岳阳红乔公司诉仇俊等三人侵犯商业秘密案中法院认为，红乔公司未按竞业限制条款支付补偿金，不能限制被告辞职后从事同类经营。但被告等三人在从事经营过程中，不得利用其掌握的红乔公司的商业秘密获得不正当利益。② 广东省高级人民法院认为竞业禁止条款效力认定应当从协议系雇员自愿签订、协议目的合理、被禁止主体适当、竞业限制的范围适当、经济补偿五个因素考虑。③ 上述各法院的论述表明，竞业禁止条款是否有效应当视不同的情况分别作出认定。

（三）我国竞业禁止法律制度存在的问题

通过上述国家法律、部门规章和地方性法规来看，我国竞业禁止法律制度主要存在以下问题。第一，立法规定过于原则化，缺乏可操作性。例如，竞业禁止补偿金问题，我国立法未明确规定具体的补偿数额，现实中缺乏可操作性；又如，我国竞业禁止相关法律规定对违反竞业禁止协议的法律责任未作出明确规定。加之，司法机关和人员在竞业禁止制度适用问题上还存在一定的偏差，这些都给此制度的适用带来了严峻挑战。第二，立法层次低，分布零散，尚未形成科学合理的保护体系。截至 2021 年 7 月，我国还没有一部全国范围内生效的竞业禁止专门立法，竞业禁止的规定散布于《劳动法》《公司法》《反不正当竞争法》等法律和层级较低的部门规章、意见、通知或者地方性法规当中，缺乏系统性和权威性，法律约束力不强。第三，竞业禁止法律制度的目标定位不明

---

① 闫肃、杨炎辉：《商业秘密案件审理情况——北京市海淀区人民法院知识产权审判庭》，载孔祥俊主编《商业秘密司法保护实务》，中国法制出版社，2012，第 317 页。

② 《商业秘密案件审判工作中存在的问题总结》，搜狐网，https://www.sohu.com/a/327937851_215475，最后访问日期：2021 年 1 月 20 日。

③ 张学军、潘奇志、高静等：《关于商业秘密司法保护问题的调研报告——广东省高级人民法院知识产权审判庭》，载孔祥俊主编《商业秘密司法保护实务》，中国法制出版社，2012，第 447 页。

确。竞业禁止有关立法规定散布于不同的法律法规当中，这就造成竞业禁止的相关制度在理论和实践层面存有较大争议。例如，竞业禁止制度的属性、竞业禁止协议的性质、竞业禁止法律调整模式、竞业禁止法律责任的认定等，至今尚未形成权威的界定。[①] 以竞业禁止法律责任为例，由于我国目前法律上没有直接的规定，司法机关通常援引《反不正当竞争法》相关条款追究侵权者的法律责任。第四，在职期间的竞业禁止制度立法上仍是空白。掌握单位重要商业秘密的雇员在其任职期间不得从事与本单位有竞争关系的兼职，具有一定的正当性，应当得到法律的承认。然而，我国还未从法律层面对此予以确认，而仅仅在一些政策性文件当中有所提及。譬如，原国家科委《关于科技人员业余兼职若干问题的意见》第2条第4项赋予科技人员所在单位有权禁止科技人员从事与本单位存在利害关系的兼职。

正是因为我国竞业禁止法律制度存在上述问题，不同程度地影响到商业秘密保护和雇员择业权、劳动权的行使，也给司法机关适用竞业禁止制度造成障碍。为促使司法机关更为精准地适用竞业禁止制度，有效地实现对雇主与雇员利益之间的均衡，本书拟从比较法的视角对域外国家竞业禁止制度进行考察，系统地对竞业禁止制度的适用问题作出深刻剖析。

三　域外国家竞业禁止制度的比较考察

域外不少国家立法对竞业禁止制度作出了较为系统的规定，也有不少判例法国家的司法实践在竞业禁止制度方面值得我国借鉴和效仿。本书试图以美国、英国、德国、瑞士、日本等国为视角窥探域外国家竞业禁止制度的立法和司法现状。

(一) 域外国家竞业禁止制度的司法考察

1. 英国竞业禁止制度的司法考察

作为典型判例法国家的英国将竞业禁止称为"交易限制"（restraint of trade），用来限制一方在雇佣合同终止后与原雇主进行竞争。英国司法机关认为，雇佣关系存续期间，雇员应当忠实于雇主并服从雇主的指令，不

---

① 徐阳：《劳动权保障视域下的竞业禁止法律制度研究》，博士学位论文，吉林大学，2010。

得有损害雇主利益的行为。竞业禁止协议通常出现于出售营业（the sale of a business）、雇佣或者合伙等协议，这些协议的使用受到一定限制，协议所限制的活动、限制的地理范围、限制所持续的期间为保护雇主的利益所必需。例如，Nordenfelt v. Maxim Nordenfelt Guns and Ammunition Co. Ltd. 一案中，麦克那腾（MacNaghten）法官对竞业禁止协议作出详细的表述：每个人都有交易自由，并使得社会公众因此而受益。对交易自由进行的干涉和限制，如果不存在违背公共利益或者政策的，这些干涉和限制都是无效的。唯有特殊情况下，干涉和限制交易自由被充分证明具有合理性，这时竞业禁止协议才有可能被法院认可。这里所谓的合理，是指协议对雇佣双方利益而言是合理的，对社会公共利益来说也是合理的。①

　　因竞业禁止协议与英国提倡的"鼓励雇员在其离职后继续运用其知识技能自行经营或者受雇于其他雇主"有所冲突，英国法院对竞业禁止协议进行了严格解释，这主要出于商业秘密保护和人才自由流动、自由竞争和信息自由等方面的原因。正如英国法官迪克森（Dickson）在论述 Elsey v. J. G. Collins Inc. Angencies 一案时指出，雇佣合同中的限制条款（即竞业限制）与出售营业合同中的限制条款有所不同，试图出售营业事项的人如果不向买主保证自己不与买售者竞争，那其营业事项很难售出。雇佣合同中的限制条款则要考虑合同终止后是否存在否定或者压制雇员为个人权利和公共利益利用其先前职业期间掌握的知识技能。② Faccenda Chicken v. Fowler 一案中，一审法院法官古尔丁·J.（Goulding J.）认为，雇员在其雇佣过程中获取的信息分为 3 类。①来源于公众渠道或者易于获取，不能作为商业秘密的信息。此类信息在雇佣关系终止后，雇员可以自由使用或者告知原雇主的竞争对手。②具有秘密性并留存于雇员头脑中的信息。雇员不能违反信任义务而使用或者披露此类信息，但是雇员离职后可以将其当作自身知识技能自由使用。③具有高度秘密性的信息。除为雇主的利益外，雇员不能使用此类信息，也不能将此类信息披露给任何第三人。③ 就本案古尔丁·J. 指出，1 名雇员可以自由地

---

① Nordenfelt v. Maxim Nordenfelt Guns and Ammunition Co. Ltd. ［1894］A. C. 535.

② Elsey v. J. G. Collins Inc. Angencies, Ltd. （1978）83 DLR（3d）1 at 15.

③ Faccenda Chicken v. Fowler，［1987］Ch 117, HEARING-DATES：21, 22, 23, October 5 December 1985.

向任何人提供资料，在其受雇期间或之后，他不能使用或披露的机密资料，但在没有明确限制性契约的情况下，他有权使用其在受雇期间或之后的具体商业秘密。他认为销售信息是机密信息的第二类，因此，在雇用限制其使用的合同中没有明确的术语，雇员们可以自由使用，并在与原告的竞争中披露其与原告的竞争。他因此驳回了原告的诉讼和反诉。上诉法院法官尼尔·L. J.（Neill L. J.）提出了不同于古尔丁·J. 的意见，他指出，即使雇佣双方签订了竞业限制协议，第二类信息也得不到保护，离职雇员在雇佣合同终止后在新雇主或者自营业务中可以自由运用在原单位掌握和积累的知识技能，这是非常重要的。如果对此进行限制，可能会违背公共利益或者政策。企业商业秘密通过签订竞业禁止协议进行保护，保护期限、地域范围等方面不能限制得过宽，以达到商业秘密保护与雇员个人利益和公共利益的协调一致。因此，雇主的商业秘密可以通过竞业禁止协议进行保护，只要其协议规定的范围不要过于宽泛即可。英国法院对竞业禁止协议是否有效，应当根据公共政策予以审慎权衡。①

2. 美国竞业禁止制度的司法考察

美国司法机关对于竞业禁止效力，没有简单地认定其有效或者无效，而是考察竞业禁止是否超出商业秘密的保护范围或者离职雇员是否因竞业禁止而造成的利益损害超过雇主因商业秘密保护所得的利益。因此，美国有些法院认为，商业秘密与雇员知识技能之间的界限划分可以由雇佣双方通过签订竞业禁止协议加以明确约定。如果雇佣合同中规定某信息属于商业秘密，那么雇员离职后不得将该类信息作为知识技能的一部分在新的工作中使用或者披露。例如，Firstenergy Solutions Corp. v. Paul Flerick 案②、Thompson v. Impaxx 案③、Telex Corp. v. IBM④ 等案例，都是根据雇佣双方签订竞业限制协议约定的内容来确定某信息是不是商业秘密，对于协议没

① Allison Coleman. *The Legal Protection of Trade Secrets*（Hong Kong: Sweet & Maxwell, 1992）, pp. 41 – 44.

② Firstenergy Solutions Corp. v. Paul Flerick, 521 Fed. Appx. 251（6th Cir., 2013）.

③ Thompson v. Impaxx, Inc. 113 Cal. App. 4th 1425, 7 Cal. Rptr. 3d 427 Cal. App. 2 Dist., 2003.

④ Telex Corp. v. IBM, 367 F. Supp. 258; 1973 U. S. Dist. LEXIS 11888; 179 U. S. P. Q.（BNA）777; 1973 – 2 Trade Cas.（CCH）pp. 74, 774.

有明确约定的，不构成商业秘密，离职雇员可以视为自己的知识技能使用。

　　然而，不是所有的竞业禁止协议约定都是有效的。例如，美国加利福尼亚州法院对此类协议的效力提出异议，认为竞业禁止协议的运用对雇员知识技能的运用产生了负面影响，限制了雇员的劳动权和自由择业权，也限制了雇员自由流动和人才合理配置。因此，肯定竞业协议效力的各州，对协议的生效附加了种种限制性规定，主要有以下几点。

　　其一，竞业禁止协议的签订，必须是雇主为保护其商业秘密、维护其竞争地位所必需的，即不超过保护雇主之合法权益的范围。①美国司法实务中判断协议是否超出保护雇主合法权益之范畴，美国法院主要看：竞业协议条款与维护雇主商业秘密是否一致，如果具有一致性，那么雇主的诉讼主张必定得到法院的支持。②美国司法机关对竞业禁止协议作出限定性解释，将其效力限定在维护雇主合法利益的范围。① 综合美国各州和地方法院的做法，在考察竞业禁止协议的效力时通常考虑以下两个因素。第一，行业的特性。不同行业秘密信息的更新速度是不同的，这就直接影响到竞业禁止期限的长短。例如，Gary Van Zeeland Talent，Inc. v. Sandas 案中，雇主要求雇员离职后不得使用或者向他人披露自己开发出来的客户名单，且在竞业禁止协议中并未就竞业期限作出明确的规定。法院审理认为，因行业发展较快，原告的客户名单仅具有暂时的经济价值，而雇员离职后满 3 年，这些客户名单基本丧失所存在的经济价值。法院由此认定，此竞业禁止协议超过了保护雇主的合法权益的范围，是无效的。② 第二，雇员的工作性质。商业秘密若要得到保护，除了雇主必须存在商业秘密，而且要求竞业对象有接触或者掌握商业秘密的机会。从这个意义上说，雇员工作性质直接决定竞业限制是否具有可保护的利益。例如，Samuel Stores，Inc. v. Abrams 案中，雇员艾布拉姆斯（Abrams）系一服装店（Samuel Stores）的经理，其提供的服务没有什么特殊性，艾布拉姆斯在该服装店从业期间还没有接触和掌握商业秘密的机会，更谈不上获得商业秘密了。法院认为，Samuel Stores 要求艾布拉姆斯五年内不得从事服装行业的竞业禁止协议超出了商业秘密的实际保

---

① 李明德：《美国知识产权法》，法律出版社，2014，第 202 页。

② Gary Van Zeeland Talent, Inc. v. Sandas, 84 Wis. 2d 202；267 N. W. 2d 242；1978 Wisc. LEXIS 1080.

护范围，因而该竞业禁止协议不具有法律效力。[①]

其二，竞业禁止协议的内容必须合理。竞业禁止协议的内容是否合理，直接决定其是否具有法律上的效力。竞业禁止协议的内容是否合理，美国司法实践中通常考虑以下两个方面。①竞业禁止的时间、地域和限制竞业的范围应当适当合理。例如，Weber v. Tillman 案中，内科医生的雇主与一名职业医生签订了竞业禁止协议，根据协议约定，职业医生在其离职后 2 年内不得在前雇主经营领地 30 英里范围内开设诊所，堪萨斯州最高法院认为，此竞业禁止协议是合理有效的。[②] 又如，West Group Broadcasting, Ltd. v. Bell 案中，密苏里州上诉法院即认定雇佣双方签订的"雇员离职后的 180 天内不得在原雇主六十五英里范围内经营与其具有竞争类的业务"协议不合理而无效。[③] ②竞业禁止不能给离职雇员生活造成过度的困难。美国司法部门对竞业禁止协议进行必要的审查，是因为竞业禁止协议可能是不平等商谈能力（unequal bargaining power）的产物。法院对于那些给离职雇员生活上造成过度的困难（undue hardship）的竞业禁止协议，倾向于认定其为无效协议。法院经常从多角度来审查竞业禁止协议是否给离职雇员的生活带来过度的困难，例如，雇主因竞业限制所获得的利益与离职雇员因竞业限制所受到的损失的对比、离职雇员受到的限制是否过宽、雇员离职后寻找其他工作的机会等。[④] Selox, Inc. v. Ford 案中，被告福特（Ford）是原告 Selox 公司的雇员，主要从事质量控制、车间管理等工作，知悉原告公司的产品定价、客户名单、公司计划等信息，雇佣双方签订竞业禁止协议。原告公司对被告减少薪金，被告为此向原告提出辞职，并进入与原告存在竞争关系的公司，原告遂向当地法院提起诉讼，请求法院颁布禁令禁止被告为具有竞争关系的公司提供服务，同时，原告向法院提交了竞业禁止协议。法院查明，被告福特并不知晓原告 Selox 公司的商业秘密，也不知晓原告所主张的信息是

---

① Samuel Stores, Inc. v. Abrams, 94 Conn. 248; 108 A. 541; 1919 Conn. LEXIS 94; 9 A. L. R. 1450.

② Weber v. Tillman, 259 Kan. 457; 913 P. 2d 84; 1996 Kan. LEXIS 36; 11 I. E. R. Cas. (BNA) 837.

③ West Group Broadcasting, Ltd. v. Bell, 942 S. W. 2d 934（Mo. App. 1997）.

④ 李嫒：《商业秘密领域中离职后竞业禁止合理范围的界定——以美国判例为视角》，载黄武双主编《知识产权法研究》，北京大学出版社，2011，第 47～65 页。

具有重要价值的秘密信息。法院认为，在原告公司工作期间所知悉的产品定价、客户名单、公司计划等信息从公开途径都可以获取。同时，如果执行该协议将会给被告造成的损害远远超过给原告所带来的利益，故认定竞业禁止协议无效。① ③竞业禁止不得损害社会公共利益。竞业禁止范围过宽损害公共利益，例如，出现危害市场竞争秩序、限制公众选择交易对象、妨害技术进步、影响社会公众生活等情形的，竞业禁止协议无效。New Haven Tobacco Co. v. Perrelli 一案，原告 New Haven Tobacco 公司与被告佩雷利（Perrelli）签有竞业禁止协议，约定被告在离职后 2 年内不得向在原告单位工作期间曾经交易过的客户或者原告单位的潜在客户销售产品。康涅狄格州法院审查认为，此竞业禁止协议不仅限制了被告自由经营的行为，同时也限制了公众自由选择交易对象。据此，该法院认为，此竞业禁止协议对社会公共利益作出了限制，如果执行协议，限制了公众自由选择交易对象，故此协议不具有约束力。同时，康涅狄格州法院还指出竞业禁止协议是否合理，应当从以下五个方面来判断，任何一个方面不合理都会使竞业禁止协议无效：①期限长短的限制；②地域范围的限制；③促成契约达成方当事人给予的保护程度；④雇员追求其职业能力的限制；⑤公共利益的影响程度。②

（二）域外国家竞业禁止制度立法考察

1. 德国竞业禁止制度的立法考察

在德国竞业禁止立法上，雇员在职和离职后两个时间段有所不同。工作期间的竞业禁止义务主要集中于德国《商法典》和《股份公司法》。德国《商法典》第 61 条第 1 款指出，未经雇主同意，商业辅助人（即雇员）不得从事营业，也不得同自己或者他人进行与雇主所营业范围相同的交易。德国《股份公司法》第 88 条第 1 款指出，董事会人员非经监事会同意，不得自主经营或者从事属于公司业务范围的工作或者服务；非经监事会同意，不得担任其他公司的董事、业务执行人和无限责任的股东。德国《反不正当竞争法》第 17 条和第 18 条对负有竞业禁止义务的

---

① Selox, Inc. v. Ford, 675 S. W. 2d 474；1984 Tenn. LEXIS 839.

② New Haven Tobacco Co. v. Perrelli, 18 Conn. App. 531；559 A. 2d 715；1989 Conn. App. LEXIS 177.

雇员或者学徒在雇佣关系存续期间为个人私利或者为竞争之目的或者为图利于第三人或者有意加害于雇主，而不正当使用或者披露雇主商业秘密的，将科以三年以下的自由刑或者罚金。可见，德国对于雇员在职期间竞业禁止规定得较为全面，不仅限于公司董事、经理等高管，而且将普通雇员包括在内。同时，为了保护商业秘密，德国《反不正当竞争法》还对违反竞业禁止义务的雇员处以刑罚。

德国《商法典》还对雇员离职后应当负担的竞业禁止义务作出了立法规定，其立法主要集中于该法第74条。其主要内容如下：①雇员离职负担竞业禁止义务，须雇佣双方签订有书面的协议，签订竞业禁止协议时雇员人为未成年人的，竞业禁止协议无效；②雇主应当向雇员支付补偿金；③竞业禁止协议应当合理、正当，必须为了保护雇主的正当利益，协议条款不得对雇员的日后发展构成不适当妨碍，否则竞业禁止协议无效；④离职原因不同，竞业禁止协议的效力也不尽相同。由于雇主违约而引起雇员终止雇佣关系的，雇员应当在作出终止雇员关系决定后1个月内以书面方式通知雇主，当雇员向雇主表明离职意愿后不再受竞业禁止协议的约束，此时竞业禁止协议就失去了对其的约束力。但是，雇主因特定事由，且该事由系雇员方面原因引起的，或者雇主在终止雇佣关系时表示愿意支付雇员离职后竞业期限的全额薪金，则竞业禁止协议有效；因雇员违约，雇主依法终止雇佣关系的，则竞业禁止协议有效，且雇员无权请求补偿金。从上述法律规定来看，德国立法上对竞业禁止制度规定得较为详实周密，其内容涉及竞业禁止协议的生效条件、内容合理性判定、无效的情形、竞业禁止补偿金等方面。

2. 瑞士竞业禁止的立法考察

瑞士对于竞业禁止制度主要从雇员在职期间和离职后两个不同的阶段分别作出了相应规定。雇员在职期间竞业禁止的规定主要集中于瑞士《债务法》，该法第321a条第3款规定，雇佣关系存续期间，雇员负有忠实义务，不得为其他单位从事有偿劳务，特别是不能为与雇主有竞争关系的单位从事有偿服务。[①] 对于公司高管的竞业禁止，该法第464条第1款规定，公司的经理人、营业代表人，未经雇佣单位同意，不得从事与

---

① Federal Act on the Amendment of the Swiss Civil Code (Part Five: The Code of Obligations).

雇佣单位同类之业务。[①]

　　离职雇员的竞业禁止，瑞士《债务法》也作出了相应规定，该法第340条第1款规定，有行为能力的雇员，得与雇主签订书面协议，约定雇佣关系结束以后不得从事与雇主有竞争关系的任何行为。同时，瑞士《债务法》还对此条作出了限制性规定：①"有行为能力的雇员"仅限于知晓雇主客户圈的雇员和掌握公司经营秘密与技术秘密的雇员；②离职雇员使用或者泄露这些信息将会使得雇主遭受重大损失；③签订的书面协议内容应当合理，不得对离职雇员的生计造成严重威胁；④除特殊情形外，竞业期限不得超过3年。法官结合案件具体情况并根据情势变化，考量竞业禁止协议是否合理，进而法官据此对竞业期限予以限缩；与此同时，法官还应当考虑限缩对雇主利益的影响。第340条第2款规定，雇员违反竞业协议造成原雇主损失的，应当对此进行赔偿。在没有相关约定的情况下，离职雇员对违反竞业协议作出相应赔偿后，不再受竞业协议约束。但是，违反协议给原雇主造成的损害超过作出赔偿的部分时，离职雇员仍然应当承担赔偿责任。在有书面特别约定的情形下，雇主所受损失和离职雇员的行为表明有排除竞业行为之必要，雇主可以请求违约金和损害赔偿，并可依照特别约定请求离职雇员停止使用或者泄露商业秘密的行为。第340条第3款规定，竞业禁止协议对于雇主不再具有显著的利益时，竞业禁止协议将失去约束力；雇主终止雇佣关系而不予说明理由的，或者离职雇员有可归责于雇主的正当理由而终止雇佣关系的，竞业禁止协议不再具有约束力。[②]

　　3. 日本竞业禁止制度的立法考察

　　日本法律对离职雇员的竞业禁止义务缺乏明确规定，竞业禁止协议的合法性主要由法院在案件审理中作出全面认定。在日本司法实务中，竞业禁止协议是否合理，主要考虑竞业禁止协议对离职雇员的限制范围是否合理。具体来说，主要考虑以下因素：协议约定离职雇员恪守的义务，对保护雇主合法正当利益是否具有存在必要；作出的协议约定是否是雇佣双方真实意思表示；竞业禁止的期限与地域范围；竞业禁止是否

　　①　张立新：《论竞业禁止》，载徐国栋主编《罗马法与现代民法》，中国法制出版社，2000，第329页。

　　②　戴永盛：《商业秘密法比较研究》，华东师范大学出版社，2005，第113页。

给离职雇员带来不利影响或者生计受到影响；竞业禁止是否对整个社会产生不利影响；等等。在法院考量上述因素，如果竞业禁止给离职雇员和社会等带来的不利影响超过保护商业秘密给雇主带来的利益，就可能认定竞业禁止无效，反之则认定有效。[①]

例如，日本奥野案，奥野等两名雇员在英日合资企业从事金属铸造辅料生产和销售工作，雇佣双方签有竞业禁止协议，约定奥野等人离职后2年内不得自主经营或者为他人经营与金属铸造辅料相同或者相类似的业务。1969年奥野等雇员向公司提出辞职并独自成立阿波罗公司，生产和销售与原公司相同的产品。原公司认为奥野等人违反竞业协议，侵犯了公司的商业秘密，遂向当地法院提起诉讼。法院认为，奥野等人成立的阿波罗公司生产和销售的产品与合资企业的产品完全相同，这些产品的生产工艺和方法属于该合资企业的商业秘密，且奥野等人在合资企业期间确实直接接触到该企业极为重要的商业秘密。奥野等人辩称竞业禁止协议危及其生存权和社会公共利益的主张不成立。法院分析指出：其一，竞业禁止协议规定的期间为两年，属于合理期间；其二，竞业禁止协议没有地域限制，这主要决定于该商业秘密的使用范围可能很大而不得已而为之，不构成不正当限制；其三，竞业禁止的范围合理，仅限于奥野等人直接接触的原告公司极为重要的商业秘密；其四，竞业禁止约定条款系双方自愿，且不影响离职雇员自由择业，也不会造成离职雇员的生活极度困难；其五，尽管在竞业禁止协议没有约定离职后的竞业补偿金，但是，奥野等人任职期间工资很高，可以认为这些工资包含竞业禁止致雇员损失的补偿费用，故认定竞业禁止协议有效。最终法院判决被告奥野等人赔偿合资企业100万日元，且两年内不得从事竞业禁止协议约定的业务。[②] 又如，原田案，该案原告原田公司系一家妇女服装面料公司，被告为该公司的一批女售货员，双方约定离职后该公司的售货员不得在其他同类公司从事服装面料销售工作，1956年双方解除劳动合同，这批女售货员为了自己的生活而集体就职于中田公司，原告认为被告抢夺其客户并给自己造成了重大损失，遂向法院提起诉讼。一审法

---

① 谢铭洋等：《营业秘密法解读》，（台北）月旦出版社有限公司，1996，第245页。

② 陶鑫良：《商业秘密保护中的合理竞业禁止》，载《知识产权研究——中国高校知识产权研究会第七届年会论文集》，西安交通大学出版社，1995，第235~236页。

院认为售货员的职位不需要特别的技术和信息，是一种较为普通的职业，其社会地位不高，如果离职后还对其就业加以限制，势必造成其生活极度困难，违反择业自由的原则，故法院对原告的诉讼请求不予支持。原告不服一审法院判决，向上诉法院提起上诉，上诉法院亦以同样的理由驳回其上诉请求。①

四　域外国家竞业禁止制度对我国的启示

竞业禁止是保护商业秘密的重要手段，其已得到世界上多数国家的普遍认可，我国相关法律也存在类似规定。然而，我国竞业禁止法律制度并不完善，需要进一步健全相关法律制度，在保护持有商业秘密企业合法权益的同时，保障竞业对象的切身利益。为此，我们应当借鉴和汲取域外国家竞业禁止制度的有益经验，从竞业禁止协议的生效条件、竞业禁止协议的效力审查、部分无效对竞业禁止协议影响等方面完善我国竞业禁止法律制度。

（一）竞业禁止协议的生效条件

1. 竞业禁止协议是否以保护雇主合法利益为目的

此处合法利益是指商业秘密，即竞业禁止协议的签订应当以保护雇主商业秘密为必要条件。美国、德国、瑞士、日本等国家立法或者司法判例都认为雇主要求雇员签订竞业禁止协议，必须是为了保护其合法利益和商业秘密。因此，竞业禁止协议的签订应当以商业秘密的存在为前提，并以保护商业秘密为目的，不能以妨碍和限制自由竞争为目的，并且不得因竞业限制而使离职雇员劳动权无法行使，从而造成其生活困难。美国对于"不得竞业契约"有一项要求，即契约内容必须可执行，不得有碍于公共健康或者安全保障，否则竞业禁止契约将因无法执行而无效。此观点应当为我国立法和司法所借鉴。同时，竞业禁止协议以合法利益存在为有效要件，即使商业秘密权利人发生变更，只要合法利益既存，竞业禁止协议不受影响，例如，企业发生合并、分立、让与等情形时，竞业禁止协议仍然有效。

---

① 郑成思：《知识产权保护实务全书》，中国言实出版社，1995，第 842 页。

2. 竞业禁止协议的限制是否正当合理

竞业禁止协议对竞业对象、竞业范围和竞业期限的要求是否合理直接决定着该协议的效力。具体来说有以下几点。

第一，竞业对象仅限于部分雇员。并非任何雇员离职后都将受到竞业禁止协议的约束，其离职后是否负有竞业禁止义务，应当看雇员在雇主单位所担任的职务。对于那些掌握和知悉公司重要商业秘密，且离职后可能给原公司造成重大损害的雇员，客观上使其负担竞业禁止义务是必要的。纵观相关国家立法和司法，竞业对象大多是离职后的竞业行为可能会给原雇主权益造成损害的雇员。具体而言，雇主只能与下列雇员约定竞业禁止事项。①经营管理人员和高级研发人员。这些雇员掌握或者知悉公司重要的经营秘密和技术秘密，格外受到同行其他竞争对手的注意，甚至一些竞争对手会不择手段从该公司"挖走"这些雇员，使得该公司蒙受巨大的经济损失，丧失竞争优势。②关键岗位的技术工人。这类雇员因工作需要接触到某些重要的商业秘密，尽管他们不全面了解公司所有重要的商业秘密，但是他们接触到的某些重要商业秘密如果在离职后使用或者泄露，也将会给原雇佣单位造成巨大的经济损失。③销售人员。销售人员直接与消费者、经销商等打交道，不可避免地掌握公司的一些重要客户名单、销售计划、销售范围和销售策略等经营秘密。④财务人员和文秘人员。财务人员掌握和知悉公司的财务状况等秘密信息，签订竞业禁止协议时这些人员却往往被企业所忽视；文秘人员主要负责会议记录、文件管理和客户接待等工作，其接触商业秘密的机会很多，有知悉和掌握公司商业秘密的可能性。

第二，竞业期限应当合理。大陆法系国家大多对竞业期限作出明文规定，例如，意大利《民法典》第 2125 条第 2 款规定，公司与高级技工约定竞业期限不得超过 5 年，普通雇员不得超过 3 年。德国《商法典》第 74 条第 1 款规定，雇佣双方约定的竞业期限不得超过 2 年。瑞士《债务法》规定，除有特别规定的以外，竞业禁止协议约定的期限不得超过 3 年。英美法系国家的竞业禁止期限长短由法官根据案件具体情况作出判断，例如，美国大量的司法案例表明竞业禁止最长期限一般不超过 5 年。[1] 英国对于

---

① 谢铭洋等：《营业秘密法解读》，（台北）月旦出版社有限公司，1996，第 94 页。

客户名单等经营信息，竞业禁止期限不超过 5 年为合理；设立与原单位不具有竞争关系企业的雇员，其竞业禁止期限不超过 1 年为合理。我国竞业禁止期限散见于《劳动合同法》、部门规章和地方性法规，它们规定的期限为不得超过 1 年、2 年、3 年、5 年不等。尽管各类立法做出不同的规定，本书认为，依据下位法不能违反上位法的规则，我国竞业禁止期限按照《劳动合同法》的规定，一般不得超过 2 年。我国学界有学者认为，竞业禁止期限一般情况下不得超过 3 年。① 也有学者认为，竞业禁止期限不宜作出硬性规定，应当由雇佣双方自行约定，这样有利于交易习惯的形成。② 本书认为，竞业禁止是保护雇主商业秘密、维持其市场竞争优势的重要手段之一，当然，竞业禁止期限越长可能对其权益保护越有利。然而，竞业禁止限制了离职雇员自由择业权的行使，这一限制给离职雇员在经济和生活上带来了不同程度的影响，同时也对社会经济发展和人才合理流动造成一定的障碍，因此，竞业禁止期限应当作出合理的限制，不宜将竞业禁止期限的长短交由雇佣双方自行约定。根据上述国家立法和司法实践，本书认为，竞业禁止期限最长不得超过 3 年，确实需要超过 3 年的，应当在雇佣双方自愿约定的基础上报有关部门审批。不得超过 3 年并不意味着在不超过 3 年约定期限内竞业禁止协议均为有效，竞业禁止期限应当根据某一商业秘密的特性、具体行业的性质等因素而定。

第三，竞业禁止范围应当合理。竞业禁止范围主要分为地域范围和业务范围。对于竞业禁止的地域范围，有学者认为，竞业禁止的地域范围以雇主经营所覆盖消费群体的地域范围为限，超出此范围限制离职雇员自由择业的竞业禁止协议无效。③ 也有学者指出，竞业禁止的地域范围以雇主经营所覆盖消费群体的地域范围为基础，并根据离职雇员所从事的职业或者经营的业务是否会对原雇主的营业造成危险来确定竞业禁止的地域范围。还有观点认为，竞业禁止的地域范围应当以是否给离职

---

① 程宗璋在《浅论商业秘密保护中的竞业禁止协议》（《中国经济时报》1998 年 6 月 25 日）、方龙华在《商业秘密竞业禁止若干问题研讨》（《法商研究》1996 年第 6 期）中都持此种观点。

② 张玉瑞：《商业秘密法学》，中国法制出版社，1999，第 435 页。

③ 谢铭洋等：《营业秘密法解读》，（台北）月旦出版社有限公司，1996，第 95 页。

雇员生活上造成极度困难为限来确定。① 本书认为，竞业禁止的地域范围应当以雇员离职之时雇主营业所影响到的地域范围为限，且此地域范围不能对离职雇员的未来发展造成障碍，否则，竞业禁止协议就会因地域范围不合理而无效。对于竞业禁止的业务范围，较为普遍的观点认为，离职雇员不得从事与原雇主业务相同或者相类似的经营活动，也有观点认为，离职雇员不得从事与原雇主有竞争关系的业务或者工作。本书认为，竞业禁止的业务范围如何确定，主要应当从竞业禁止协议签订之目的来考量，竞业禁止协议的目的是防止雇员离职后从事的业务或者工作对原雇主的合法利益造成损害，导致商业秘密流失和竞争优势丧失。由此可见，竞业禁止的业务范围是那些使原雇主竞争优势丧失或者竞争力受到影响，造成其合法利益受损的营业或者工作。具体而言，雇员离职后所应受到限制的业务范围主要考虑以下因素：雇员离职前所从事的工作或者业务；雇佣关系存续期间知悉或者掌握商业秘密的情况；雇员离职后所从事的工作或者业务与原雇主是否存在竞争关系。

3. 补偿金是否公平合理

根据权利义务平衡的基本原则，雇主通过竞业禁止协议对离职雇员的劳动权、自由择业权进行一定的限制，应当对此限制造成离职雇员的经济损失进行补偿。倘若不支付或者支付过低，竞业禁止协议无效。因此，补偿金是否公平合理直接关系到竞业禁止协议的效力。

第一，从立法上应当对补偿金的下限作出明确的规定。我国《劳动合同法》第 23 条对补偿金作出了明确规定，然而，对于补偿金的支付标准，法律并未作出明确规定。我国仅有地方性法律对补偿金标准作出了规定，例如，《深圳经济特区企业技术秘密保护条例》规定补偿金不少于雇员离职前一年报酬总额的 2/3；《珠海市企业技术秘密保护条例》规定补偿金为雇员离职前一年报酬总额的 1/2；《江苏省劳动合同条例》规定补偿金为雇员离职前一年报酬总额的 1/3。域外有些国家对竞业禁止补偿金的标准作出了明确规定，例如，德国《商法典》第 74 条规定，竞业禁止期间，雇主每年必须支付不少于雇员离职前一年收入的 1/2。美

---

① 戴永盛：《商业秘密法比较研究》，华东师范大学出版社，2005，第 114 页。

国和英国立法与司法判例上也持此观点。[1] 从域外有些国家和我国一些地方性法规来看，补偿金均对其下限作出了规定，笔者认为，最低不能低于离职雇员前一年收入总额的 1/2，且雇佣双方还应当考虑商业秘密的重要性、离职雇员的知识能力水平、竞业对离职雇员的影响程度等因素。对于知悉企业重要商业秘密的雇员或者经济效益较好的企业，甚至可以支付给离职雇员前一年收入全额的补偿金，以更好地维护自己的商业秘密不被泄露。

第二，雇主应当及时向前雇员支付补偿金。在司法实践中，有些企业在雇员离职后并未及时向其支付补偿金，甚至雇佣双方并没有就补偿金问题进行约定。雇主通常以离职雇员违反竞业禁止义务，企业有权拒付补偿金为由，拖延补偿金的支付。笔者认为，从弥补竞业禁止协议给予前雇员带来的经济损失的角度来看，除双方有明确约定以外，雇主支付补偿金均为先履行义务，在雇主未履行先履行义务的情况下，竞业禁止协议无效，竞业限制条款对前雇员不产生效力。这既是对雇员经济损失的一种补偿，保障其生存权，也能实现雇主与雇员之间的利益平衡。

第三，不得以奖金、配股、分红等形式替代支付竞业补偿金。有些企业以给予离职雇员奖金、配股、分红等形式，替代该由其支付给雇员的竞业补偿金，或者依据竞业禁止协议中约定的"工作期间的工资中已包含了竞业补偿金"等条款，不再给雇员支付竞业补偿金。这种做法是错误的。以给予雇员配股为例，股票所得的收益具有一定的风险性，不能将此种行为视为给予雇员竞业补偿金。笔者认为，竞业补偿金应当明确在协议中加以约定并予以实际支付，雇员能够对补偿金的数额产生确实的预期。[2] 否则，约定不明，双方就补偿金问题产生争议时，一般认定雇主未尽支付补偿金义务，竞业禁止协议不产生效力。

（二）离职原因对竞业禁止协议效力的影响

雇员离职的原因多种多样，有些情况下竞业禁止协议不因雇员离职而无效，例如，雇佣合同约定的期限届满而离职、雇佣合同约定的期限未届满经双方合意提前终止合同而离职，竞业禁止协议的效力不受任何

---

[1]　徐玉玲：《营业秘密的保护》，（台北）台湾三民书局，1993，第149页。

[2]　孔祥俊：《商业秘密司法保护实务》，中国法制出版社，2012，第247页。

影响，雇佣双方应当按照竞业禁止协议的约定履行各自应尽的义务。但是，出于一方的原因雇佣关系终止，雇员离职的，关于竞业禁止协议的效力，我国可以借鉴德国《商法典》和瑞士《债务法》的做法，具体作出如下规定。

第一，雇员因雇主违约行为而终止雇佣关系的，或者雇员的离职是雇主方面的原因引起的，例如，雇主的行为明显对雇员不利，竞业禁止协议对雇员没有约束力。

第二，雇主提前终止雇佣关系的，竞业禁止协议无效。但是，雇主提前终止雇佣关系时表示，其在竞业禁止期限内愿意支付全额薪金的，竞业禁止协议有效。瑞士《债务法》在规定雇主终止雇佣关系而引起竞业禁止协议无效问题上还附加了一个条件，即雇主不予说明正当理由的，才会引起竞业禁止协议无效。本书对此并不认同，即便雇主说明了正当理由，毕竟雇员的离职是由雇主的行为所引起，雇主应当承担其行为的不利后果方显公平。

第三，雇主因雇员违约行为或者其他重大过失或者故意行为而终止雇佣关系，竞业禁止协议有效，且雇员离职后雇主无须向其支付竞业禁止补偿金，离职雇员也无权请求支付竞业禁止补偿金。但是，竞业禁止协议继续生效可能对离职雇员生活极为不利，则由法院评估其后果再作出竞业禁止协议是否有效的判定。戴永盛教授在《商业秘密法比较研究》一书中认为，因雇员违约或者其他重大故意或者过失行为，雇主终止雇佣关系的，必须向雇员支付全额薪金的，竞业禁止协议才能继续有效。[1] 笔者认为此观点值得商榷，这是因为雇员无须对其违约或者故意和过失行为承担责任，相反雇佣关系终止后还可以得到全额薪金，显然对雇主方而言有失公平。

（三）竞业禁止条款部分无效对整体效力的影响

当竞业禁止协议中出现部分竞业禁止无效时，是认定竞业禁止协议整体无效，还是作出部分条款无效的认定呢？这是值得注意的问题。美国司法实务和判例中主要存在三种处置方式。①全有或者全无原则（all or nothing approach）：必须是竞业禁止协议的"全部"条款都被认定是合

---

[1]　戴永盛：《商业秘密法比较研究》，华东师范大学出版社，2005，第133页。

理的，法院才认可竞业禁止协议的效力，任何一部分被判定为不合理，都意味着竞业禁止协议的"全部"条款无效。②蓝铅笔原则（blue pencil rule）：当竞业禁止协议的"合理"与"不合理"条款能够被法院区分开来时，美国有些州法院采用蓝铅笔原则，即承认"合理"条款的效力，"不合理"条款当然无效，犹如蓝铅笔将竞业禁止协议的效力一分为二。当然，这一原则的适用是建立在竞业禁止协议的"合理"与"不合理"条款可以区分的情况下，若它们无法分割，法院只能判定竞业禁止协议整体无效。③合理化原则（rule of reasonableness）：当一份竞业禁止协议被判定为部分不合理或者全部不合理，法院可以在其认为协议"合理"限度内赋予其执行效力。①

笔者认为，竞业禁止条款部分无效对整体效力的影响主要从无效条款的内容方面考虑。第一，竞业禁止协议未约定竞业禁止补偿金，或者企业无法证明其商业秘密的存在，或者雇员工作期间无法接触到企业商业秘密的，如果协议中出现竞业禁止条款部分无效情形的，应当认定整个竞业禁止协议无效。因为上述内容属于竞业禁止协议的核心条款，缺乏这些内容竞业禁止协议就丧失了存在的法律基础，应当认定无效。第二，竞业禁止协议约定的期限和范围不合理的，法院可以在认清事实的情况下，划定出合理的期限和范围，竞业禁止协议在合理的期限和范围内承认其效力。例如，竞业禁止协议中约定的竞业禁止期限为2年，雇员离职1年后即从事与雇主具有竞争关系的工作。法院审查过程中基于该企业商业秘密特性和雇员岗位的性质等考虑，竞业禁止期限为1年较为合理，从而认定雇员离职1年后从事的工作合理，其行为不构成违约。再如，雇员入职某酒店企业时与该企业签订竞业禁止协议时约定"雇员离职后不得从事本企业目前经营的酒店行业，也不得从事本企业将来涉足的房地产行业"，此协议约定的范围就存在过宽问题，不能认定其全部效力。如果雇员离职后在竞业禁止期限内从事酒店行业，则构成违约，但是该雇员离职后从事房地产行业，则不构成违约。

---

① 孙月蓉：《中外竞业禁止制度之比较》，《太原师范学院学报》（社会科学版）2007年第5期。

第三节　不可避免披露制度

一　不可避免披露制度概述

我国商业秘密保护仍处于起步阶段，水平相对不高，通常在商业秘密出现侵权行为以后才根据商业秘密权利人的申请来实施司法救济（典型的"事后救济"），这无疑不利于商业秘密发生侵权时商业秘密权利人进行维权，权利人时刻担心商业秘密存在泄露的风险，这在一定程度上促使他们不愿意对技术创新作出更多的投入，严重挫伤了他们技术创新的积极性，不利于科学技术发展进步。为了解决此问题，我们有必要将目光投向商业秘密保护制度比较健全的美国。美国为了保护企业商业秘密免受潜在的威胁，鼓励高科技企业自主创新，推出了独创性的"不可避免披露规则"（Inevitable Disclosure Theory）。

所谓不可避免披露规则，是指法院根据原雇主申请，禁止掌握原企业商业秘密的雇员离职后为原雇主的竞争对手工作或者提供服务。不可避免披露规则，是一种事前救济方式，通过提起事前救济申请，有效防止原雇主损失的发生或者扩大。有学者认为，不可避免披露规则是竞业禁止制度的组成部分。笔者认为此观点值得商榷。这是因为：竞业禁止制度的核心是雇佣双方签订竞业禁止协议，但是，不可避免披露规则并不以竞业禁止协议的存在为前提。美国司法实践对不可避免披露规则的认识，由起初的以签订竞业禁止协议为前提，转变为无竞业禁止协议同样可以适用不可避免披露规则。例如，1992 年明尼苏达州地方法院在 International Business Machines v. Seagate Technology. 一案①中以雇佣双方没有签订竞业禁止协议驳回原告申请禁令的请求，1995 年伊利诺伊州法院在 PepsiCo, Inc. v. Redmond 案中，在雇佣双方没有签订竞业禁止协议的情形下，仍适用了不可避免披露规则。② 因此，竞业禁止协议不是适用不可避免披露规则的必备条件。由于不可避免披露规则渊源于美国，下文将对此

---

① International Business Machines v. Seagate Technology. 962 F. 2d 12；1992 U. S. App. LEXIS 19849.

② PepsiCo, Inc. v. Redmond, 54 F. 3d 1262. 1267（7th Cir. 1995）.

规则在美国的适用进行详细论证，以为我国立法和司法提供有益借鉴。

二 不可避免披露规则在美国的适用

（一）不可避免披露规则的发展演变

不可避免披露规则源于 1919 年美国纽约州法院审理的 Eastman Ko-dak Co. v. Harry A. Warren 案，该案被告沃伦（Warren）系原告 Kodak 公司的雇员，辞职前往 Kodak 具有竞争关系的 Power Film 公司。被告在原告单位工作期间，与原告签订有保密协议和竞业限制协议，被告在原告工作过程中不可避免地接触和掌握原告的商业秘密，遂原告向法院申请禁止令，禁止被告为 Power Film 公司提供服务。法院审理认为，被告掌握了原告大量的商业秘密，其离职到竞争对手公司就职不可避免地会披露原告的商业秘密，给原告带来不可估量的损失。因此，法院颁布禁止令禁止被告为 Power Film 公司提供服务。[①]

Eastman Kodak Co. v. Harry A. Warren 一案判决以后，不可避免披露规则并未被广泛地适用于司法实践之中，直到 1964 年 E. I. Dupont De Nemours & Co. v. Am. Potash & Chem. Corp. and Donald E. Hirsch 一案，法院判决书中才出现"不可避免披露"一词。该案原告杜邦公司是一家化工公司，其独家研发出利用特殊的氯化工艺制作 TiO_2 的先进技术，该技术并未被美国其他化工企业所掌握。1962 年，与杜邦公司有竞争关系的 Potash 公司为了研发与杜邦公司相同的技术而招聘技术人员，被告赫希（Hirsch）从原告杜邦公司辞职，应聘 Potash 公司的技术人员。原告杜邦公司得知被告赫希即将为其竞争对手服务后，遂向法院申请禁止令。法院审理认为，原告应当提供其商业秘密遭受披露的损害威胁（an imminence of harm）的证据，原告提供了被告在其工作期间所在工作岗位、接触到商业秘密的机会等证据，法院认定被告具有潜在披露的威胁（a threat of disclosure implicit），最后颁布禁令禁止被告赫希在 Potash 公司从事技术研发工作。[②]

---

① Eastman Kodak Co. v. Harry A. Warren, 108 Misc. 680；178 N. Y. S. 14；1919 N. Y. Misc. LEXIS 1121.

② E. I. Dupont De Nemours & Co. v. Am. Potash & Chem. Corp. and Donald E. Hirsch, 41 Del. Ch. 533；200 A. 2d 428；1964 Del. Ch. LEXIS 61；141 U. S. P. Q. （BNA）447.

1995 年 PepsiCo, Inc. v. Redmond 案，标志着不可避免披露规则被美国各州法院认可并广泛适用。此案被告雷德蒙（Redmond）是原告 PepsiCo 公司的雇员，其离职后前往原告竞争对手 Quaker 公司就职，原告向法院申请禁止令。法院审理认为，雷德蒙在原告 PepsiCo 公司工作期间接触原告商业秘密的程度较高，且前后两份工作的职责相同，尽管双方没有签订竞业禁止协议，为防止商业秘密遭受披露的潜在威胁，法院支持原告 PepsiCo 的禁止令请求，颁布禁令禁止被告从事任何与原告有竞争关系企业的、与在原告工作期间职责相同的工作。该案对确立不可避免披露规则具有里程碑意义。其一，扩大了不可避免披露规则的适用范围。PepsiCo, Inc. v. Redmond 案之前，不可避免披露规则适用局限于技术信息，本案将经营信息纳入规则适用的范围。其二，确立了不可避免披露规则的适用标准。法院在审理此案时指出，不可避免披露规则的适用标准是：①有商业秘密的存在；②雇员存在知悉商业秘密的事实；③雇员的新旧工作性质相同或者类似性程度较高；④雇员主观上是否存有恶意。① 随后，美国法院适用不可避免披露规则的案例逐渐增多，究其原因主要有二：其一，随着科技发展，传统的竞业限制方式已经起不到应有的作用，不可避免披露规则为商业秘密的保护提供了新的手段；其二，美国《统一商业秘密法》已被大多数州所参考或者采用，这使各州商业秘密法趋向一致，统一商业秘密法中的"披露潜在威胁"的规定为不可避免披露规则的适用提供了依据。

（二）不可避免披露规则适用的争议

尽管不可避免披露规则在美国得到了广泛的适用，但是，各州法院对规则的适用仍然存有较大争议。主要存在三种不同的态度。

第一，支持不可避免披露规则适用的州认为：商业秘密权利人发现商业秘密有被雇员披露的可能（即潜在威胁），主动向法院申请禁令禁止雇员从事与其有竞争关系企业的相同或者类似工作，从而避免商业秘密被披露，或者减少商业秘密被披露的风险。同时，不可避免披露规则的适用，还有利于鼓励和促进技术创新、维护公平竞争的市场秩序。支

---

① Jonathan O. Harris, "The Doctrine of Inevitable Disclosure: A Proposal to Balance Employer and Employee Interests," *Washington University Law Review* 1 (2000): 325 – 425.

持不可避免披露规则适用的法院还对规则的适用条件作出了明确的要求，大多数法院要求：前雇员知悉商业秘密；雇员离职前后两份工作高度相似，在后一份工作中不得不披露前雇主的商业秘密。有些法院在此要求的基础上还提出了其他要求，例如，明尼苏达州法院认为，除了具备上述要求外，还要求前雇主证明其商业秘密存在潜在的威胁。[1] 康涅狄格州法院则认为，即便前雇员正直诚实，不存有主观上披露商业秘密的恶意，但是前雇主只要证明前雇员有向他人披露商业秘密的可能，即可向法院申请禁止令。[2]

　　第二，反对不可避免披露规则适用的州认为，该规则的适用对于商业秘密权利人无疑是有利的，但是忽视了对雇员劳动权的保护。每个人都可以根据自己的意愿选择职业，虽然雇员离职时不得带走雇主的商业秘密，但是雇员有权使用自己掌握的知识技能，不可避免披露规则的适用，无疑剥夺了雇员劳动的权利。例如，马里兰州、加利福尼亚州、佛罗里达州等，都对不可避免披露规则持否定的态度，法院审理商业秘密案件亦拒绝适用此规则。例如，2002 年加利福尼亚州上诉法院审理的 Whyte v. Schlage Lock Co. 案，原告 Schlage Lock Co. 是一家制锁公司，上诉中提出本案的事实与 PepsiCo，Inc. v. Redmond 案相似，要求上诉法院适用不可避免披露规则。上诉法院审查认为，不可避免披露规则形同"事后的竞业禁止协议"，严重地限制了雇员的自由流动，违背了加州法律和政策的规定，故法院驳回了适用不可避免披露规则的申请。[3] 又如，2004 年马里兰州上诉法院审理的 William Lejeune v. Coin Acceptors，Inc. 案，原告 Coin Acceptors，Inc. 是一家硬币兑换机生产商，被告勒琼（Lejeune）是原告公司的产品代理人，2003 年被告离职后与原告竞争对手 Mars 公司签订了雇佣合同。离职前，被告复制了原告公司计算机中大量的秘密信息。原告发现此窃取商业秘密行为后，向地方法院提起诉讼，一审法院审理认为，依据不可避免披露规则对被告窃取商业秘密的行为下达了禁止令。被告不服向马里兰州上诉法院提出上诉，上诉法院一方

---

①　International Business Machines v. Seagate Technology. 962 F. 2d 12；1992 U. S. App. LEXIS 19849.

②　Aetna Retirement Services，Inc. et al. v. Mark A. Hug et al. 1997 Conn. Super. LEXIS 1781.

③　Whyte v. Schlage Lock Co.，125 Cal. Rptr. 2d 277（Court of Appeal of Cal.，2002）.

面肯定一审法院的判决，另一方面指出不可避免披露规则适用不当。法院指出，在勒琼与 Coin Acceptors 公司没有签订竞业禁止协议和保密协议的情形下，如果适用不可避免披露规则，可能造成法院仅依据前雇主接触过商业秘密，即可对前雇主提出的禁令予以支持。这势必会对雇员择业造成不公平。因此，马里兰州上诉法院认为不可避免披露规则不能作为原告申请禁令救济的依据。[①]

第三，不可避免披露规则有条件地适用。此种观点认为，适用不可避免披露规则时应当维护各方的利益平衡，对雇佣双方造成不良影响的原因应当归结于没有正确地适用不可避免披露规则，而不是该规则本身的问题。法院应综合考虑相关因素，作出是否适用不可避免披露规则：其一，有充分的证据证明雇主商业秘密的披露在不可避免时方可适用此规则；其二，商业秘密对于前雇主的重要程度、披露商业秘密给前雇主带来的损害程度、前雇员是否存在欺诈行为等，也是不可避免披露规则适用必须考虑的重要因素。通过权衡上述因素，平衡雇佣双方的利益。例如，纽约州地方法院审理的 Lumex Inc. v. Highsmith 案，尽管法院认为被告海史密斯（Highsmith）为人正直、忠诚，但是其加入原告 Lumex Inc. 竞争对手处，为原告竞争对手服务，不可避免地披露其所知悉原告单位的商业秘密，因此法院仍适用了不可避免披露规则。[②] 在 International Paper Co. v. Suwyn 一案中，法院认为适用不可避免披露规则时，除了考虑适用的"通用标准"（"通用标准"，是指 PepsiCo, Inc. v. Redmond 案所确立的适用标准：有商业秘密的存在；雇员存在知悉商业秘密的事实；雇员新旧工作性质相同或者相似；雇员主观上是否存有恶意）外，还应当将"不可弥补的损害"（irreparable harm）作为不可避免披露规则适用的必备条件。[③] 又如，Bimbo v. Botticella 一案，被告博蒂切拉（Botticella）是原告 Bimbo 公司（美国四大烘焙公司之一）加州分公司的副总裁，知悉原告公司的配方、工艺参数等重要商业秘密。2009 年 9 月，

---

① William Lejeune v. Coin Acceptors, Inc., 381 Md. 288；849 A. 2d 451；2004 Md. LEXIS 251；21 I. E. R. Cas. （BNA） 385.

② Lumex, Inc. v. Highsmith. 919 F. Supp. 624, 627 （E. D. N. Y. 1996）.

③ Jonathan O. Harris, "The Doctrine of Inevitable Disclosure：A Proposal to Balance Employer and Employee Interests," *Washington University Law Review* 1 （2000）：325 - 425.

被告博蒂切拉接到原告竞争对手 InterstateBrands 公司的邀请，2010 年 1 月被告辞职并加入 InterstateBrands 公司，原告遂向法院申请禁止令。法院认为，被告博蒂切拉从接到原告竞争对手邀请到辞职期间，仍参与原告单位多次重要会议，知悉原告诸多重要的商业秘密，这是一种"刻意欺骗"（illintended deceit），被告加入原告竞争对手处，将不可避免披露原告公司的商业秘密。因此，法院核准了原告的禁止令，禁止被告为原告竞争对手提供服务或者工作。

本书认为，第三种观点较为合理，此种观点贯彻了利益平衡理论的思想。这是因为：它一方面保障了企业投入大量人力、财力和时间研发的商业秘密不因雇员离职而遭受披露，另一方面考虑到对雇员自由流动和自主择业权益的充分保障。因此，"不可避免披露规则有条件地适用"这一观点更为切合实际。

三 美国不可避免披露规则对中国的启示

（一）对中国拒绝适用不可避免披露规则的批判

不可避免披露规则的适用在美国司法实践中遭受到不少学界和实务界人士的质疑和批评。相关学者认为，不可避免披露规则的适用在不同程度上侵害了雇员的自由流动权。[①] 笔者对此并不认同，任何一种规则若运用得恰当，都将会促进冲突问题的彻底解决，运用得失当都会产生负面影响。不可避免披露规则亦如此，所以必须制定科学的适用标准，有效地解决商业秘密与雇员知识技能的冲突。相关学者认为，美国不可避免披露规则由 1995 年的 Pepsico, Inc., v. William E. Redmond 案所确立，然而，随后的 Whyte v. Schlage Lock Co. 案和 LeJeune v. Coin Acceptors, Inc. 案等判例否定了不可避免披露规则的适用，并重申雇员自由流动的原则。由此得出，美国商业秘密保护的司法实践中，支持雇员自由流动，限制适用不可避免披露规则，成为一个基本倾向。[②] 笔者认为此观点值得商榷，这是因为：①在美国，不可避免披露规则适用由原来标

---

① 聂鑫：《商业秘密不可避免披露原则的制度发展与移植设想》，《知识产权》2016 年第 9 期。

② Paul Goldstein, *Copy*, *Trademark and Related State Doctrines* (California: Foundation Press, 2008), pp. 117 – 118.

准较宽松转变为较严谨，由对商业秘密的过度保护转变为对商业秘密与雇员自由流动的同等保护，这充分体现了利益平衡理论的基本理念，也是使此类诉讼没有大幅度增长的真正原因；① ②任何一种法律制度从诞生到成熟都是一个不断认识、提高的过程，不可避免披露规则也是如此，不可避免披露规则由原来得到广泛的使用到后来使用范围逐步缩小，也是一个不断成熟、完善的过程。

有人指出，不可避免披露规则是美国特有的商业秘密法律规则，其他国家都不存在对此规则的应用。② 笔者对此种说法并不认同，不可避免披露规则移植到中国是可行的，这是因为：第一，不可避免披露规则符合我国《民法典》第1167条关于预防性侵权责任的规定，这为此规则移植到中国预设了立法空间；第二，我国《著作权法》《专利法》《商标法》已经确立了类似于不可避免披露规则的原则，例如，我国《著作权法》《商标法》《专利法》等知识产权法律法规都有诉前禁令和财产保全的规定，这一制度设置的目的与美国法院实行的不可避免披露规则从根本上来说是具有一致性的，只是在我国商业秘密立法领域尚未作出明确规定而已，这不代表商业秘密案件不能适用诉前禁令和财产保全。商业秘密作为知识产权的重要组成部分，其他形态的知识产权适用的制度，商业秘密领域也可以借鉴；第三，我国《民事诉讼法》第九章有关于诉前保全制度的条款，法院可以根据商业秘密案件的具体情况作出是否适用诉前保全的措施。

不可避免披露规则的适用，可以促使前雇主事先防范雇员因离职造成的商业秘密泄露，这既解决了我国当前商业秘密保护滞后的问题，将商业秘密侵权行为扼杀于摇篮，使其无所遁形，也可以从理论上解决商业秘密保护与雇员知识技能运用之间的冲突。因此，此规则有引入我国立法和司法实践之必要。

（二）正确处理不可避免披露规则与竞业禁止的关系

有些学者认为，有了竞业禁止制度，企业与雇员之间签订有竞业禁

---

① 李明德：《美国知识产权法》，法律出版社，2014，第210页。

② Sonya P. Passi, "Compensated Injunctions: A More Equitable Solution to the Problem of Inevitable Disclosure," *Berkeley Technology Law Journal* 3 (2012): 927 – 940.

止合同，便可以对雇员违反合同的行为提起违约之诉，要求法院禁止该雇员为竞争对手提供服务就足矣，何必需要引进美国的不可避免披露规则，由法院颁布禁令来禁止雇员为其竞争对手提供服务。[①] 在他们看来，有了竞业禁止合同，不可避免披露规则就失去了存在的意义，其实不然。众所周知，不可避免披露规则存在的基础是商业秘密侵权之诉，企业商业秘密受到潜在威胁，商业秘密权利人的权益即将面临不法侵害，其可以向法院提出适用不可避免披露规则的申请来实现权利救济。而竞业禁止合同存在的基础是合同之诉，针对雇佣双方签订的竞业禁止合同，一旦雇员违反合同约定，雇主便可以提起违反合同约定之诉。从本质上来看，不可避免披露规则比竞业禁止合同更加人性化，也更利于对雇佣双方权益的保护。具体来说有以下几点。第一，竞业禁止合同不问雇员是否可能对其商业秘密造成潜在的威胁，禁止雇员从事与原岗位相同的工作或经营活动；不可避免披露规则有更苛刻的适用条件，必须由企业提供切实的证据来证明其商业秘密遭到潜在的威胁，而且此威胁来自雇员现在的职位，方可向法院申请适用此规则。第二，一旦竞业禁止合同被法院宣布无效，如果没有不可避免披露规则，企业商业秘密将会带来无法估量的损失。第三，即便企业中一些技术专家掌握商业秘密，不代表其进入竞争单位会使用原企业的商业秘密，如果用竞业禁止合同对他们择业行为加以禁止就显得不近情理，也严重侵犯了雇员的劳动权。例如，竞争对手的企业运作、制度和技术与该企业不同，该企业的商业秘密对于其竞争对手来说毫无经济价值；又如，技术专家加入技术远胜于原企业的竞争对手单位任职，竞业禁止合同的签订就失去应有的价值。

（三）不可避免披露规则的适用条件

不可避免披露规则在我国适用是可行的，但是，此规则并不是可以随意适用的。我们适用不可避免披露规则时应当进行充分的利益权衡，防止此规则的适用对离职雇员的合法权益造成以下不利影响：限制雇员自由运用知识技能自主择业，阻碍离职雇员自由流动；阻碍技术信息的传播，减损了整个社会技术开发能力，影响到社会技术水平的提高；过

---

① 阮开欣：《美国商业秘密法中不可避免泄露规则的新发展及其解读——以 Bimbo 案为视角》，《科技与法律》2013 年第 4 期。

于偏向对雇主利益的保护，使雇佣双方在没有签订保密协议的情况下，仍然可以申请禁令救济。[①] 因此，确立适用不可避免披露规则的标准，防止不可避免披露规则的滥用，就显得尤为重要。我们主要从以下四个方面考量是否适用此规则。

1. 雇员对商业秘密的熟悉程度和价值认知程度

雇员离职前知晓雇主的商业秘密是其披露商业秘密的首要前提，这就要求雇主承担证明商业秘密的存在、雇员所从事的工作具有接触商业秘密的机会和商业秘密存在的重大经济价值或者对于前雇主的重要程度的责任。

2. 前雇员新旧职位的相似性

如果有接触商业秘密机会的雇员从事的新工作与在前雇主单位从事的工作相同或者具有高度的相似性，离职雇员在工作过程中将不可避免地披露原雇主的商业秘密，适用不可避免披露规则尤为必要。

3. 离职雇员所使用的信息和技术与前雇主商业秘密存在实质的"功能"和"效果"上的相似性

如果离职雇员曾经在前雇主单位接触过商业秘密，其离职后使用的信息和技术将会产生与前雇主商业秘密相同或者相似的"功能"或"效果"，此类信息和技术即有侵犯前雇主商业秘密的嫌疑，这是适用不可避免披露规则应当考虑的重要因素之一。

4. 新旧单位之间是否存在竞争关系

商业秘密的"价值"核心是其给权利人带来竞争优势或者比较优势，如果新旧单位之间不存在竞争关系，就没有适用不可避免披露规则的必要；如果新旧单位之间存在竞争关系，前雇员服务于新单位将造成前单位竞争优势的丧失，那么就有适用不可避免披露规则的可能。因此，在适用不可避免披露规则时，前雇主应当证明前雇员所服务的新单位与自己存在竞争关系。

为了更加合理地适用不可避免披露规则，我们还应当考虑以下因素：适用不可避免披露规则给离职雇员合法利益造成的损失；不适用不可避

[①] 黄武双：《美国商业秘密保护法的不可避免泄露规则及对我国的启示》，《法学》2007年第 8 期。

免披露规则给雇主合法利益造成的损失；离职雇员的主观意图；[1] 披露商业秘密是否会给前雇主带来不可弥补的损失；对公共利益的损害；等等。有些学者将签订保密协议作为适用不可避免披露规则的前提条件。[2] 笔者对此观点并不认同。保密协议不是援引不可避免披露规则的硬性要求，只能作为适用不可避免披露规则应当考虑的因素。例如，宾夕法尼亚州最高法院在审理 Pressed Steel Car Co. v. Standard Steel Car Co. 案时指出，一扇没有上锁的门，不是邀请过路人或者雇员的请柬（an unlocked door is not an invitation to the passer-by or to the servant of the household to）。该案法官认为，不论雇佣关系双方当事人是否签订书面保密协议，只要雇员知悉雇主所保密的信息是商业秘密，就负有保密义务。[3] 又如，Double Click Inc. v. Henderson 案雇佣双方在没有签订书面保密协议的情况下，美国法院即适用不可避免披露规则颁布了初步禁令，禁止雇员从事相关职业，避免前雇主的商业秘密遭受潜在的威胁。[4]

第四节　诉讼保全制度

诉讼保全作为一种强制措施，广泛应用于各类诉讼活动中。出于一方当事人的行为或者其他原因，致使判决不能执行或者难以执行，抑或证据可能存在销毁或者灭失，抑或可能造成难以弥补的损失，根据当事人的申请，司法机关可以依法进行审查，作出对相对方当事人所持有的诉讼标的物、与本案有关的财物予以保全，或者责令相对方当事人停止相关行为的强制措施。商业秘密案件审理过程主要采取的诉讼保全措施有证据保全、财产保全和行为保全三种形式。

一　证据保全

证据保全是为防止商业秘密纠纷案件证据灭失或者今后难以获取而

---

[1]　彭学龙：《不可避免披露原则再论——美国法对商业秘密潜在侵占的救济》，《知识产权》2003 年第 6 期。

[2]　Randall E. Kahnke, Kerry L. Bundy and Kenneth A. Liebman, *Doctrine of Inevitable Disclosure* (Frankfurt: Faegre & Benson LLP, 2008), p. 11.

[3]　Pressed Steel Car Co. v. Standard Steel Car Co. 210 Pa. 464; 60 A. 4; 1904 Pa. LEXIS 908.

[4]　Double Click Inc. v. Henderson, 902 F. 2d 34; 1990 U. S. App. LEXIS 7218.

采用的一种保全措施，申请证据保全是原告在诉讼中获得胜诉的重要保障之一，保全的证据主要包括侵权行为、侵权获利等。证据保全的类型主要有诉前证据保全、诉中证据保全和公证证据保全等。

诉前证据保全通常出现于情况紧急可能导致证据灭失或者以后难以获取时，经利害关系人向案件有管辖权的法院申请或者由有管辖权的法院主动采用的一种证据保全措施。我国《民事诉讼法》第 81 条和《最高人民法院关于民事诉讼证据的若干规定》第 23 条对诉前证据保全都作出了具体的规定，然而，在司法实践中诉前证据保全措施在商业秘密纠纷案件中却很难被司法机关所采用。例如，天津市高级人民法院在其会议纪要中指出，商业秘密纠纷案件的审理过程中，不得适用专利法、竞争法等知识产权相关法律关于诉前临时禁止措施和诉前证据保全的规定。① 之所以法院不愿意将诉前财产保全作为商业秘密纠纷案件的一种强制性措施，主要是由于商业秘密与传统知识产权相比，权利事先存在不确定性，在商业秘密纠纷案件中，为防止一方利用法院采取诉讼证据保全，从而看似合法、实则非法获取对方的商业信息。因此，法院接受当事人的诉前证据保全时，应当特别谨慎地进行审查并作出决定。

诉中财产保全在商业秘密纠纷案件中被法院采用得较为普遍，其申请并被法院采纳需要具备一定条件。①原告的权利内容明确。确定原告商业秘密的具体内容，既可以锁定诉讼证据的范围，也可以避免原告变更诉讼内容。②提供有侵权的初步证据。原告若想获准诉中证据保全，必须向法院提供能够证明被告实施侵权行为的确切证据或者存在侵权较大嫌疑的相关证据。③申请保全的证据具有可保全性。原告提出诉中证据保全，其要求保全证据的内容清楚、线索具体，对其所主张保全的证据不能提供具体内容或者线索的，证据保全申请很难获得法院的准许。④申请人提供合理的担保。为防止证据保全错误，对被告造成不利的影响，法院可以要求申请人在申请证据保全的同时提供合理的担保。只有在具备上述条件的情况下，经法院审查批准后才可实施诉中财产保全措施。

公证证据保全，是指依照当事人的申请，由公证机关对涉案面临灭

---

① 2007 年 4 月天津市高级人民法院印发的《审理侵犯商业秘密纠纷案件研讨会纪要》。

失或者以后难以获取的证据进行确定、提取、保管和固定的证据保全方式。[①] 此种证据保全的目的在于保证诉讼证据的真实性、合法性和证明力。商业秘密纠纷案件同样可以采用公证证据保全的方式保存有效证据。为维护商业秘密持有人的诉讼权益，防止涉案证据灭失或者今后难以获取，法律允许原告及其诉讼代理人向公证机关提出证据保全申请，收集并固定相关证据。[②] 经公证证据保全的证据证明力较强，除有足够相反证据足以推翻外，经公证证据保全的证据在商业秘密案件中可以作为有效证据被法院所采纳。

在商业秘密纠纷案件受理前和诉讼进行中，当事人均可以依法申请证据保全。当事人申请证据保全的证据主要有两类。第一，被告实施侵权行为的证据，例如，被告的生产技术资料、被告与客户的往来合同和交易记录，被告若是离职雇员，则涉及雇员离职前的劳动合同、从事涉密的岗位情况等。被告实施侵权行为的证据的保全，需要由原告提供真实有效的证据，再由法院根据原告提交的证据决定是否准许采取证据保全措施。倘若原告不能提供证明被告侵权的初步证据或者无法提供被告实施侵权证据，法院通常不会作出证据保全的裁定。第二，被告侵权的违法所得方面的证据，例如，银行转账记录、企业财务账簿等。此类证据一般由原告依法向工商、税务、海关等部门申请调取或者向有权部门提出并由该部门依法调取，而不得依照原告申请直接对被告银行账户、财务账簿等资料进行封存和冻结，以免给被告正常生产经营活动造成影响。[③] 当事人或者有权部门无法调取被告经营状况、营业利润证据时，法院可以在原告提供相应担保的情况下封存或者调取被告的财务账册等。

二　财产保全

为了防止原告因商业秘密侵权行为造成经济损失的扩大，保障生效判决的顺利执行，法院可依原告的申请进行审查或者依其职权主动适用

---

① 林洋：《论公证证据保全的形式证据力》，《河南财经政法大学学报》2018年第1期。

② 张黎：《〈中华全国律师协会律师办理商业秘密法律业务操作指引〉释解》，北京大学出版社，2017，第182页。

③ 张黎：《〈中华全国律师协会律师办理商业秘密法律业务操作指引〉释解》，北京大学出版社，2017，第183页。

财产保全措施。商业秘密纠纷案件不同于传统知识产权案件，商业秘密纠纷案件的胜诉率较之传统知识产权案件要低。正因为商业秘密纠纷案件的胜负难料，此类案件申请财产保全被批准的可能性极小，这就要求原告必须提供其具备胜诉可能性和财产保全必要性的证据。实务界人士普遍认为，法院在受理商业秘密纠纷案件的财产保全时极为慎重，要求在采取财产保全措施前，审查申请人是否提供可靠的担保、申请人所主张的商业秘密的稳定性程度、被告的行为涉嫌侵权的可能性、申请保全方式是否合适、被告的偿还能力大小等。对于无须作出财产保全措施的，或者财产保全措施适用后将会给被申请人的合法权益带来无法挽回的重大损失的，法院一般不会作出财产保全的裁定。[①]

法院在商业秘密纠纷案件中作出财产保全措施应当符合下列六个基本条件。其一，申请人有诸如图纸、技术方案、文件等具体的商业秘密存在，商业秘密不能是模棱两可的或者空洞的。其二，申请人依照法律规定无法采取其他合适的救济手段。其三，倘若法院不作出财产保全措施裁定，申请人将会遭受难以弥补的经济损害和商誉损毁等非物质性损失。其四，采取财产保全措施具有急迫性，如果非紧急情况或者被申请人的行为不会造成裁判的结果无法顺利执行的，财产保全措施就没有必要。其五，申请人有胜诉的可能。尽管申请人提供了足额的担保金或者信誉良好的担保人为其提供担保，但是，现有的证据和事实表明，申请人在日后的正式诉讼中可能败诉的，财产保全措施不仅起不到应有的作用，相反可能给被申请人的正常生产经营造成严重的影响，此时法院则不应当采取财产保全措施。需要指出的是，有胜诉的可能并不代表一定胜诉。其六，财产保全措施没有对公众利益造成严重影响。如对生产百姓每天都离不开的日用品的企业适用财产保全措施，百姓的日常生产生活将会无法维持，此时适用财产保全措施就要极度慎重。

三 行为保全

行为保全，也称诉前禁令，是指在商业秘密纠纷案件的诉讼过程中，

---

① 张黎：《〈中华全国律师协会律师办理商业秘密法律业务操作指引〉释解》，北京大学出版社，2017，第 185～186 页。

为防止涉嫌侵犯商业秘密者正在实施或者即将实施相关行为对商业秘密权利人的利益造成无法挽回的损失，商业秘密权利人可以依法向法院申请并提供相应担保，责令涉嫌侵权者实施相关行为；商业秘密权利人没有提出申请的，法院认为必要时也可以裁定采取行为保全措施。我国2017年修改的《民事诉讼法》第100条对行为保全作出了具体规定，这一规定当然适用于商业秘密纠纷案件。根据此规定，只要商业秘密侵权纠纷案件满足法律规定的条件，均可以采取行为保全措施，以保护商业秘密权利人的正当利益。

司法实务中，法院作出行为保全措施裁定前，通常要考虑原告胜诉的实质可能性、不发布禁令是否会造成无法挽回的损失、各方之间的利益权衡、发布保全措施对公共利益的影响、行为保全的执行方式等因素。[①] 笔者认为，法院在作出行为保全裁定时，除要求申请人提供合适的担保外，更重要的是要取决于申请人是否提供以下两个方面的证据。第一，正在侵权或即发侵权的证据。因商业秘密具有不公开性，侵权手段具有隐蔽性，申请人难以做到如专利侵权案件那样提供被告的产品或者方法的技术特征，并与自己的方法或者产品的技术特征进行比对，判断是否构成侵权。因此，商业秘密侵权认定一般采用"接触 + 实质相似"的推定规则。第二，造成不可挽回损失的证据。无论是《TRIPS 协议》第50条第2款，还是我国《著作权法》《商标法》《专利法》等法律，对申请临时禁令的条件限制为不采取临时禁令将会给权利人造成难以挽回的损失。商业秘密纠纷案件中无法挽回的经济损失主要考虑的因素有：申请人造成的经济损失难以估量（例如，市场份额急剧减少、市场竞争优势丧失等），申请人无法获得充分的经济赔偿，商业秘密具有彻底公开的可能性，等等。

---

① 黄冬松、雷强：《安徽省法院发出首个商业秘密行为禁令》，安徽新闻，http://ah.anhuinews.com/system/2014/10/12/006567907.shtml，最后访问日期：2021年7月20日。

第七章 商业秘密侵权责任制度建构

商业秘密不同于传统的知识产权，商业秘密纠纷案件撤诉率较高、调解率较低，案件审理难度大、审理周期较长，同时，商业秘密纠纷案件的审理一旦出现差错必将会引起商业秘密遭到"二次侵害"。基于此，商业秘密的法律保护面临着诸多挑战，为了更好地实现对商业秘密的有效保护，本章拟对商业秘密侵权行为的类型、认定、救济途径、损害赔偿、技术鉴定等问题进行深入研讨，建构起较为完善的商业秘密侵权责任制度。

第一节 商业秘密侵权行为的类型

一 商业秘密侵权行为类型的比较考察

（一）美国商业秘密侵权行为类型

美国 1939 年《侵权行为法重述（第一次）》第 757 条规定了商业秘密侵权行为的类型。①不正当手段获取商业秘密的行为；②违反信任义务，使用或者披露商业秘密的行为；③明知以不正当手段获取或者违反保密义务而得到的商业秘密，而仍加以使用或者披露的行为；④因他人错误披露所得的、明知是商业秘密的信息，仍然加以使用或者披露的行为。同时，该法第 758 条还规定了善意取得商业秘密的情形，该条指出，行为人在他人处获取秘密信息，但行为人并不知道其为商业秘密的：（a）对收到通知之前使用或者披露的，不承担侵权责任；（b）对收到通知后仍然使用或者披露的，应当承担侵权责任。但是，收到通知之前已经善意为商业秘密支付相应代价，或者为实施商业秘密作了充分准备的，以致承担法律责任会有失公平的，行为人不得被要求承担侵权责任。作为示范法的《统一商业秘密法》对侵权行为类型的规定更为详尽。具体来说有以下两点。第一，以列举方式定义"不正当手段"。第 1 条第 1 款指出，"不正当手段"有盗窃、贿赂、虚假陈述、违反或者引诱他人违反保密义务、以电子手法或者其他手段实施间谍行为。此规定较《侵权行为法重述（第一次）》更为明确清楚。第二，在《侵权行为法重述（第一次）》的侵权行为类型的基础上，将"明知是他人意外泄露而获取商业秘密的行为"增加为侵权行为的新类型。第三，《统一商业秘密法》所认定的侵权行为的类型较《侵权行为法重述（第一次）》更为广泛。《统一商业秘密法》以"明知或可得而知"为主观要件，并一一列举他人违反义务之情形。

（二）德国商业秘密侵权行为类型

德国法律对商业秘密侵权行为的类型的规定主要集中于《反不正当竞争法》第17条、第18条和第19条当中。根据上述三条规定，德国立法认为侵权类型主要有六种。第一，雇员泄密行为。此处雇员包括职员、工人、学徒等，此种侵权行为主要存在于雇佣关系存续期间，雇员将知悉的商业秘密披露给他人，此行为将处以最高3年的自由刑或者罚金。第二，为竞争或者个人私利、第三人谋利、意图加害经营者等目的而获取、保有、使用或者披露商业秘密的行为。此行为规定于第17条第2款，无正当理由而获取、保有、使用或者披露商业秘密的，将面临3年以下的自由刑或者罚金。情节严重的，可处以5年以下自由刑或者罚金。第三，商业交易中接触到商业秘密的利用行为。第18条规定，出于私利或者竞争之目的，擅自使用其商业交易过程中接触到的商业秘密加以使用或者泄露给他人的，将处以2年以下自由刑或者罚金。第四，企图支配或者教唆他人实施泄露商业秘密的行为。第19条第1款规定，出于私利或者竞争之目的，企业教唆或者支配他人实施第17条或者第18条规定的行为，将面临2年以下自由刑或者罚金。第五，主动向他人泄露商业秘密的行为。第19条第2款规定，出于竞争或者私利之目的，主动向他人提出或者应他人之请求，或者与他人约定实施泄密行为的，应处以2年以下自由刑或者罚金刑。第六，实施商业秘密侵权未遂的，仍然构成侵权行为。第17条第3款、第18条第2款都指出，未遂行为是"可罚的"。需要指出的是，德国对于商业秘密侵权行为处以一定的刑罚，均实行告诉才处理的原则，但涉及特殊公共利益的，由刑事追诉机关依职权查处。

（三）英国商业秘密侵权行为类型

英国司法机关在认定商业秘密侵权行为时通常是基于信任义务（obligation of confidence）的标准。是否违反信任义务，是认定商业秘密侵权行为的重要标准，也是构成此类诉讼的重要因素之一。从某种意义上说，侵犯商业秘密行为属于违反信任之诉。正如英国某些学者所说，如果房产被人非法侵占，或者花瓶被人非法窃取，房产或者花瓶的所有者根据排他性独占权请求非法侵占者或者窃取者返还房产或者花瓶，而不是基于非法侵占者或者窃取者对房产或者花瓶的所有者所承担的特别义务。商业秘密则不同，尽管实务部门有时候将商业秘密权利人称为"所有人"（owner），但这不是严格意义上的所有权，而是一种便捷的称谓。商业秘密至多可以理解为存在法定或者约定保密协议的情况下，商业秘密权利人有禁止他人使用或者披露秘密信息的排他性权利。① 从上述可以看出，这些学者将诸如房产或者花瓶的保护基础看成物，而商业秘密的法律保护基础是特定当事人之间存有信任关系并有违反信任关系而产生的义务。英国司法机关并不将商业秘密当作财产，商业秘密权不是一种财产所有权，侵犯商业秘密行为不适用传统的财产侵权之诉。与此同时，明示或者默示义务是构成商业秘密侵权行为的前提，只有特定当事人之间存在明示或者默示义务，才可以追究侵权行为人的法律责任。因此，信任关系的存在是以明示或者默示义务为前提，特定当事人之间不存在明示或者默示义务的，使用或者披露商业秘密是否构成侵权，英国法律并没有作出具体规定，这对商业秘密的保护无疑是一大漏洞。

在英国司法实践中，不负有承担信任义务的人，即便使用或者披露了他人的商业秘密，也不必为此承担任何法律责任。例如，Asbburton v. Pape 一案中大法官斯温芬·艾迪（Swinfen Eady）指出："法庭多年来奉行的原则是，限制的秘密信息被不正当地公开、偷偷摸摸地获取或者不应当披露的信息被秘密转让。"② 又如，Malone v. Metropolitan Police Commissioner 一案中，应警局的要求，邮局偷录了原告马隆（Malone）的电话。审理此案的大法官罗伯特·梅加里（Robert Megarry）认为，原

---

① 孔祥俊：《商业秘密保护法原理》，中国法制出版社，1999，第 248~249 页。
② Asbburton v. Pape，［1913］2 Ch. 431.

告马隆系古董商人，其对电话通信中秘密信息享有，邮局的偷录行为违反了信任义务。[①] 此案法官的态度也表明，信任义务对于英国商业秘密案件原告获得胜诉至关重要。

（四）日本商业秘密侵权行为类型

日本立法规定有六种商业秘密侵权行为，源于《不正当竞争防止法》第2条第1款第（4）项至第（9）项的规定，具体来说有以下几点。

第一，不正当手段获取的。"不正当手段"包括欺诈、胁迫、盗窃或者其他不正当手段，此处"其他不正当手段"是指采用的手段与欺诈、胁迫、盗窃具有同等的违法性，并要求采用的手段构成盗窃罪、欺诈罪等刑事罪名。[②]

第二，以不正当手段获取后进行使用或者加以披露的。此种侵权行为是基于获取者明知或者应知其获取的信息是他人的商业秘密，而仍然以不正当手段获取、使用或者予以披露的。

第三，恶意从以不正当手段获取商业秘密者那里获取商业秘密，并加以使用或者披露的。此处的"恶意"主要是指获取商业秘密之时，获取者明知或者应知他人披露的商业秘密系不正当手段获取的，但仍然获取并加以使用或者披露的。

第四，获取他人以不正当手段获取的商业秘密后，恶意使用或者披露的。此处的"恶意"与上述的"恶意"有时间上的区别，此处"恶意"是指在他人以不正当手段获取商业秘密后，行为人从此人处取得商业秘密时，行为人不知道他人披露的商业秘密系以不正当手段获取，在取得商业秘密后，知悉商业秘密是以不正当手段获取的，仍然加以使用或者披露的。

第五，商业秘密系正当取得但不正当使用或者披露的。此种行为是指正当取得商业秘密者，为了不正当商业竞争或者取得不正当利益抑或为给商业秘密权利人造成损害，使用或者披露从权利人处获得的商业秘密。

---

① Malone v. Metropolitan Police Commissioner［1979］Ch. 344. 转引自郭华《技术侦查中的通讯截取：制度选择与程序规制——以英国法为分析对象》，《法律科学》2014年第3期。

② 〔日〕新企业法务研究会编《详解商业秘密管理》，张玉瑞译，金城出版社，1997，第19页。

第六，善意取得、使用或者披露由他人以不正当手段获取的商业秘密，但知道此信息是他人以不正当手段获取以后，仍然加以使用或者披露的。此种行为也构成商业秘密侵权。

（五）中国台湾地区商业秘密侵权行为类型

中国台湾地区"公平交易法"规定有商业秘密侵权条款，此法第19条第1款将以利诱、胁迫等不正当方法获取产销机密、竞争对手的交易资料或者技术秘密的行为认定为不正当竞争行为。此条关于商业秘密侵权行为的类型的规定并不明确具体，但在此之前颁布的"公平交易法"第10条以列举的方式规定了商业秘密侵权行为的类型。根据此条规定共有五种类型：第一，商业秘密系不正当方法获取的；第二，获取、使用或者披露他人以不正当方法取得的商业秘密，而取得、使用或者披露者知悉或者因重大过失而不知的；第三，他人以不正当方法获取商业秘密后，知悉或者因重大过失而不知其为他人非法获取而予以使用或者披露的；第四，获取商业秘密的手段正当，但是使用或者披露的行为系不正当的；第五，负有保密义务的人，使用或者无故泄露商业秘密的行为。同时，此条还解释了"不正当方法"的含义，即欺诈、胁迫、盗窃、贿赂、违反保密义务、引诱他人违反保密义务或者其他类似的方法。

二 我国商业秘密侵权行为类型的立法不足与完善

（一）我国商业秘密侵权行为类型的立法不足

《反不正当竞争法》（2019年修正）第9条第1款、第3款列举出商业秘密侵权行为的类型，此条规定商业秘密侵权行为有五种不同的类型：第一，商业秘密系不正当手段获取的；第二，使用、披露或者允许他人使用以不正当手段获取商业秘密的；第三，违反保密义务或者违反保密要求，使用、披露或者允许他人使用其所掌握的商业秘密的；第四，引诱、帮助、教唆他人违反保密义务或者违反保密要求，获取、披露、使用或者允许他人使用商业秘密权利人所持有的商业秘密的；第五，明知或者应知商业秘密权利人的雇员、前雇员或者其他单位、个人实施上述违法行为，仍获取、使用、披露或者允许他人使用的。与此同时，第9条第2款将侵权行为人扩大为经营者以外的自然人、法人或者其他组织。此规定表明商业秘密侵权行为人不局限于经营者，可以是任何具有民事行为能力的主体或者法人、非法人组织。此规定与《刑法》第219条规定侵犯商业秘密罪的犯罪主体（达到刑事责任年龄的自然人、法人或者其他组织）基本上是一致的。然而，《刑法》第219条规定的犯罪行为类型与《反不正当竞争法》第9条规定的商业秘密侵权行为类型有细微的差别，即缺少《反不正当竞争法》第9条第2款的规定。尽管2019年修正的《反不正当竞争法》第9条新增了一种商业秘密侵权行为类型，但是，与其他国家相比，商业秘密侵权行为的类型仍然不能满足保护商业秘密的实际需要，亟待进一步立法完善。

（二）我国商业秘密侵权行为类型之完善

与上述国家和中国台湾地区的立法相比，我国商业秘密侵权行为可以类型化为以下七种。

1. 以不正当手段获取商业秘密的行为

域外不少国家将"不正当手段获取"作为界定商业秘密侵权的重要手段，但对"不正当手段"的含义规定有所差别。例如，美国《统一商业秘密法》第1条第1款列举出不正当手段的具体形式，即盗窃、虚假陈述、贿赂、违反或者引诱他人违反保密义务、通过电子邮件等手段的间谍行为。同时，美国不少州判例还对《统一商业秘密法》上规定的"盗窃""贿赂""虚假陈述"等作了更为细致的解释。《德国反不正当竞争法》第17条第2款第（1）项指出，"不正当手段"是指无任何正当理由，利用技术手段将商业秘密负载于有形物品上或者体现于商业秘密的物品带走等手段。日本《不正当竞争防止法》第2条第1款第（4）项将"不正当手段"定义为盗窃、胁迫、欺诈和其他不正当手段。此项还对"其他不正当手段"作出较为细致的规定，如恶意挖墙脚或者贿赂竞争对手的雇员；装扮成雇员或者顾客进入竞争对手的涉密工作区；明知竞争对手或者其雇员有酒后乱言的习惯，以喝酒为计诱之酒后说出商业秘密；诱惑雇员违背保密协议或者条款；等等。而我国《反不正当竞争法》第9条将"不正当手段"界定为"盗窃、贿赂、欺诈、胁迫、电子侵入或者其他不正当手段"，《刑法》第219条规定的也大多是这些手段，此条指出实施这些手段并造成重大损失的构成犯罪①，而对于"其他不正当手段"尚未做出具体解释性规定。本书认为，不正当手段应当包括盗窃、利诱、欺诈、胁迫、诱惑他人违反保密义务、电子侵入、利用有形或者无形物为载体复制他人商业秘密或者经济间谍等。不正当手段中的"利诱"不宜使用"贿赂"代替。这是因为不正当竞争手段中的"利诱"比上述国家立法上表述的"贿赂"含义更为广泛，且"贿赂"也是"利诱"的一种形式。

2. 以不正当手段获取他人商业秘密并加以使用或者披露的行为

此行为是将不正当手段获得商业秘密予以披露或者加以使用与《反不正当竞争法》第9条第2款和《刑法》第219条第2款在表述此种商业秘密侵权行为时，增加了"允许他人使用"字样。与此相应的原国家工商总局《关于禁止侵犯商业秘密行为的若干规定》第3条第1款也有"允许他人使用"字样的表述。本书认为，"允许他人使用"已为"披露"所覆盖，因为"允许他人使用"以"披露"为基本前提，没有"披露"这一行为，又何来有"允许他人使用"的做法。

3. 违反保密协议或者竞业协议，将合法接触或者获取的商业秘密予以使用或者披露的行为

合法接触或者获取商业秘密通常出现在雇佣关系和特定关系当中，主要包括雇佣关系存续期间接触或者知悉商业秘密的雇员、因合伙投资关系而知悉商业秘密的合伙人、基于许可使用合同而知悉许可人商业秘密的被许可人、商业谈判或者交易过程中知悉对方商业秘密的人、因特定地位（如行政执法人员、法官、律师、书记员、鉴定人员等）而知悉商业秘密的人员。2019年修正的《反不正当竞争法》第9条第2款将侵权者的范围扩展至经营者以外的主体，但这与该法规制市场竞争关系的定位并不相符。《刑法》第219条规定的犯罪主体并不限于"经营者"，原国家工商总局《关于禁止侵犯商业秘密行为的若干规定》也指出侵权主体不限于"经营者"。因此，商业秘密侵权行为的民事立法要摆脱"经营者"范围的局限，制定专门的《商业秘密保护法》是较为合适的做法。

---

① 《刑法》第210条规定的手段与《反不正当竞争法》第9条存在细微的区别，这主要是由于《反不正当竞争法》在2019年修正，将"利诱"修改为"贿赂"，并增加"电子侵入"手段。建议《刑法》在修订的过程中及时进行相应修改。

4. 恶意获取、使用或者披露他人违法取得商业秘密的行为

美国、德国、日本和中国台湾地区都有此类侵权行为。此处的"违法取得"主要是指盗窃、欺诈、胁迫、电子侵入等不正当手段取得之意，既可以是雇员以不正当手段取得雇主商业秘密，也可以是第三人以不正当手段取得他人商业秘密；"恶意"是就侵权者实施行为的意图而言的，"恶意"之意是知道或者应当知道他人取得的商业秘密系违法取得，但是出于竞争或者私利的目的，抑或加害于商业秘密权利人的意图，仍然获取、使用或者披露的情形。本书认为，我国立法上对此种侵权行为应当作出诸如以下的规定：明知或者应当知道他人违法取得的商业秘密，仍取得、使用或者披露的行为构成侵权。

5. 善意从第三人处取得商业秘密后，恶意使用或者披露的行为

此种行为主要是指从第三人处取得商业秘密时，不知道商业秘密是第三人以不正当手段获取的，或者不知道是第三人违反保密协议或者竞业协议获取的，取得商业秘密后知悉第三人非法取得的，但仍使用或者披露的行为。美国《统一商业秘密法》第 2 条及其相关评注和《侵权行为法重述（第一次）》第 757 条、第 758 条及其相关评注，日本《不正当竞争防止法》第 2 条第（9）项，中国台湾地区"营业秘密法"第 10 条第 1 款第（3）项均有诸如"善意取得人嗣后转为恶意者构成侵权"的规定。[①] 然而，我国《刑法》《反不当竞争法》等法律和司法机关有关商业秘密的司法解释都未有此种侵权行为的规定。因此，我国商业秘密立法应当将此种行为列为商业秘密侵权行为。

6. 因意外或者错误而取得商业秘密，恶意使用或者披露的行为

此种侵权行为是指明知或者应知商业秘密是他人意外或者错误而获取并进行使用或者披露的行为。此种行为分为两种情形：①获取商业秘密时，明知或者应知是他人意外或者错误所致，仍然获取商业秘密并加以使用或者披露的；②获取商业秘密时并不知、获取商业秘密后才知道是他人意外或者错误所致，仍然使用或者披露的。本书认为，此类侵权行为也应当为我国立法所借鉴，将第三人意外或错误所致披露商业秘密，获取商业秘密之时或者获取商业秘密之后得知其是他人商业秘密，仍然

---

① 戴永盛：《商业秘密法比较研究》，华东师范大学出版社，2005，第 155 页。

加以使用或者予以披露的行为列为商业秘密侵权行为。

7. 商业秘密侵权未遂行为

从上述德国商业秘密侵权行为的类型介绍来看，该国将商业秘密侵权行为未遂者和预备实施商业秘密侵权行为都规定为犯罪，处以一定的刑事处罚。本书建议将商业秘密侵权未遂行为也认定为侵权行为，商业秘密侵权预备行为不宜认定为侵权行为。因为预备行为并没有着手实施任何侵权行为，也未出现任何侵权事实，将其写入商业秘密立法之中略显牵强。将商业秘密侵权未遂行为列为侵权行为之一，对于打击商业秘密侵权行为、保护商业秘密权利人权益无疑是有利的。

第二节　商业秘密侵权行为的认定

商业秘密侵权行为的认定，是司法实践中遇到的基本问题。一般而言，法院按照原告的诉讼请求寻求最有效的司法救济路径的基本思路，结合商业秘密诉讼的基本特点，原告应当证明以下事实：商业秘密成立——权利人（原告）对商业秘密享有权利——被控侵权人（被告）存在侵犯商业秘密行为的事实——被告的抗辩事由不成立——因侵权行为产生损害结果的事实。法院审理商业秘密案件过程中认定侵权的方法可以简单地概括为"相同（实质性相似）＋接触－合法来源"。此判定方法的含义是指：①原告应当证明其所主张的商业秘密与被诉涉嫌侵权的信息在内容上是相同的或者具有实质的相似性；②原告还应当证明被诉侵权者曾经接触过或者可能接触过其所主张商业秘密的事实；③被告对原告所主张的商业秘密系自己通过合法途径获取或者不构成商业秘密承担证明责任，原告可以提供证据推翻被告不构成侵权的抗辩主张。①"相同（实质性相似）＋接触－合法来源"是法院审理侵犯商业秘密诉讼的重要步骤和必经程序。

一　司法实务中对商业秘密侵权判定方法的具体适用

按照"相同（实质性相似）＋接触－合法来源"来认定商业秘密侵

---

① 孔祥俊：《商业秘密司法保护实务》，中国法制出版社，2012，第162页。

权，应当遵循一定的逻辑顺序依次进行。在前一个事实认定得到肯定后，才可进入下一个事实的认定。前一个事实认定得到否定的答案，下面的事实就不必再需要认定，可直接作出侵权行为不成立的结论。这样的认定思路可以方便当事人诉讼，减轻诉讼人负担，节约司法资源。

第一步，根据原告提出的证据和被告针对性反驳证据，判定原告所主张的秘密信息是否构成商业秘密。此环节是认定商业秘密侵权的基本前提，如果原告所主张的秘密信息不属于商业秘密，其诉讼请求就不成立，法院也就没有再继续认定被告行为是否商业秘密侵权行为的必要了。唯有根据原告提出的证据和被告针对性反驳证据，认定原告主张保护的信息构成商业秘密，法院才会进行下一环节的诉讼内容。

第二步，根据证据材料认定原告商业秘密的内容与被告所获取、使用或者披露信息的内容是否相同或者实质性相似。"相同"是指原告商业秘密的内容与被告所获取、使用或者披露信息的内容完全一样，没有丝毫区别；"相似"是指被告获取、使用或者披露的信息与原告的商业秘密内容存在细微、非本质的区别，两者在基本功能、实现的目的或者达到的效果方面相同，即具有实质性相似。这里的"相同"或者"相似"一般需要法院委托专门机构进行技术鉴定，并且将技术鉴定结论作为信息相同或相似性认定的重要参考依据。只有原告所主张的信息构成商业秘密，且被告所获取、使用或者披露信息的内容与原告商业秘密相同或者实质性相似，诉讼程序才能继续进行下面的第三步。

第三步，根据证据材料认定被告曾经是否存在接触过商业秘密的事实。基于商业秘密侵权的隐蔽性较强，原告试图证明被告实际实施了《反不正当竞争法》第9条第1款或者《刑法》第219条规定的侵权行为往往较为困难。正因为此，商业秘密司法实务中形成了"相同（实质性相似）＋接触－合法来源"来认定侵权行为。此处的"接触"事实是认定侵权行为的重要因素。倘若被告没有任何机会接触到商业秘密，那就谈不上构成侵权。"接触"可分为直接接触和间接接触，直接接触主要发生于雇佣关系当中或者商业秘密转让、谈判等过程中；间接接触主要包括从通过正当手段获取商业秘密的第三人那里得到商业秘密的情形。对于"接触"事实的证明，法院一般引入我国民事诉讼的证明标准来处理。《民事诉讼证据的若干规定》第63条明确要求法院应当依据能够证明事实的证据依法作出判决。其第 95 条规定："一方当事人控制证据无正当理由拒不提交，对待证事实负有举证责任的当事人主张该证据的内容不利于控制人的，人民法院可以认定该主张成立。"商业秘密侵权纠纷案件中，对于"接触"事实的认定应当遵循《民事诉讼证据的若干规定》第 63 条和第 95 条的规定，倘若原告因所主张的接触事实的证据由被告所控制，但是被告无正当理由不递交的，则由被告承担商业秘密侵权诉讼的不利后果。

第四步，被告抗辩事由是否成立的认定。在商业秘密侵权诉讼中，被告通常以自己获取的秘密信息具有合法来源来对原告的诉讼主张进行抗辩。如果被告能够提供证据证明其获取的信息来源是合法的，法院不得认定被告的行为构成侵权。一般而言，通常"反向工程""独立开发""合法继承""合法兼并"等合法手段都是被告提出抗辩的合理事由。

通过上述四个步骤，倘若被告所持有、使用或者披露的信息与原告所主张构成商业秘密的信息在内容上是相同的或者实质性相似，且原告能够提供证据证明被告有接触商业秘密的机会，被告又不能证明其获得的信息具有合法来源，一般认定被告构成商业秘密侵权行为；否则，不然。

二 "相同（实质性相似）+ 接触 - 合法来源"的判定方法

"相同（实质性相似）+ 接触 - 合法来源"是法院判定被告是否构成商业秘密侵权行为的基本方法。此判定方法在适用过程中应当注意以下两个方面。第一，此判定方法不是当事人举证规则，并不要求原告对判定方法中三个要素的相关事实承担全部举证责任。双方当事人应当根据案件审理需要分别承担不同的举证责任。第二，此判定方法是认定商业秘密侵权行为的基本规则，并不适用全部商业秘密侵权案件。例如，消极信息（negative information）主要是开发者为了创造发明或者完善和改进新技术，花费很大精力得出的一些失败数据、方法、设计、配方等，对开发者没有任何用处也不能运用到商业活动中去的信息。[1] 然而，消极信息却可以使竞争对手少走弯路，能给开发者带来一定的竞争优势，因此其对开发者仍然具有一定的利益，可以构成商业秘密。在审理此类

[1] Charles Tait Graves, "The Law of Negative Knowledge：A Critique," *Tex. Intell. Prop. L. J.* 1 (2007)：387–416.

商业秘密侵权案件时，原告很难甚至根本不可能证明被告使用其消极信息，法院无法直接适用"相同（实质性相似）＋接触－合法来源"判定方法来认定被告是否构成商业秘密侵权行为。此类情形，更多的是借助于被告对原告商业秘密信息载体的窃取行为、商业秘密所涉及技术的发展程度和特点以及被告从事与原告相同经营项目或者生产相同产品等事实予以综合认定。①

三　商业秘密侵权行为的构成要件

商业秘密不同于传统知识产权，其侵权极易造成商业秘密泄密、竞争优势丧失，甚至给权利人带来毁灭性打击，综合域外国家的司法经验和我国的实际情况，在认定某一行为是否构成商业秘密侵权行为时，应当可以按照侵权行为者的主观心理状态来审查其是否具备相应的要件。具体来说有以下几点。

1. 争议信息构成商业秘密

根据前文所述，认定某一信息是否构成商业秘密，要看其是否具备秘密性、实用性、保密性三要件。判定商业秘密侵权行为之前，法院首先应当认定争议信息是否构成商业秘密，这是此类案件得以顺利进行的前提和基础。

2. 实施相关法律所禁止的行为

此处相关法律所禁止的行为主要是指《反不正当竞争法》第9条规定的不正当手段获取、使用、披露等行为，被告实施了上述其中的一种行为，即可认定实施了商业秘密侵权行为，例如，虽然通过正当手段获取，但是随后非法使用或者披露的，其使用或者披露即构成侵权，不能因为其获取手段正当，就否定其行为的不法性。需要指出的是，客户名单侵权行为具有一定的特殊性，离职雇员通过招揽或者引诱客户，使得原雇主的客户资源流失。此时，加害行为对应的是离职雇员招揽（引诱）客户的行为。②

3. 主观上存在侵害的故意

明知是他人商业秘密，故意采取不正当手段获取、使用或披露，或

---

① 孔祥俊：《商业秘密司法保护实务》，中国法制出版社，2012，第165页。
② 黄武双：《商业秘密保护的合理边界研究》，法律出版社，2018，第81页。

者故意提供给第三人使用或披露的，即可认定行为人存在主观上的故意。

　　商业秘密侵权行为的构成要件不宜规定得过于严格，只要具备上述三个要件即可认定。需要注意的是：①不宜以行为的完成为其构成要件，只要行为人实施商业秘密行为，其是否顺利实施在所不问；②是否造成损害结果，不能作为其构成要件。有些学者认为，造成商业秘密权利人的损害是商业秘密侵权行为的构成要件之一。① 本书认为，此观点值得商榷，虽然实施加害行为，没有造成任何经济上的损失或者丧失竞争上的优势等损害后果，但是，行为人并未对自己实施的行为付出相应代价，无法对其产生震慑作用，不利于商业秘密保护，同时，将是否造成损害结果作为商业秘密侵权构成要件也不符合域外国家和地区立法趋势。例如，美国、德国、法国和中国台湾地区知识产权立法中都有侵权未遂的规定，甚至美国对侵权预备行为亦处以刑罚。本书认为，是否造成损害结果不能作为是否认定侵权行为的要件，但可以作为行政处罚和司法裁判的重要依据。③正是因为是否造成损害结果不是认定侵权行为的要件，行为与结果之间的因果关系更不可能成为商业秘密侵权行为的构成要件之一。

四　侵犯客户名单行为构成侵权的认定规则

（一）侵犯客户名单行为是否构成侵权行为的一般规则

　　据我国相关机构统计，商业秘密纠纷案件大多涉及客户名单问题，例如，宁波市中级人民法院发布的《商业秘密民事纠纷案件审判白皮书》指出，在泄露的商业秘密中，涉及"客户名单"的最多，占 63.3%；② 又如，新浪网《客户名单——为何泄露的商业秘密总是它》一文披露，泄露商业秘密案件，涉及客户名单的占 44.47%。获取、使用或者披露客户名单是否构成商业秘密侵权行为，除了遵循本节"商业秘密侵权行为的构成要件"来认定以外，还需要考虑以下因素。

1. 开发客户名单的难度

　　对于那些开发难度较大的客户名单，一般倾向于认定其构成商业秘

---

① 黄武双：《商业秘密保护的合理边界研究》，法律出版社，2018，第 82 页。
② 李章军、张良宏等：《加强商业秘密保护 营造公平竞争环境——浙江省宁波市中级人民法院关于商业秘密民事纠纷审判情况的调研报告》，《人民法院报》2014 年 5 月 15 日。

密，开发难度较小的客户名单，一般不宜认定其构成商业秘密。这只是从一个普遍意义上而言的，不能一概而论。

2. 客户名单是否为权利人在某领域带来高度的竞争力

在认定某客户名单是否构成商业秘密时，还应当考虑此客户名单能否为雇主带来高度的竞争优势。那些对雇主毫无价值的客户名单，显然不构成商业秘密。

3. 客户名单内容的深度

作为商业秘密的客户名单，其客户名单的内容不是客户名称、公知客户办公地址和电话等简单信息的罗列，而是包括客户名称、地址、电话、特殊需求、交易习惯等的信息。

4. 客户的数量和与客户交易情况不是衡量其是否构成商业秘密的因素

《最高人民法院关于审理不正当竞争民事案件应用法律若干问题的解释》第13条第1款将"汇集众多客户的客户名册"作为商业秘密的客户名单的重要组成部分。由于客户名单中的客户数量较少，其是否具有秘密性受到质疑。然而，客户的数量不是判断客户名单是否具有秘密性的依据，即便客户数量少，这些客户的深度信息也不容易被掌握，但是这些深度客户信息仍然具有秘密性，并构成商业秘密。与客户的交易情况也是如此，保持长期业务往来的客户，这些客户名单容易被认定为商业秘密而受到法律保护。那些潜在、短期、临时的客户信息并非一定不构成商业秘密，这些信息如果是深度信息且不易为外人所掌握，亦可构成商业秘密。

（二）侵犯特殊行业客户名单行为构成商业秘密侵权的特殊规则

客户名单涉及雇主、雇员、客户等不同主体的利益诉求，特别是诸如律师、医院等特殊行业，这些领域的侵权行为认定，既要考虑到雇主为开发客户名单所付出的精力、采取的保密措施，也要考虑到客户是否存在"个人信赖"关系和"引诱"行为。

1. 是否形成"个人信赖"关系

实务部门将是否形成"个人信赖"关系作为考虑获取、使用或者披露特殊行业客户名单是否构成商业秘密侵权行为，具有一定的合理性。"信赖关系"是指基于个人信赖，被告能够证明客户自愿与其进行交易的，视为正当竞争行为，此种不构成商业秘密侵权行为。例如，美国新泽西州高级法院审理的 Edmond J. Dwyer and Albert C. Lisbona v. Fred W. Jung JR 案①，原告与被告是同一律所的合伙人，开业初期有竞业禁止协议约定，客户名单属于原告所有，被告离职后 5 年内不得与原律所所发展的客户开展业务关系。然而，被告离职后违反协议约定，与原单位所发展的客户开展业务关系，原告遂向法院提起诉讼。法院审查认为：

> 律师行业竞业禁止协议与一般行业竞业禁止协议有着本质区别，本案中先前所签订的竞业禁止协议无效。客户有权选择代理律师，原告不能限制客户基于信赖关系委托被告作为其代理律师，法院对原告的诉讼主张不予支持。有鉴于此，在考察信赖关系是否存在，被告须证明：①雇员离职前，被告与客户存在信赖关系，并且基于信赖关系而与原单位进行过交易；②雇员离职后，客户基于信赖关系自愿与离职雇员或者其新进单位进行交易。

2. 是否存在"引诱"行为

是否存在"引诱"行为是判定被告获知并使用客户名单是否构成商业秘密侵权行为的关键因素之一。所谓"引诱"行为，是指在雇佣关系终止以后，离职雇员存在招揽或者引诱原雇主的客户，并将这些客户资源转移至自己或者新雇主，与原雇主形成竞争关系的行为。判定"引诱"行为要有引诱事实的存在，还要考虑引诱误导的程度、引诱的对象等。引诱误导的程度，是指引诱具有目的性和误导性，并使得客户产生误解，达到了引诱所要达到的目的。引诱的对象大多数是离职雇员，且这些雇员与原雇主的客户不存在信赖关系，离职雇员在原雇主工作期间不存在与该客户有基于信赖关系的交易行为。例如，Reeves v. Hanlon 案②中，被告汉隆（Hanlon）离开原律所，与原律所律师格林（Greene）合办一家新律所。被告离职前复制带走 2200 名原律所客户资料，通过电话、邮件等手段引诱原律所客户在不明真相的情况下选择他们的律所，使

---

① Edmond J. Dwyer and Albert C. Lisbona v. Fred W. Jung JR, 137 N. J. Super. 135; 348 A. 2d 208; 1975 N. J. Super. LEXIS 546.

② Robert L. Reeves et al. v. Daniel P. Hanlon et al., 33 Cal. 4th 1140; 95 P. 3d 513; 17 Cal. Rptr. 3d 289; 2004 Cal. LEXIS 7239.

得原律所失去大量的原有客户。原告以被告侵犯其商业秘密向法院提起诉讼。被告主张客户自愿与其交易，属于正常的业务关系，不存在侵犯商业秘密行为。法院在判决书中指出：

> 本案客户资料具有独立的经济价值，原告采取了保密措施，构成商业秘密。被告使用电话、邮件等手段向客户做出说明，有引诱误导客户的意思，致使有些客户甚至误认为 Reeves 死亡或者营业终止。同时，在被告的引诱行为误导下，一年内原告有 144 名客户流失。故本院对原告的诉讼请求予以支持，上述客户名单属于商业秘密，被告的行为构成侵权。

第三节　商业秘密侵权的救济途径

基于商业秘密的秘密性特征，一旦披露将会给权利人造成难以弥补的经济损失或者使其丧失应有的竞争优势，法律必须对此侵犯商业秘密行为予以规制。因此，建立与完善商业秘密侵权救济途径就显得尤为必要。本节将从比较法的视角对域外国家商业秘密侵权救济途径的相关立法进行梳理，总结出可移植于我国的立法经验，为完善我国商业秘密侵权救济途径提供有益借鉴。

一　商业秘密侵权的实体救济

（一）美国商业秘密侵权的实体救济

1. 禁令

美国商业秘密禁令（injunctions）主要有临时禁令（temporary restraining injunctions）、预备禁令（preliminary injunctions）和终局禁令（permanent injunctions）三种不同的形式。

（1）临时禁令。此种禁令适用于诉讼前，旨在阻止商业秘密侵权行为给原告造成难以弥补的损失，临时禁令的有效期为 10 日，临时禁止到达被告之日起 2 日内可以申请变更或者撤销。法院颁布临时禁令之前原告应当提供适当担保，以保证颁布不当临时禁令给被告造成损害可以获得相应赔偿。临时禁令的颁布必须符合一定的条件和要求，美国《联邦民事诉讼规则》第 65 条 b 项对申请临时禁令程序方面的条件和要求作出了规定，此项指出，原告申请临时禁令时应当证明：①已书面通知对方；②未书面通知对方（例如，无法联系到对方）应提交宣誓书或者诉状，说明不颁布临时禁令将会给自己造成无法弥补的损失。在实体上应当证明：①不颁布临时禁令将会造成无法弥补的损失；②发布临时禁令有益于公益；③不颁布临时禁令对其他利害关系人造成的损害；④原告胜诉的可能性极大。

（2）预备禁令。此禁令适用于起诉后判决前，原告防止诉讼过程中被告披露的商业秘密给其造成无法挽回的损害，向法院提出禁令申请，由法院核准或者驳回原告禁令申请。原告在申请诉中禁令时应当证明以下几点。①提供有胜诉希望的证据。对此，原告应当证明：有法律保护商业秘密的存在；原告合法持有这些受法律保护的商业秘密；原告基于信赖关系将商业秘密披露给被告，或者被告非法占有（misappropriation）商业秘密；被告使用或者披露的行为给原告造成经济损失，或者被告有使用或者披露商业秘密风险的存在，且可能造成原告的经济损失。[①] ②如不颁布预备禁令将会造成难以弥补的损失（irreparable injury）。此处"难以弥补的损失"与临时禁令所述"难以弥补的损失"含义有所不同，此处是指不能以金钱标准衡量的损失（例如，造成商业秘密的完全公开），能够以金钱标准衡量的损失不得向法院申请颁布诉中禁令。③原告利益与社会公共利益进行利益平衡。例如，原告应当证明：自己所受到的损害大于被告因诉中禁令所受到的损害；拟制禁止侵害行为将会提高商业道德和维护公共利益；等等。

（3）终局禁令。美国司法实践中，法院在判决后颁布终局禁令时形成了以下三种规则。①被告基于信赖关系原因知悉原告商业秘密，但未经原告同意而加以使用或者披露，此时原告可以向法院请求颁布永久禁令，永远禁止被告使用该商业秘密，即便原告日后公开商业秘密或者对此商业秘密取得专利。此规则被称为 Shellmar 规则，是美国联邦第七巡

① Steven J. Stein, *Trade Secret Litigation*, Practising Law Institute, 1995, pp. 199 - 200.

回法庭在审理 Shellmar Products Co. v. Allen-Qualley Co. 一案①时所确立的规则。②原告因取得专利权或公开商业秘密而使商业秘密消失，其申请终局禁令后法院不得颁布禁令。此规则被称为 Conmar 规则，由美国联邦第二巡回法庭在审理 Conmar Products Corp. v. Universal Slide Fastener Co. 一案②时所确立。③考虑原告商业秘密的"领先时间"（lead time），确定一个合理的时间，在此期间内原告可以请求法院颁布禁令。此处"合理时间"是指以独立研发或者反向工程等合法手段获取原告所持有商业秘密所需要的时间，或者是原告在其所在领域保持竞争优势所持续的时间。合理时间届满，原告不得向法院申请禁令，法院也不得对此颁布禁令。此规则被称为 Winston Research 规则，是美国联邦第九巡回法庭在审理 Winston Research Corp. v. Minnesota Mini & Mfg. Co. 一案③时所确立的规则。

本书较为赞成第三种做法，既可以很好地保护原告的商业秘密，也不会对知悉商业秘密者的利益造成损害。

2. 单方扣押令

单方扣押令（ex parte seizure orders）是美国司法机关为了保护原告的利益和保存证据，防止被告可能破坏、变更或者隐藏侵占存储于计算机和磁盘等的电子证据，原告可以向法院申请授予单方扣押令，且此扣押令的授予可以不需要书面或者口头通知被告及其律师。联邦民事诉讼规则第 65 条即授予法院享有授予单方扣押令的自由裁量权，但是，暂时限制令的颁布仅限于：①宣誓证明的起诉或者宣誓的口供书清楚地表明，被告的行为如不及时颁布限制令将会造成无法恢复的损失、损害或者伤害，不能及时听取被告及其律师的意见；②申请人或者其律师以书面的形式向法院证明本方已经尽了通知的努力，或者支持无须通知的请求理由。法院授予单方扣押令，对被告的电子证据进行拷贝，需由法院任命保持独立地位的计算机专家进行，不得不合理地影响被告的正常营业。计算机专家拷贝电子证据后不得告知原告，而将其直接交由法院处理。

3. 损害赔偿

美国关于商业秘密损害赔偿主要有补偿性损害赔偿（compensatory

---

① Shellmar Products Co. v. Allen-Qualley Co. , 87 F. 2d 104 （7th Cir. 1937）.

② Conmar Products Corp. v. Universal Slide Fastener Co. , 172 F. 2d 150 （2nd Cir. 1949）.

③ Winston Research Corp. v. Minnesota Mini & Mfg. Co. , 350 F. 2d. 134 （9th Cir. 1965）.

damages）、惩罚性损害赔偿（punitive damages，exemplary damages）和律师费（attorney fees）等情形。

（1）补偿性损害赔偿。补偿性损害赔偿的计算标准主要有以下几点。①原告所遭受的实际损失。②被告因侵权行为产生的不正当所得（unjust enrichment）。此处"不正当所得"包括被告因盗用商业秘密而获得的利润和其他费用（如被告因盗用而节省的研究开发费用、因销售含有原告商业秘密的商品所获得的利润等）。③原告所遭受的损失与被告因侵权行为所获得的收益只择其一，即以损害额高的计算，如果两者不重复，可以合并计算。补偿性损害赔偿计算时间从被告使用或者泄露原告商业秘密之日起，至原告商业秘密公开之日止。

（2）惩罚性损害赔偿。此种损害赔偿主要是基于被告存在故意且为恶意，例如，以间谍手段获取商业秘密、雇用原告离职雇员以获取原告商业秘密、引诱他人违反保密义务等，原告可以依照美国《统一商业秘密法》第3条b款规定，向法院申请惩罚性损害赔偿，但申请赔偿的数额不得高于补偿性损害赔偿的2倍。

（3）律师费。美国各州对救济商业秘密侵权行为的律师费分别作出不同规定，通常情况下，除法律另有明文规定以外，律师费由诉讼各方自行负担。但是，美国《统一商业秘密法》规定当事人一方盗用商业秘密存在恶意或者故意的，或者提起盗用商业秘密之诉存有恶意的，抑或提出禁令申请存在恶意的或者提出抗辩存在恶意的，法院可判定其向胜诉方支付诉讼费用。

4. 合理的使用费

美国《统一商业秘密法》第2条第2款规定，法院如果认为颁布禁令存在不妥当的（unreasonable），可以要求使用者支付合理的使用费。此处"不妥当"主要表现为以下几点。①出于社会公共利益的需要，必须继续使用其非法获得的商业秘密，例如，Republic Aviation Co. v. Schenk Co. 案，原告的商业秘密被使用于军用飞机上，若禁止被告使用此商业秘密，将会对国家军队造成不利的后果，法院驳回原告的诉讼请求，并判定被告向原告支付合理的使用费。[1]　②保护善意第三人，即善意

---

[1]　Republic Aviation Co. v. Schenk Co. , 152 U. S. P. Q. 830.

第三人基于其不知商业秘密系不正当手段获取，其也为实施此商业秘密做好必要准备的，法院若颁布禁令将对其造成不公平的后果。此时法院可以要求第三人支付合理的使用费，以弥补商业秘密权利人的损失。

5. 积极的行为

美国《统一商业秘密法》第2条第3款被视为"积极的行为"（affirmative act）条款，也是原告采用的一种重要的排除侵害方式。此款指出，商业秘密仍处于保密状态等适当情形的，法院可以判决被告作出积极行为，以保持原告商业秘密的安全。例如，按照原告诉讼请求，返回其非法获取的商业秘密资料、销毁使用非法获取商业秘密制造的产品或者设备。

（二）德国商业秘密侵权的实体救济

德国对于商业秘密侵权救济立法主要集中于《反不正当竞争法》，其立法形成以刑事处罚为主，辅之以不作为请求权和损害赔偿请求权。该法第17条至第19条对"泄露商业秘密或者经营秘密""样品利用过程中配方、图样等的利用或者泄露""诱使泄密或者自愿泄密"等行为的处罚做出了具体规定。关于商业秘密侵权行为的处罚本章第一节已作具体介绍，此处不再赘述。

德国对商业秘密侵权行为的处罚辅以损害赔偿请求权和不作为请求权，主要援引该国《反不正当竞争法》第2章"法律后果"相关条款，具体来说有以下几点。①损害赔偿请求权。该法第9条规定，故意或者过失违反禁止不正当竞争行为的规定，对竞争者因此产生的损害负有赔偿责任。②不作为请求权。该法第8条规定，竞争者违反禁止不正当竞争的规定，权利人可请求其排除妨害；如存在再犯可能的，可以请求竞争者停止相关行为。① 从此条来看，侵害行为已经发生或者即将发生时，权利人可以行使不作为请求权，来保护其商业秘密不受侵害。

（三）日本商业秘密侵权的实体救济

1. 不作为请求权

日本《不正当竞争防止法》第3条第1款就规定了不作为请求权，

① "禁止不正当竞争行为的规定"是指德国《反不正当竞争法》第3条之规定："不正当竞争行为，如足以损害竞争者、消费者或者其他市场参与人而对竞争造成并非轻微的破坏的，则是非法的。"

此条规定指出，商业秘密权利人可以向侵权者请求停止侵害或者停止即将着手实施的侵害。不作为请求权有两种形态，即停止侵害请求权和预防侵害请求权。①停止侵害请求权是指侵害人实施侵害商业秘密的行为已经造成权利人营业利益受损的，权利人可以请求侵害人停止实施该侵害行为；②预防侵害请求权是指侵害人所作的行为使权利人营业利益面临潜在损害危险的，权利人可以请求侵害人停止实施此行为。因此，不作为请求权的行使并不局限于实际损害发生，只要权利人的商业秘密面临潜在危险时就可以行使。

2. 损害赔偿请求权

日本《不正当竞争防止法》第 4 条和第 5 条对损害赔偿请求权和损害赔偿数额的确定作出了具体的规定。其中，第 4 条规定，故意或者过失实施不正当竞争行为致使他人利益受损的，应当赔偿由此造成的损害。第 5 条第 1 款规定，因不正当竞争行为造成权利人经营上的损害，权利人请求损害赔偿的，如果加害者因损害而获得利益，一般将获得利益额推定为权利人在经营上的损害额。第 3 款规定，损害赔偿请求的损害额可以超过受害者在经营上所受的损害额。从上述立法规定来看，只要侵权者以不正当竞争损害权利人利益的，不论是故意还是过失，都可以主张赔偿请求权；受害者请求损害赔偿额可以超过受害者的实际损害额，即采用惩罚性赔偿制度。

3. 恢复信用请求权

日本《不正当竞争防止法》第 7 条指出，不正当竞争致使他人经营信用受到侵害，受害者可以向法院提出责令侵权者采取必要措施恢复其经营信用以替代损害赔偿，或者作出损害赔偿判决的同时采取必要措施恢复其经营信用。此条主要是针对受害者经营信用上的受损，要求侵权者给予经济上的赔偿或者要求侵权者恢复经营上的信用，并给予经济上的赔偿。例如，利用他人商业秘密生产假冒伪劣商品、进行虚假宣传等，给商业秘密权利人个人信用和商业信誉造成严重损害的，可以适用此条的规定，向法院提出恢复信用请求权。

4. 其他积极行为之请求权

根据日本《不正当竞争防止法》第 3 条第 2 款的规定，不正当竞争致使他人经营利益受到损害的，或者有受到潜在损害的可能的，权利人在请求停止侵权行为的同时，有权请求销毁侵权工具、侵权生产的材料和侵权生成物，还可以请求停止其他侵害或者即将着手实施侵害的行为，例如，请求停止预备制造商业秘密侵权工具而购买制造工具所需材料的行为。

（四）我国立法现状与制度完善

我国商业秘密侵权救济途径的立法规定，主要集中于《民法典》第179条，《反不正当竞争法》第17条、第12条和《刑法》第219条等。一般而言，当商业秘密受到不法侵害或者有侵害的危险时，权利人可以行使停止侵害、防止侵害、赔偿损害、返还财产、恢复信誉等请求权。然而，我国现有的救济途径在立法上可操作性不强，亟待完善和健全。

1. 停止侵害请求权

停止侵害请求权是指商业秘密受到不法侵害，权利人有权请求侵害者停止不法侵害行为。其内容包括：不得继续使用商业秘密、停止销售非法利用商业秘密所生产的商品。停止侵害请求权的救济方法，主要目的是除去商业秘密的侵害状态，防止侵权给原告带来更大的经济损失。需要注意的是，停止侵害请求权的行使以存在商业秘密为前提，如果商业秘密因侵权而丧失秘密性，权利人就无法行使侵害停止请求权，只能行使下面所说的损害赔偿请求权。

即便在商业秘密侵权行为存续期间，停止侵害请求权也不是都能够得到法院支持的，法院根据案件实际情况，对原告的停止侵害请求权进行必要的限制。①根据上述美国立法例的分析，美国《统一商业秘密法》指出，司法机关认为停止侵害请求权的实施将有"不适当"的，可在商业秘密可预期的保密期限内，要求侵权者支付合理的使用费。例如，倘若商业秘密涉及国防利益、重大公益等，法院可以判决被告继续使用商业秘密，但是应当向原告支付合理的许可费。②商业秘密存续一定期限后，凭借被告自己专业知识和技能水平，商业秘密能被其合法掌握，那么法院可以判决被告在这一存续期限内不得使用商业秘密，此存续期间届满后，被告可以自由使用商业秘密。①

2. 防止侵害请求权

防止侵害请求权，是指商业秘密尚未受到侵害，但是他人实施的行

---

① 张玉瑞：《商业秘密的法律保护》，专利文献出版社，1994，第207页。

为足以使商业秘密发生侵权潜在危险的，权利人可以请求采取必要的措施，防止商业秘密侵权结果的发生。此救济方法就是《民法典》第179条"消除危险"的规定。此处所言的"危险"主要包括以下几点。①侵害者以不正当手段获取但尚未使用或者尚未披露或者允许他人使用的，权利人有权请求侵害者立即停止使用、允许他人使用或者披露的行为。②知悉原雇主商业秘密的雇员离职后正准备就职于原雇主竞争对手的，原雇主有权请求新雇主不得雇用掌握其商业秘密的员工；已经就职于原雇主竞争对手的，经原雇主请求解除雇佣关系或者限制工作岗位。③权利人有权请求销毁侵害者打算使用商业秘密制造产品的设备或者已经制造出的产品。

3. 财产返还请求权

财产返还请求权即是《民法典》第179条"返还财产"的规定，是指侵权者应权利人请求，得返还其盗取的含有商业秘密的文件资料。需要注意的是，就传统民法理论而言，权利人要求侵权者返还的是原物，而不包括复制物。按照此理论，权利人只能要求侵权者返还含有商业秘密的文件资料原件，对于复制件却无权主张返还。这无异于放纵侵权行为继续发生，显然有违商业秘密保护的基本宗旨。因此，在未来的商业秘密立法上，应当作出诸如："权利人有权请求返还含有商业秘密内容的文件资料及其复制品"的特别规定。

4. 损害赔偿请求权

权利人因商业秘密侵权行为而遭受损害的，有权向侵权者请求损害赔偿。数个商业秘密侵权者共同实施侵权行为的，各侵权者对权利人的损害赔偿负连带责任。权利人行使损害赔偿请求权时，损害赔偿数额的确定标准是依据《反不正当竞争法》第17条的规定还是最高人民法院《关于审理不正当竞争民事案件应用法律若干问题的解释》（法释〔2007〕2号）第17条的规定，是实行补偿性损害赔偿还是惩罚性损害赔偿，本章第四节将进行具体分析，此处就不再赘述。但是，无论适用上述哪个规定，都表明权利人享有损害赔偿请求权。

5. 信誉恢复请求权

《民法典》第179条规定，权利受到他人侵害的，权利人可以要求侵害者消除影响、恢复名誉。商业秘密侵权行为也是如此，商业秘密受到不法侵害，权利人有权请求侵害人消除影响、恢复信誉。我国立法上并未对商业秘密侵权案件之信誉恢复作出明文规定，笔者认为，信誉恢复将对权利人的利益产生重大影响，我们可以借鉴日本《不正当竞争防止法》第7条的规定，在给予侵权者经济上赔偿的同时，要求其恢复经营上的信誉。例如，对于利用他人商业秘密生产假冒伪劣商品、进行虚假宣传等，主要通过主流媒体、网络媒介等广而告之的形式恢复他人经营上的信誉。

6. 确立民事自助救济

全国人大代表、著名法学家孙宪忠在2019年全国两会期间接受采访时表示，在刑法领域正当防卫的概念不断得以匡正的今天，应当让民法领域的民事自助概念进入公众视野，建议在《民法典》中完整确立民事自助制度，内容包括自力防卫、自力取回、暴力自助的限度以及发生争议的处理等。[①] 因此，在商业秘密立法中，引入民事自助救济制度成为保护商业秘密权利人合法权益的重要途径。为此，本书建议商业秘密立法中作出如下类似规定：①商业秘密文件资料遇到他人侵占、抢夺的，权利人出于保护商业秘密之目的，有权行使占有防御权；②商业秘密文件资料遇到他人侵占、抢夺后，权利人可以一己之力就地追踪侵占或者抢夺者，取回其商业秘密。

二　商业秘密侵权的程序救济

（一）美国商业秘密侵权的程序救济

美国《统一商业秘密法》第5条规定，法院在审理商业秘密案件过程中，为确保商业秘密不被泄密，可以采取合理的保护措施。这些措施主要包括以下几点。

1. 颁布命令禁止证据开示程序泄密

法院启动商业秘密诉讼程序后，原告根据案件的审理需要有权请求法院颁布保护命令，禁止证据开示程序揭示商业秘密。美国《联邦民事诉讼规则》第26条第c款第7项规定，原告请求颁布保护命令，应当证

---

① 孙宪忠：《民法典亟待确立民事自助制度》，中国法学网，http://iolaw.cssn.cn/xzxz/201905/t20190514_4894051.shtml，最后访问日期：2020年12月10日。

明：商业秘密的存在；证明如揭示商业秘密将会造成的损害。被告也可以请求揭示商业秘密，但必须证明：揭示商业秘密系审理本案所必需，直接关系到案件的公正审理。法院根据当事人的请求及其提供的证据，酌情决定是否颁布保护命令。①

　　2. 不公开审理

　　法院可以根据商业秘密案件的审理需要，禁止被告代理律师以外的其他诉讼代理人参与诉讼，禁止包括律师在内的所有出庭人员将涉案的商业秘密和庭审过程中所出示的相关证据向外界披露。对于案件审理过程中涉及的含有商业秘密内容的文件，诉讼参与人可以事先共同约定代号并将其标记于文件上，庭审过程中诉讼参与人只能提及文件代号，法庭记录也以其代号代替。如果法官认为确有必要，可以命令书记员不记载或者删除涉及商业秘密的信息。为防止商业秘密泄露，法院在审理案件过程中应当采取以下措施：①根据案件审理的需要，必须做技术鉴定时，仅将商业秘密披露给具有鉴定资格的、与案件没有利害关系的专家，该专家仅向被告出示鉴定结论；②仅能将商业秘密披露给排除被告管理人和个人律师以外的本案诉讼律师；③仅能将商业秘密披露给诉讼记录上载明的律师，且不包括不具有律师身份的管理人员；④为保持商业秘密的秘密状态，允许原告仅出示含有双方争议部分的秘密信息内容，且出示的为代表性的样品；⑤法院可以要求原被告双方将彼此知悉和揭示的商业秘密封存于信封并交由法院存放保管。②

　　3. 封锁诉讼记录

　　按照美国司法惯例，诉讼记录实行一般公开，任何单位和个人均可自由查阅。然而，对于商业秘密侵权案件，诉讼记录通常被封锁，限制一般人查询。即便诉讼当事人要查阅对方在诉讼活动过程中提供的物证资料，也应当经审理本案的法官许可，并在法院书记员等相关人员的监督下查阅。离开法庭之前，参与庭审的任何人所进行速记、抄本、副本和其他形式的记录，必须交由法院保存，不得带出庭审现场。

　　（二）德国商业秘密侵权的程序救济

　　德国法院审理案件不采用完全公开制度，没有经过言辞辩论的，不

---

① Steven J. Stein, *Trade Secret Litigation*, Practising Law Institute, 1995, p. 196.
② 戴永盛：《商业秘密法比较研究》，华东师范大学出版社，2005，第177页。

得公开。例如，破产、家事、禁治产、抗告、行为能力等案件都不得公开。德国法院认为，不利于生产或者营业上有重要价值秘密信息需要保护的，对涉及案件秘密信息部分的内容或者全部案件的内容不予公开。诉讼参与人对诉讼活动中知悉的秘密信息负有保密的义务。但是，对于诉讼记录，德国法院实行公开制度。只有案件当事人才能查阅诉讼记录，并可以请求法院提供诉讼记录的正本、副本或者誊本。案件当事人以外的人若想查阅诉讼记录，应当向法院说明其与本案的利害关系，并在征得案件当事人同意的情况下由此案的审判长裁量。[①]

（三）日本商业秘密侵权的程序救济

日本《宪法》第82条指出，法院案件的审理和判决应公开进行。只有在法官一致认为公开审理和判决有害于社会公共利益或者善良风俗，不得公开审理。同时，日本《法院组织法》第60条和《民事诉讼法》第151条规定，诉讼记录由书记员保存，除特殊情况外，任何人都有权查阅诉讼记录。"特殊情况"有两种：①有必要保全诉讼记录的，或者有妨害法院执行职务的；②尚未经过言辞辩论的。

针对上述的立法规定，日本学者普遍认为商业秘密案件不宜公开审理，主要有两种代表性的观点：①商业秘密案件一旦公开审理，既有违人格尊严和基本人权，也违背宪法精神，不利于案件公正处理；②商业秘密案件公开审理有害于市场经济秩序。因为商业秘密的泄露不仅直接导致权利人的经济损失，而且可能导致产业秩序的混乱。[②] 本书较为赞同第二种观点，此观点能够很好地诠释商业秘密保护之目的，也符合日本《宪法》第82条第2款所称的"有害于公共秩序"。

（四）我国立法现状与完善

1. 审理方式

我国《宪法》第130条规定："人民法院审理案件，除法律规定的特别情况外，一律公开进行。"《人民法院组织法》第7条也明确规定，除涉及国家秘密、未成年人犯罪案件和个人隐私案件外，一律公开审理。

---

① 戴永盛：《商业秘密法比较研究》，华东师范大学出版社，2005，第177页。
② 〔日〕伊藤·真：《商业秘密的保护与审理的公开原则》，刘荣军译，《外国法译评》1994年第2期。

《民事诉讼法》第134条规定，涉及商业秘密的案件，法院根据当事人的申请，实行不公开审理。无论是否公开审理，案件都应当公开判决。从上述立法来看，商业秘密案件是否公开审理，由当事人向法院提出申请，具体是否采取此审理方式由法院视情况而定。对于商业秘密案件公开审理问题，本书还认为，倘若涉案的商业秘密妨害个人健康，或者损害国家或社会公共利益，应当公开审理。

　　2. 诉讼期间

《民事诉讼法》第68条规定，法庭审理商业秘密案件的质证环节，对涉及国家秘密、商业秘密和个人隐私的证据应当保密，需要在法庭出示的，不得在公开开庭时出示。由此来看，涉及商业秘密的证据材料，法院一般不进行双方当事人直接质证。因此，质证环节涉及商业秘密时，为了防止商业秘密的"二次泄露"，应当做到：①对涉及商业秘密的证据材料，在诉讼准备程序和诉讼记录等环节进行代号编写，诉讼中用代号来替代涉密的证据材料；②根据案情需要，可以聘请技术专家就相关问题进行鉴定，对于技术专家的鉴定结果，在庭审时仅向对方当事人公布；③案件庭审过程中的相关文件、证据材料和个人所做的记录，不得带出法庭；④倘若争议的信息构成商业秘密，法院对案件的宣判，仅宣告判决结果，且判决书中不得记载与商业秘密相关的内容。

　　3. 诉讼记录

我国立法和司法解释对诉讼记录是否公开只有在未成年人犯罪案件上有过明确规定，对未成年人犯罪的记录实行有条件的封存。然而，商业秘密案件的诉讼记录是否公开，并未作出规定，这对于涉及商业秘密案件的审理无疑是不利的。本书认为，我国立法上应当借鉴美、德、日等国的做法，对诉讼记录的保存和使用作出如下明确的规定：①案件审理结束后，卷宗材料应当密封，由法院专门部门保存，并标记"秘密"字样；②案件卷宗的查阅仅限当事人及其委托的代理律师；③与案件有利害关系的第三人查阅诉讼记录的，须征得当事人同意并经法院审查许可。

　　4. 保密义务

《法官法》第10条规定，法官应当保守审判工作秘密。当然，负有保密义务的不仅限于审判人员，当然还包括书记员、司法警察等。

案件当事人、辩护人、代理人、证人、翻译人员、鉴定人等诉讼参与人，对审判过程涉及的商业秘密也负有保密义务。然而我国立法上并未对此作出规定。本书建议，我国立法上可以作出类似于如下规定：审判人员和诉讼参与人应当对审理过程中涉及的商业秘密负有保密义务，违反保密义务使用或者泄露商业秘密的，应当依照法律的规定承担相应责任。

第四节 商业秘密侵权的赔偿责任

一 侵权损害赔偿性质的争议

对于商业秘密侵权赔偿的性质定位为补偿性赔偿还是惩罚性赔偿，国内外司法实践中做法不一。在我国，2017 年颁布的《反不正当竞争法》第 17 条规定："因不正当竞争行为受到损害的经营者的赔偿数额，按照其因被侵权所受到的实际损失确定；实际损失难以计算的，按照侵权人因侵权所获得的利益确定……权利人因被侵权所受到的实际损失、侵权人因侵权所获得的利益难以确定的，由人民法院根据侵权行为的情节判决给予权利人三百万元以下的赔偿。"2019 年修正的《反不正当竞争法》第 17 条将赔偿数额上限提高至 500 万元。就其性质而言，此种赔偿方法被普遍地称为补偿性赔偿（compensatory damage）。从域外国家司法实践来看，英美法系国家和一些大陆法系国家的立法和司法界采取的是惩罚性赔偿（punitive damage），例如，美国《侵权行为法重述（第一次）》第 47 章第 908 条规定，惩罚性赔偿是指在补偿性赔偿之外，为惩罚侵权者的恶意行为而阻止其和类似侵权者在将来实施相同或者类似行为而给予的赔偿。美国《统一商业秘密法》第 3 条 b 款也规定，存在恶意或者故意侵占商业秘密的，法院可责令被告承担不超过本条 a 款规定赔偿额 2 倍的附加赔偿。

尽管我国立法上将损害赔偿的性质定位为补偿性赔偿，但是，中央主要领导、司法实务部门和知识产权学界均主张在知识产权领域引入惩罚性赔偿机制。例如，习近平总书记在首届中国国际进口博览会开幕式主旨演讲中论及知识产权保护时特别强调："引入惩罚性赔偿制度，显著提高违法成本。"① 李克强总理在 2019 年政府工作报告中提及知识产权保护时明确指出:"健全知识产权侵权惩罚性赔偿制度。"② 《最高人民法院关于充分发挥审判职能作用 为企业家创新创业营造良好法治环境的通知》(法〔2018〕1 号) 规定,探索建立知识产权惩罚性赔偿制度,依法保护用人单位的商业秘密等合法权益。③ 笔者从中国知网上检索有关知识产权领域内的"惩罚性赔偿",共有 1164 篇学术论文,知识产权侵权惩罚性赔偿成为当前学术界研究的热点问题。

综上所述,无论是域外国家的立法趋势,还是我国社会各界的主张看法,商业秘密侵权损害惩罚性赔偿机制一定会被逐步确立,并体现于将来的商业秘密保护立法中。

二　商业秘密侵权损害赔偿标准的确立

(一) 我国商业秘密侵权损害赔偿标准确立的难点

我国采用商业秘密侵权损害法定赔偿制度,对商业秘密保护起到了重要的作用。然而,补偿性赔偿数额标准的确定方面仍然面临着一些亟待解决的难题,其主要体现在以下几点。

1. 权利人实际损失数额难以认定

有学者认为,权利人的实际损失,可以比照上一年度同期原告所得的利润,计算出本年度同期因侵权行为所遭受的损失,即原告实际损失数额 = 原告上一年度同期所得利润 - 本年度同期实际所得利润。笔者认为,此观点值得商榷,因为一些原告并未因侵权行为的发生而产生利润下降,如季节不同、购买力差异等都可能导致利润下降,利润下降有时并非全部因为被告侵犯商业秘密的行为。同时,由于企业财务、审计等制度不健全,企业经营状况透明度不高,部分企业缺乏完整或者值得信赖的财务资料,原告因侵权遭受到的实际损失数额很难确定。④ 为解决

---

① 《习近平谈治国理政》第 3 卷,外文出版社,2020,第 204 页。

② 《2019 年政府工作报告》,中国政府网,http://www.gov.cn/zhuanti/2019qglh/2019lhzfg-zbg/,最后访问日期:2021 年 4 月 11 日。

③ 《最高人民法院关于充分发挥审判职能作用 为企业家创新创业营造良好法治环境的通知》,最高人民法院网,http://courtapp.chinacourt.org/fabu-xiangqing-76142.html,最后访问日期:2021 年 4 月 11 日。

④ 孔祥俊:《商业秘密保护法原理》,中国法制出版社,1999,第 355 页。

权利人实际损失数额难以认定的难题，司法实务部门探索出以下做法：鉴于侵权行为挤占原告的市场份额，原告应得的赔偿数额可以计算为原告的单位利润乘以被告的侵权产品销售量。此算法如果被采纳，《反不正当竞争法》第17条规定的"赔偿数额按照其受到的实际损失计算"就显得多余，只需要直接规定"按照侵权者因侵权所获得的收益计算"即可，况且侵权者因侵权所获得的收益也难以认定。

2. 侵权者因侵权所获得的收益难以认定

《反不正当竞争法》第17条规定的在原告实际损失无法计算的情况下，其损失按照侵权者因侵权所获得的收益来认定，这实质上是对损害赔偿的一种推定。然而，以侵权者因侵权所获得的收益来认定原告的实际损失也较为困难，这主要是由于侵权者在合法经营情况下可获得的收益难以确定。与上述相类似，我们不能用侵权者所获得包括合法经营和侵权在内的所有收益减去其上一年度同期所获得的合法收益来计算，这对于侵权者仍显得不够公平。同时，即便知悉企业的实际经营现状，仍然面临着涉案商业秘密相关的实际损失或者利润收益如何剥离的难题。产品的销售利润与产品质量、广告投放、售后服务等都有很大关系，如涉案商业秘密仅对产品某个部件起作用，即使可以确定企业的销售利润，涉案商业秘密在销售利润中的比例也难以确定，侵权所获得收益就无法计算。①

3. 适用法定赔偿缺乏明确的法律指引

法定赔偿针对原告实际损失和侵权非法所得难以认定的实际情况，减轻原告的举证责任，赋予法官自由裁量权来实现对商业秘密权利人合法权益的维护，使法院能够顺利地审理此类案件。从我国司法审判情况来看，商业秘密侵权案件的受害者赔偿采用法定赔偿的比例达80%以上，这也充分表明法定赔偿在此类案件审理中发挥着不可替代的作用。②然而，法定赔偿并没有具体、明确的规定，法律和司法解释对法定赔偿的酌定情节规定得比较笼统，在给法官赋予较大自由裁量权的同时，也给实际操作带来了较大的困难。加之，各地法院和同一法院不同的法官

① 孔祥俊：《商业秘密司法保护实务》，中国法制出版社，1999，第193～194页。
② 钱玉文、沈佳丹：《侵犯商业秘密罪中"重大损失"的司法认定》，《中国高校社会科学》2018年第1期。

在司法理念、理解能力和审判水平等方面都存在差异，这就导致类案或同案不同判的现象，这在一定程度上影响到司法公信力。

（二）商业秘密损害赔偿标准的比较法例

对于商业秘密损害赔偿标准，国际条约、域外国家和中国台湾地区等都作出了较为完善的立法规定，为完善我国商业秘密损害赔偿标准，本书将分别以世界贸易组织《与贸易有关的知识产权协议》、日本《不正当竞争防止法》和中国台湾地区"营业秘密法"为例，从比较法的视角进行分析，希望对我国损害赔偿标准的确立有所裨益。

1. 《TRIPS 协议》商业秘密损害赔偿标准的规定

《TRIPS 协议》第 45 条以国际条约的形式确立知识产权损害赔偿数额标准，此条规定当然适用于商业秘密侵权行为损害赔偿问题，对各国立法都具有一定的指引性作用。该条指出：①侵权人明知或者应知自己的行为系侵权，司法部门有权责令其向权利人支付损害赔偿，损害赔偿费按足以弥补因知识产权侵权造成的损失为标准；②司法部门还有权责令侵权人支付权利人为维护权利所产生的合理开支，包括适当的律师费用。即便侵权人不知自己的行为系侵权，缔约国仍可以授权本国的司法部门责令其返还不当所获利益或支付法定赔偿，或者二者并处。

2. 日本商业秘密损害赔偿标准的规定

日本《不正当竞争防止法》第 4 条规定了商业秘密损害赔偿标准，此条指出，因故意或者过失通过不正当竞争手段侵害他人利益的，侵权行为人应当对此承担赔偿责任。但是，对使用商业秘密行为产生的损害，权利人有权行使停止或者预防请求权。因行为人连续行为，经营上的利益由此受到损害或者具有损害危险的，自知道侵权事实和行为人之日起3 年内未行使，停止或者预防请求权因时效届满而消灭。此权利消灭后，侵权行为造成商业秘密权利人的损害，不在此限。由此可见，颁布禁止令后，商业秘密权利人在三年内未使用商业秘密的，知悉商业秘密者可以使用该商业秘密，无须承担赔偿责任。第 5 条对赔偿数额的确定列举了3 种方法：①不正当竞争导致经营利益受损的，在请求故意或者过失侵害致其经营利益遭到损害的赔偿时，如果侵权者因侵权获得利益，则推定该利益为受损赔偿数额；②第 2 条第 1 款第 4～9 项所列不正当竞争导致经营利益受损，如果属于故意或者过失侵害所造成的损害，请求赔偿的,可以将相当于商业秘密权利人应得的数额,作为受到的损害数额;③原告可以要求超过上述各项损害的赔偿数额。倘若经营利益受损,但侵害者不存在故意或者重大过失的,法院可以酌情决定损害赔偿额。

3. 中国台湾地区商业秘密损害赔偿标准的规定

中国台湾地区"营业秘密法"第13条确定了商业秘密损害赔偿数额的标准。此条规定由被害人选择下列任一损害赔偿方法。①依据中国台湾地区"民法典"第216条规定主张损害赔偿额,但法律另有规定或者当事人另有约定的除外。此条规定,被害人无法证明其受到的损害时,损害赔偿额为使用营业秘密所得预期利益减去被害人使用同一营业秘密所得的利益。②以侵害人因侵权所得利益主张损害赔偿额,但侵害人无法证明其所支付成本或者必要费用的,侵害赔偿额以其所得全部收入计算。与此同时,该法第13条还规定,如果前两项规定,故意实施侵权的,法院可以结合侵害情节并依被害人请求,酌情给予损害数额以上的赔偿,但不能超过实际损害数额的3倍。

(三) 我国商业秘密损害赔偿标准的确立

通过上述商业秘密损害赔偿标准的比较法例研究,本书认为我国在立法上应当从以下四个方面确立商业秘密损害赔偿数额标准。

1. 商业秘密的研发费用

商业秘密一旦被侵权者获取、使用或者披露,商业秘密权利人所支付的研发费用即可能无法收回,研发费用无法收回是由此侵权行为引起,所以,商业秘密的研发费用应当纳入到赔偿数额中。

2. 侵权行为期间权利人因侵权行为而遭受的损失

如上所述,侵权行为期间难以确定权利人所受到的实际损失,这给损害赔偿具体数额的计算带来不小阻力。当权利人因侵权所受到的实际损失难以确定时,是按照最高人民法院(法释〔2007〕2号)第17条规定,参照《专利法》和《商标法》的内容确定损害赔偿额,还是依照《反不正当竞争法》第17条规定,依照侵权人所得利益确定损害赔偿额呢?按照法律位阶原则,当然先适用《反不正当竞争法》第17条之规定。有学者认为,此种损害赔偿方法不尽合理,因为存在侵权者所得的利益大于权利人受损利益的情况,这种情况将其所得的全部利益赔偿于权利人，势必对侵权者略显不公而对权利人过分有利。①笔者对此观点不敢苟同，一旦权利人所受到的实际损失无法计算时，可以按照侵权人因侵权所获得的收益计算，若因侵权行为所获得的收益无法计算，且其又无法承担举证责任的，应以其所获得的全部收益作为赔偿数额。这既可以保障权利人的合法权益，也可以让侵权者付出沉重的代价，警示侵权者和其他人不敢以身试法。需要指出的是，此处侵权期间的实际损失，当然包括诉讼期间继续发生的损失，因为有些案件即便在诉讼期间，原告尚未向法院申请颁布临时禁令或者法院依职权颁布临时禁令，侵权行为仍然在继续，此时因侵权遭受的损失也应当计算于赔偿数额中。

3. 未来可预期的利益损失

商业秘密权利人损失不局限于当前的利益损失，当然还包括未来可预期的利益损失。可预期的利益损失是指在商业秘密未被公开的情况下，权利人本可以因支配商业秘密而获得的利益，例如，许可或者转让商业秘密可得的利益、未来可预期其保持竞争优势时间段所能获取的利益。

4. 其他费用

若侵权行为成立，侵权者还应当承担包括原告为维护其商业秘密权所支出的合理费用、律师费用、诉讼费用等。

在确定商业秘密损害赔偿范围时，我们应当区分两种不同的情况，分别划定赔偿的合理范围：第一，在商业秘密尚未公开的情况下，商业秘密损害赔偿的范围主要包括侵权行为期间权利人因侵权行为而遭受的损失和其他费用；第二，在商业秘密被完全公开的情况下，商业秘密损害赔偿的范围主要包括上述四项全部内容。

（四）确立惩罚性赔偿制度

从上述比较法例来看，各国在商业秘密侵权领域大多引入惩罚性赔偿制度，这一制度使"赢了官司输了钱""损失大赔偿少"的问题得到了有效的解决，确立惩罚性赔偿制度不失为一个最佳选择。值得注意的是，2019年修正的《反不正当竞争法》第17条第3款规定："经营者恶意实施侵犯商业秘密行为，情节严重的，可以在按照上述方法确定数额的一倍以上五倍以下确定赔偿数额。"惩罚性赔偿制度的确立，既有利于

---

① 李仪、苟正金：《商业秘密保护法》，北京大学出版社，2017，第203页。

加强对侵权行为的惩戒，使其不敢以身试法，也有利于鼓励商业秘密权利人起诉侵权行为。上述规定对惩罚性赔偿的适用具有一定的指引，但是，此制度仍然需要进一步完善。

1. 惩罚性赔偿的适用条件

第一，惩罚性赔偿主要适用于故意实施商业秘密侵权行为的情形，"情节严重"并不是适用惩罚性赔偿的必备条件。这是因为：其一，"情节严重"从立法和司法上难以界定；其二，惩罚性赔偿的主要目的是让侵权者付出沉重的代价，并不能以"情节严重"为要件。第二，适用惩罚性赔偿的基本条件是权利人提供确凿的证据，证明侵权人存在预谋和故意行为。同时，惩罚性赔偿不以权利人商业秘密是否泄露为必备条件。

2. 惩罚性赔偿的数额规定

为了有效地阻止和惩罚侵权行为，立法上应当对惩罚性赔偿数额作出合理的规定。上述立法将惩罚性赔偿数额规定为《反不正当竞争法》第17条第3款确定数额的一倍以上五倍以下。但是，无法按照《反不正当竞争法》第17条第3款确定数额的，赔偿数额便无法计算。因此，将惩罚性赔偿规定作为第17条第5款，更为合适，即便侵权赔偿数额无法确定，仍然可以依据第17条第4款"五百万元以下"的倍数适用惩罚性赔偿。

综上分析，本书建议我国未来的《商业秘密保护法》对惩罚性赔偿单独作为一条或者一款，并作出类似于如下规定：商业秘密侵权行为实行惩罚性赔偿制度，惩罚性赔偿数额为本法规定方法确定侵权赔偿数额的一倍以上五倍以下；惩罚性赔偿的适用范围仅限于故意实施商业秘密侵权行为，权利人应当对侵权人的故意行为承担举证责任；惩罚性赔偿的实施不以商业秘密是否泄露为必备条件。

三 侵权损害赔偿的举证责任

2019年修正的《反不正当竞争法》第32条规定侵犯商业秘密案件的举证规则，然而，此条规定仍略显不足。此处仅规定侵权认定过程的举证规则，而对于侵权造成损害赔偿金额确定的举证，并未作出明确的规定，这对于商业秘密侵权损害赔偿数额的认定无疑是不利的。根据我国《民事诉讼法》中"谁主张、谁举证"的诉讼规则，商业秘密侵权赔偿各方应当对自己所提出的主张承担举证责任,对拒不提供证据的一方将承担由此带来的不利后果。原告方应当证明:①其所主张的信息构成商业秘密;②被告方获取、使用或者披露的信息与自己的商业秘密相同或者实质性相似;③被告获取、使用或者披露自己的商业秘密时采取不正当手段,因侵权行为给自己带来的实际损失或者被告所获得利润等。当然,对原告的举证责任规定不能过于严苛,否则将会导致原告无法维护自己的合法权益。例如,原告很难凭借自己的知识水平证明被告所使用的信息与其所持的商业秘密相同或者实质性相似,法院根据被告涉嫌侵权的可能性大小,组织或者指定鉴定机构进行技术鉴定,将鉴定结果作为判定侵权行为的辅助手段,作出侵权行为成立与否的认定;原告对其实际损失数额或者侵权者因侵权所获得利润的证明,只要求根据条件尽量确定。应当注意的是,原告需要对自己因侵权行为所受实际损失的具体数额承担举证责任,而对被告因侵权行为所获利润之事实承担举证责任,至于所获利润的具体数额则不需要承担举证责任。就被告而言,其应当证明其所获取、使用或者披露的信息不构成商业秘密或者商业秘密系自己合法取得或者合理使用的;当法院确认存在侵权,损害赔偿计算时被告应当证明其利润的全部或者部分并非源于侵权,如果被告无法证明其因侵权行为获得利润的具体数额,则会面临法院将其经营期间所得的全部收入计算为损害赔偿数额的风险。

商业秘密侵权损害赔偿案件中,经常会碰到当事人妨害举证的情形,此时法院就可以适用证据推定规则。从理论上说,推定是根据某一已知的事实存在而作出的与之相关的另一事实存在(或不存在)的假定。[①]《最高人民法院关于民事诉讼证据的若干规定》第95条规定,控制证据的一方没有正当理由拒不提供证据,法律条文规定举证责任者主张此证据不利于控制者的,法院推定举证者的主张成立。此规定为被告妨碍举证的情形下适用证据推定规则提供了法律依据,当然也适用于商业秘密侵权损害赔偿诉讼。司法实践中,不少法院采纳此种做法,对原告有证据证明被告持有获利账簿等资料而拒不提供,或者被告向法院提供虚假证据欺骗法院的,造成法院无法查明原告受到的损失或者被告非法获利的,如果原告提供的

---

① 孔祥俊:《商业秘密司法保护实务》,中国法制出版社,2012,第196页。

计算损失或者获利方法较为科学、合理，可以直接支持原告的诉讼请求。[1]法院在适用此规则时，还需要注意：①向被告表明其拒绝提供证据需要承担不利的法律后果，严格禁止判决结果公布时才表明案件审理过程中适用证据推定规则；②对原告提出的侵权损害赔偿数额计算方法进行审查。在被告拒绝提供证据的情况下适用证据推定规则，仍然需要对原告提出的侵权损害赔偿数额计算方法的合理性进行审查。在充分审查并排除合理怀疑的基础上，方可采纳原告主张的计算方法并确定合理的赔偿数额。

第五节　商业秘密侵权的技术鉴定

商业秘密侵权的技术鉴定，是指依照法律规定的程序、要求和形式，对商业秘密纠纷案件中所涉及的技术信息内容由鉴定机构进行审查和评价，得出科学、正确结论的过程。[2]技术鉴定在商业秘密侵权行为认定中得到了普遍应用，其鉴定结论与其他书证、证人证言、视听资料等共同构成定案的重要证据。然而，当前我国商业秘密侵权纠纷中采用技术鉴定方式仍然暴露出不少问题，引起社会各界和案件当事人的不满。本节将对我国司法审判中商业秘密技术鉴定存在的问题进行必要探讨，并针对这些问题提出立法建议。

一　商业秘密技术鉴定的范围

倘若权利人主张某一技术信息构成商业秘密，此信息必须具备秘密性、保密性和实用性三要件。然而，司法实践中法院对技术性事实的认定仍然缺乏合理的认知，无法作出合理的判断。此时亟须引入技术鉴定，对法官无法判断的技术性、复杂性、跨学科的"专门性问题"进行鉴定，得出较为权威的结论，为商业秘密侵权案件的审理提供重要证据。针对商业秘密技术鉴定而言，其范围主要包括：①权利人所主张的被诉侵权技术信息是否为公知技术；②涉嫌侵权者使用的技术信息是否与权利人所主张的商业秘密相同或者实质性相似。需要指出的是，商业秘密

---

[1]　《江苏省高级人民法院关于知识产权侵权损害适用定额赔偿办法若干问题的指导意见》（苏高法审委〔2005〕26号）第5条。

[2]　《河南省高级人民法院商业秘密侵权纠纷案件审理的若干指导意见（试行）的通知》。

技术鉴定不是所有商业秘密侵权案件的必经程序，在有更为便捷、代价更为低廉的方法对技术性事实作出认定并能够替代技术鉴定的情况下，其就不必考虑到商业秘密技术鉴定的范围。

二　商业秘密技术鉴定的必要性

通过商业秘密技术鉴定范围的分析，我们认识到并非商业秘密侵权案件所涉及的技术性事实均需要经过技术鉴定程序方可确定，商业秘密技术鉴定的必要性需要从技术鉴定的本质和双方当事人的举证责任分配等方面进行综合考虑。

（一）在其他手段无法查明的情况下启动技术鉴定程序

众所周知，对技术性、复杂性、跨学科领域的技术性事实进行技术鉴定，周期普遍较长、效率偏低，严重影响到法院的案件审理进程。同时，技术鉴定需要聘请大量的技术专家参与其中，费用较高，增加了诉讼当事人的经济成本。因此，技术鉴定程序并不是专业技术事实认定的必选方式，只有在其他方法无法查明时才可通过技术鉴定来加以判断。例如，法院在认定专业技术事实时，可以咨询相关领域的技术专家或者吸纳相关领域的技术专家作为人民陪审员。

（二）改变证据规则仍无法证明技术性事实时启动技术鉴定程序

传统民事诉讼举证责任的基本原则是"谁主张谁举证"，根据我国相关司法解释的规定[①]，由原告对被告所使用的信息与自己所主张的商业秘密相同或者实质性相似、被告有不正当手段的事实承担举证责任，这势必加重原告的举证责任负担，不利于商业秘密案件的审理。在商业秘密纠纷案件中，原告举证的事实可以分为积极事实和消极事实。[②] 以商业秘密构成要件为例，"价值性""保密性"是积极事实，原告举证较为容易；"秘密性"是消极信息，原告举证难度较大，特别是涉及复杂的技术性事实时，由被告对涉密信息为公众所知悉承担举证责任，将更为便捷易行，也就不必要启动效率低、成本高的技术鉴定程序。

---

① 《最高人民法院关于审理不正当竞争民事案件应用法律若干问题的解释》第 14 条。
② 邓恒：《商业秘密司法鉴定之实践检讨》，《知识产权》2015 年第 5 期。

（三）综合考虑各相关因素认为不宜启动技术鉴定程序

对于经过技术鉴定程序后仍然无法得出是否构成商业秘密、是否存在侵权行为的明确结论，或者诉讼标的较小而技术鉴定费用过高致使启动技术鉴定没有存在必要的，法院将不会启动技术鉴定程序，但可以根据案情适时降低权利人的"信息是未公知技术"、被告信息与其技术秘密"相同或者实质性相似"的证明标准。因此，技术鉴定的启动不仅仅要考虑是否可以得出明确的鉴定结论，还应当考虑技术鉴定的经济成本、周期成本和技术可行性等因素。

三　商业秘密技术鉴定的机构

根据司法部《司法鉴定机构登记管理办法》的规定，技术鉴定机构应当具备鉴定资质，并经司法行政机关审核登记，取得许可证后方可在登记的业务范围内开展鉴定活动。然而，我国立法对由谁有权决定需要鉴定、鉴定机构由谁来选定仍然存在争议，《民事诉讼法》第76条规定，法院有权根据案件需要作出是否进行技术鉴定的决定。在最高人民法院《关于全国部分法院知识产权审判工作座谈会纪要》中也有类似明确的规定，同时，此纪要还指出，倘若没有法定的技术鉴定部门，可以由案件当事人就鉴定机构进行协商，案件当事人协商无法达成一致的，法院根据案件审理需要可以指定权威的专业组织作为鉴定部门，也可以委托科技部或各省（区、市）主管部门组织专家进行专业鉴定，而不能委托知识产权局、商标局、版权局进行专业鉴定。但是，在商业秘密侵权案件中，双方当事人处于对立状态，很难对鉴定机构达成一致意见，最终鉴定机构的选定还是由法院来决定。①

对于鉴定机构的选定，学界和实务界存在一些争议。赞成最终由法院来决定并委托鉴定机构这一方式的学者认为，法院决定并委托鉴定机构主要是基于三个方面的原因：其一，法官通过案件事实与证据的认定对案件做出符合实际的判决，因而只有法官清楚哪些事实需要进行技术鉴定以获得专门性鉴定结论；其二，鉴于当事人委托鉴定所提供的鉴定

---

① 徐棣枫：《商业秘密诉讼中技术鉴定若干问题研究》，《南京大学法律评论》2001年第2期。

材料往往未经核实，所作出的鉴定结论与案件事实不符，从而对客观事实的认识产生偏差；其三，鉴定人员接受案件当事人的委托，往往难以保证鉴定人员的中立地位，作出的鉴定结论难以得到对方当事人的认同，无法达到技术鉴定应有的目的。[1] 反对者认为，法院来决定并委托鉴定机构，无形中剥夺了当事人选聘鉴定人的权利，同时此做法还存在以下弊端：其一，违背法官在审判中保持中立的原则；其二，为司法腐败创造了有利机会；其三，违背民事诉讼举证责任分配原则。[2]

本书较为认同第二种观点，当前对抗式诉讼模式成为一种主流的诉讼模式，对抗意味着裁判者不主动介入诉讼过程，而仅对诉讼的实体和程序事项作出合理的裁判。在司法实践中，不少法院尝试由当事人双方邀请技术专家作为专家证人出席法庭，向法官阐明技术事实，并通过交叉询问的质证程序，促使法官对技术事实的论证过程有较为透彻的认知，对技术事实作出合理的认定。法官在商业秘密侵权案件审理中，专家证人的专业技术性陈述仅起辅助性作用，辅助法官查明案件事实。

四　商业秘密技术鉴定的法律责任

《民事诉讼法》第 77 条对鉴定人的权利作出了明确规定，然而，法律并未规定鉴定人应承担的义务，更没有对鉴定人未履行鉴定人应尽的义务或者鉴定工作中的失误而导致委托当事人败诉造成的损失应承担补偿等法律责任作出具体规定。根据《侵权责任法》的规定，鉴定机构应当对其过错给当事人带来的损失承担民事责任。然而，当事人对鉴定机构的选定不能达成一致时，鉴定机构由法院依职权来作出指定。倘若要求鉴定机构承担民事责任，无异于挑战法院的指定，要求法院赔偿。世界上有些国家对鉴定人法律责任在认识上存在一些差异，例如，德国最高法院认为，鉴定人作为法官的助手，其内心保持中立，要求其承担因自己鉴定结果而遭受败诉的责任，是一种危险的做法。而德国 1977 年《民事诉讼法》修改委员会报告中提到，鉴定人对其因重大过失而作出

---

[1]　张方：《关于鉴定权归属的思考》，载何家弘主编《证据学论坛》第 2 卷，中国检察出版社，2001，第 411～412 页。

[2]　徐棣枫：《商业秘密诉讼中技术鉴定若干问题研究》，《南京大学法律评论》2001 年第 2 期。

错误的鉴定结果承担责任。法国主要依据《民法典》第 1382 条的规定，鉴定人的行为符合"过失""损害""因果关系"三要件，当事人即可追究鉴定人的法律责任。美国采取的是当事人自行聘请专家证人制度，其当事人对自己聘请行为承担责任，也就谈不上要求鉴定人承担法律责任。

本书认为，针对商业秘密技术鉴定而言，鉴定人在符合"故意""损害""因果关系"三要件时，应当对其鉴定结果负有法律责任；倘若引入专家证人制度，鉴定人则无须对其鉴定结果负有任何法律责任。

第八章　商业秘密刑事立法制度建构

2020 年 1 月 15 日，中美双方在华盛顿签署《中华人民共和国政府和美利坚合众国政府经济贸易协议》（以下简称《中美经贸协议》）。《中美经贸协议》第一章第二节即用 7 个条款对强化商业秘密保护进行规定，这进一步表明双方对商业秘密保护的关切。从我国当前立法上看，《中美经贸协议》第 1.1 条至第 1.6 条与 2019 年修正的《反不正当竞争法》和《最高人民法院关于审查知识产权纠纷行为保全案件适用法律若干问题的规定》等法律、司法解释是基本契合的。但是，《中美经贸协议》第 1.7 条、第 1.8 条有商业秘密刑事启动门槛、程序和处罚的有关规定。这些规定对我国当前商业秘密刑事立法产生了巨大影响，诸多问题需要从立法层面予以澄清。为此，本章拟从认罪标准、犯罪体系和诉讼程序等方面加强立法，重构科学严密的商业秘密刑事立法体系，以实现与《中美经贸协议》的无缝衔接。

第一节　我国商业秘密刑事立法的现状与困境

一　我国商业秘密刑事立法的现状

1997 年《刑法》修订前，我国对商业秘密的刑事立法保护相对滞后，由于当前缺乏侵犯商业秘密罪条款，司法实践中通常将盗窃、泄露商业秘密造成严重损害的行为适用盗窃、受贿、贪污等罪名条款，以变通之法实现对侵犯商业秘密罪的有效打击。例如，1992 年"两高"颁布的《关于办理盗窃案件具体应用法律的若干问题的解释》第 1 条第 4 款规定："盗窃的公私财物，既指有形财物，也包括电力、煤气、天然气、重要技术成果等无形财物。"1994 年最高人民检察院、国家科委颁布的《关于办理科技活动中经济犯罪案件的意见》第 5 条规定："对非法窃取技术秘密，情节严重的，以盗窃罪追究刑事责任。"然而，这些变通之法不能真实反映侵犯商业秘密罪的特点和危害程度，适用、量刑等标准上无法统一。同时，有些侵犯商业秘密的行为无法诉诸其他刑法条款追究侵权者的刑事责任。随着侵犯商业秘密犯罪日益猖獗，上述司法解释和司法政策无法满足商业秘密刑事立法规制的需要。为此，1997年《刑法》修订过程中增设了侵犯商业秘密罪条款，即第219条、第220条。第219条主要规定了商业秘密的概念、侵犯商业秘密罪的行为类型、侵犯商业秘密罪的构成要件。至于商业秘密的概念，前文已作具体论述，此处不再赘述。

侵犯商业秘密罪的构成要件主要有以下几个。①犯罪主体。本罪的犯罪主体是一般主体，凡是具备刑事责任能力且达到刑事责任年龄的自然人都可以构成本罪的主体，单位实施侵犯商业秘密行为的，单位也可以构成本罪的主体。犯罪主体的范围得到《反不正当竞争法》（2019年修正）第9条第2款的认可。当然，侵犯商业秘密罪的犯罪主体主要是接触到商业秘密的人员，例如，雇员、律师、会计师、接触到商业秘密的贸易伙伴等。②犯罪客体。有不少学者认为，侵犯商业秘密罪所侵犯的客体是复杂客体，即商业秘密权利人的合法权益和国家对商业秘密的管理制度。① 也有学者认为，侵犯商业秘密罪所侵犯的客体是单一客体，即商业秘密权利人的合法权益。② 笔者认为，商业秘密权是私权，侵犯商业秘密的行为是一种侵犯个人无形财产权的行为。任何一种经济权利都不只与个人有关，对它的侵犯也会造成社会经济秩序和市场正常监管的混乱无序。因此，侵犯商业秘密罪的客体包括商业秘密权利人的权益和市场公平竞争秩序。③主观方面。本罪行为人在主观方面一般是故意，特殊情况下过失也可以构成本罪。侵犯商业秘密的犯罪行为多数是行为人出于故意，例如，《刑法》第219条第1款规定的犯罪行为。然而，有些行为无论是故意抑或是过失，都构成本罪。例如，行为人明知或者应知第219条第1款的行为，而仍然获取、使用或者披露他人商业秘密的行为。此处"应知"应理解为"应当知道而不知道的"，明显是一种过

---

① 付玉明、姜盼盼：《商业秘密刑法保护的制度困境与应对方案》，载赵秉志主编《刑法论丛》，法律出版社，2015，第297~318页。

② 游伟、张本勇：《侵犯商业秘密罪研究》，载陈兴良主编《刑事法判解》第2卷，法律出版社，2000，第102页。

失行为。为了避免加重过失行为人的刑事责任，宜将此"过失应知"解释为"重大过失"。④客观方面。客观方面表现为违反《不正当竞争法》等法律法规的规定，侵犯商业秘密，给商业秘密权利人造成重大损失的行为，即实施《刑法》第219条第1、2款所列的侵犯商业秘密行为之一，并给商业秘密权利人造成重大损失的，即构成本罪。

二　我国商业秘密刑事立法的困境

我国1997年修订的《刑法》增设了侵犯商业秘密罪，并将其纳入破坏社会主义市场经济秩序一章。此罪名的设立，对保障商业秘密权利人利益、维护公平竞争环境的形成具有重大意义。我国《刑法》明确规定了侵犯商业秘密罪的罪状、罪名、量刑，并对商业秘密概念进行了界定。但是，这些刑事立法规定过于笼统，《刑法》只规定侵犯商业秘密罪这一罪名，不能科学揭示出不同行为主体、不同行为方式在侵害同一商业秘密时的性质和社会危害程度上的差异，不仅违反罪名设置的基本原则，也不符合罪刑相适应原则的要求，有失刑法的公正。①

（一）"重大损失"的认定

"重大损失"是商业秘密侵权行为承担民事责任与刑事责任的分界线，这一表述直接对罪名的设置与刑罚的配置、罪与非罪的界限、行为方式与主观罪过等方面产生了较大影响。因此，法学界对"重大损失"的认定存在较大争议。为此，早在2001年最高人民检察院、公安部联合颁布的《关于经济犯罪案件追诉标准的规定》中对"重大损失"作出了明确的界定，此规定第65条将"重大损失"界定为给权利人造成50万元以上的直接经济损失，或者造成权利人破产或者其他严重后果。从此规定我们可以看出，"重大损失"仅指直接经济损失。2004年"两高"颁布的《关于办理侵犯知识产权刑事案件具体应用法律若干问题的解释》对"重大损失""特别严重后果"的量刑作了具体规定，该解释将"重大损失"的金额定为50万元以上，特别严重后果的金额是250万元以上。此处的"重大损失"不仅限于直接经济损失。按照新法优于旧法的原则，司法实践中当然适用后者。然而，法律层面并未对侵权者给商

① 田宏杰：《论我国知识产权的刑事法律保护》，《中国法学》2003年第3期。

业秘密权利人造成的经济损失的范围和计算方法作出较为明确的规定，这给司法机关认定"重大损失"带来一定的障碍。在司法实践中，侵犯商业秘密行为所造成的损失可以分为直接经济损失和间接经济损失。直接经济损失是指犯罪行为所造成的权利人可计算的财产、收入方面的损失，主要包括商业秘密被非法公开导致的财产灭失、产品滞销、账目显示的收入减少，侵权人非法使用商业秘密进行生产经营而导致权利人现实竞争优势的削弱，等等。间接经济损失是指权利人可得收益的减少，主要包括权利人声誉的损失、市场份额的减少、潜在的竞争优势的丧失等。[①]"重大损失"到底是已显现的直接损失，还是包括预期可得利益的丧失，或者认定为侵权者因侵权行为所获得的利益，实务界和学术界对此存有不同的看法。

（二）罪与非罪标准的认定

侵犯商业秘密罪的认定主要综合考虑侵权程度、社会影响、危害性等方面的因素，而这些因素缺乏统一的标准从而导致认定是否构成犯罪问题存在障碍。"重大损失"的性质，是罪与非罪的标准，还是既遂与未遂的标准，立法和司法解释上都没有予以明确的规定，司法实务中各地做法不一，学术界对此也存在"罪与非罪标准说"和"既遂与未遂标准说"之分。"罪与非罪标准说"认为，是否造成重大损失是认定是否构成侵犯商业秘密罪的标准；"既遂与未遂标准说"则认为，是否造成重大损失是认定侵犯商业秘密罪既遂与未遂的标准，实施侵权犯罪但尚未造成重大损失的，也可构成侵犯商业秘密罪。[②]从此两种学说来看，"罪与非罪标准说"坚持犯罪既遂标准，侵害商业秘密犯罪未遂的行为不能认定为犯罪；"既遂与未遂标准说"则认为侵害商业秘密犯罪未遂的行为也构成犯罪。因此，罪与非罪的标准的认定，成为亟待立法上解决的重要难题。

（三）犯罪行为方式的认定

我国《刑法》第 219 条规定了四种犯罪行为，即不正当手段获取、

---

① 杨正鸣、倪铁：《刑事法治视野中的商业秘密保护——以刑事保护为中心》，复旦大学出版社，2011，第 69 页。

② 杨正鸣、倪铁：《刑事法治视野中的商业秘密保护——以刑事保护为中心》，复旦大学出版社，2011，第 70 页。

非法使用或者披露、合法持有非法使用或者披露、第三人侵权行为。然而，司法实践中对犯罪行为方式却因情势多样而难以认定。

1. 离职雇员利用头脑记忆带走商业秘密

商业秘密案件中，雇员通常以记忆的方式掌握或者知悉在原单位工作期间的技术信息，在雇员离职后，其往往以记忆方式获取的技术信息无法通过"额叶白质切除术"消除记忆内容为由进行抗辩，并由此提出这些信息属于自己掌握和积累的知识、经验和技能，不构成雇主的商业秘密。这以记忆方式获取的技术信息即是本章所言的头脑记忆中的技术信息，也称剩留知识。① 商业秘密诉讼中以记忆为由进行的抗辩，被人们称为"记忆抗辩"。从理论上而言，头脑记忆中的信息主要可以分为两类：雇员知识技能和商业秘密。雇员通过参与不同的工作项目进行积累，形成了自己的知识技能，这些具有娴熟知识技能的雇员受到用人单位的欢迎，符合用人单位利益最大化的目标。倘若每个雇主都担心离职雇员在其单位获得的知识技能为他人所用，而杜绝离职雇员为其他雇主服务，必然会导致其他雇主生产成本的上升，对社会发展也造成负面影响。② 与此同时，雇员特别是企业高管和技术人员，他们有机会接触和掌握企业大量的商业秘密，这些商业秘密亦会成为雇员头脑记忆中信息的一部分，这部分信息不能因为存在于雇员头脑记忆中就否定其商业秘密的基本属性，这就给《刑法》上认定侵犯商业秘密罪带来了困扰。

2. 雇员以其具备的知识技能抗辩犯罪指控

世界知识产权组织（WIPO）在其颁布的《反不正当竞争示范法》的注释中将雇员知识技能认定为"以前的受雇期间所掌握的任何技术、经验和知识。"③ 在侵犯商业秘密刑事案件中，雇员常以原告主张的涉密信息为自己的知识技能抗辩犯罪指控。雇员之所以能够以其知识技能抗辩，主要是由于商业秘密的范围过于宽泛，边界模糊不清，各国立法上对商业秘密的范围界定通常以列举式规定或者概况式表述，无法将其具体操作于犯罪客体认定。加之，许多无法诉诸专利法保护的客体都由权利人以商业秘密的方式加以保护。因而，雇员知识技能与商业秘密时常

---

① 黄武双：《剩留知识的使用与控制研究》，《法学杂志》2008 年第 4 期。
② Follmer, Rudzewicz & Co. v. Kosco, 362 N. W. 2d 676, 677 – 683（Mich. 1984）.
③ 《反不正当竞争示范法及其注释》第 6 条后注释 6.08。

难以区分开来。因此，商业秘密与雇员知识技能的界限划分便是处理此抗辩是否成立的关键所在，也成为侵犯商业秘密罪认定的难点。

3."明知或者应知"的认定存在一定的难度

《刑法》第219条第2款规定的以侵犯商业秘密论的行为，即"第三人明知或者应知"第1款规定的"非法获得的商业秘密仍然获取、使用或者披露该商业秘密"的行为。此处"明知或者应知"在司法实践如何认定，司法机关应当结合具体案情进行有针对性的认定，否则极可能导致犯罪认定错误。有学者认为，"明知或者应知"应包含故意和过失。持此观点的学者认为"应知"是指"应当知道而实际不知道"，若"应当知道且知道"的就是"明知"，"应知"应当认定为过失。[①] 也有学者认为，"应知"是推定明知的一种表达，而不能解释为应知而不知。[②] 本书认为，"应知"主要涉及行为人主观心理状态，不如客观事实那样可以通过外在形态加以证明，因此，"应知"的认定存在一定的难度，《刑法修正案（十一）》将"应知"删除。

（四）案件诉讼管辖分界不明

1.地域管辖

根据"两高一部"2011年联合发布的《关于办理侵犯知识产权刑事案件适用法律若干问题的意见》（法发〔2011〕3号）对知识产权案件的管辖问题作出如下规定："侵犯知识产权犯罪案件由犯罪地公安机关立案侦查。必要时，可以由犯罪嫌疑人居住地公安机关立案侦查。"2018年生效的《关于公安机关办理经济犯罪案件的若干规定》第8条规定："犯罪地包括犯罪行为发生地和犯罪结果发生地。"因此，侵犯商业秘密罪案件立案侦查的地域管辖较为宽泛。

2.级别管辖

侵犯商业秘密犯罪案件一般由基层人民法院管辖。然而，各省司法机关对商业秘密纠纷案件的级别管辖均有不同的规定。以安徽省为例，合肥知识产权法庭跨区域管辖发生在安徽省辖区内的专利、植物新品种、

---

① 阮齐林：《刑法学》，中国政法大学出版社，2008，第524页。
② 杨正鸣、倪铁：《刑事法治视野中的商业秘密保护——以刑事保护为中心》，复旦大学出版社，2011，第115页。

集成电路布图设计、技术秘密、计算机软件、驰名商标认定及垄断纠纷的第一审民事和行政案件。由此可见，除技术秘密以外的商业秘密民事和行政案件仍然由省内各地法院管辖。同时，合肥知识产权法庭在审理技术秘密一审民事和行政案件的过程中，被告人侵权行为达到犯罪的程度，在原告没有提起刑事自诉的情况下，是否将刑事案件移送公安机关处理并由检察机关提起公诉，立法上尚未有明确规定。倘若将刑事案件移送另案处理，势必会造成一案两审的现象，过度浪费司法资源，何况司法实践中几乎没有将审理中的侵犯商业秘密民事侵权案件作为刑事案件进行移送的先例。

　　除地域管辖和级别管辖在立法上规定不够清晰外，侵犯商业秘密犯罪案件在管辖方面还存在一些问题。例如，根据《刑法》和相关司法解释的规定，除了严重危害社会秩序和国家利益的案件，一般均由权利人提出刑事自诉。此规定在适用上面临着不少困境。第一，"严重危害社会秩序和国家利益"该如何界定，无论是立法还是司法解释都没有作出任何规定，这也是涉及商业秘密的刑事案件是否要进行移送的重要原因；第二，侵犯商业秘密犯罪案件是自诉抑或公诉，立法和司法上仍有待进一步澄清。

（五）取证举证质证举步维艰

　　商业秘密侵权行为的隐蔽性、侵权行为的相关证据多而分散，这给侵犯商业秘密罪的侦查取证带来了不少困难。特别是当今信息网络时代，商业秘密犯罪的证据保存与固定变得更为困难，例如，行为人通过即时通信软件（QQ、微信等）、电子邮件等形式传递商业秘密实施犯罪，网络地址、聊天记录、邮件内容、电子邮箱等相关证据的保存和固定就面临着诸多难题。同时，在网络环境下，电子证据更为隐蔽也易灭失，出庭举证质证方面也面临着前所未有的挑战。依据《民事诉讼法》的规定，证明责任分配一般采用"谁主张、谁举证"规则，仅在某些特殊情况下实行举证责任倒置。这些特殊情况主要是指按照传统的证明责任分配规则不利于实现实体法的宗旨的情形，此时考虑实行举证责任的倒置。例如，被告主张自己所获取、使用或者披露的商业秘密是通过合法途径（独立研发、反向工程、合法受让等）取得的，其必须对此承担举证责任，同时，提供的证据与其他证据能够相互印证，否则，被告将承担不利的法律后果，即认定其侵犯原告所持有的商业秘密。然而，在《刑法》第219条中，侵犯商业秘密罪并没有举证责任倒置的规定，这也是当前商业秘密案件胜诉率低的最大原因。

（六）刑民交叉案件的不协调

针对一个侵犯行为同时触犯民事和刑事法律的情形，两种诉讼程序应如何妥善安排处理顺序，以及如何配合实现最好的处理结果，这些是司法实践必须解决的问题。刑民交叉案件主要存在两种不同的情形：一是商业秘密权利人提起民事侵权诉讼，该侵权行为涉嫌犯罪需要追究其刑事责任；二是审理商业秘密刑事案件时，商业秘密权利人提出刑事附带民事诉讼或者单独提起民事诉讼来追究其民事责任。[①] 就商业秘密权利人而言，权利受到侵害时首先考虑到的是如何最大限度地维护自身权益，无论选择民事还是刑事诉讼途径都要服从于这一目的。然而，民事诉讼的程序复杂而耗时太长、举证难度大。从维护商业秘密权利人的角度出发，不走民事诉讼救济途径而改走刑事诉讼救济途径，由国家公诉机关提起公诉，迫使侵权人提供其持有的信息进行鉴定，更有利于最大限度地维护商业秘密权利人的权益。然而，公力与私力双重救济难免会造成公权与私权的冲突，其主要表现为三个方面：①两种诉讼程序先后分别进行，但处理结果却可能互相矛盾；②两种程序的启动，哪种程序在先抑或在后；③民事诉讼程序倘若作为刑事诉讼程序中的附带程序，是否能够起到应有的民事救济作用。[②]

第二节　域外国家商业秘密刑事立法的经验与启示

域外发达国家从维护市场经济秩序和保护商业秘密权利人利益出发，在刑法典、竞争法、单行经济刑法等法律中作出有关刑事立法规定，对侵犯商业秘密的行为予以刑罚制裁，并建立起完善的商业秘密刑法保护制度。为了更好地重构我国商业秘密刑事立法体系，本节拟对英美法系和大陆法系主要国家商业秘密刑事立法进行系统的阐述。

---

① 孔祥俊：《商业秘密司法保护实务》，中国法制出版社，2012，第261页。
② 孔祥俊：《商业秘密司法保护实务》，中国法制出版社，2012，第262页。

一　英美法系商业秘密刑事立法概况

（一）英国商业秘密刑事立法

英国至今尚未出台专门的商业秘密刑事立法，而采取间接的保护模式，即并非直接对商业秘密本身加以刑事立法保护，而是将侵犯商业秘密载体的行为视为侵犯财产犯罪予以刑事处罚。这是因为商业秘密在英国法中不被当作一种财产，商业秘密不具有财产性质。因此，英国司法机关对于以盗窃、诈骗等手段获取商业秘密的物质载体的行为，按照侵犯财产犯罪论处，科以监禁、拘役或者罚金。但是，利用记忆、复制、拍照等方式获取他人商业秘密的行为，不构成侵犯商业秘密犯罪，商业秘密本身不能成为刑事立法的保护对象。① 由此可见，英国对商业秘密的刑事立法保护略显保守，不利于商业秘密权利人利益维护，阻碍创新激励机制发挥应有的作用。

（二）美国商业秘密刑事立法

美国是全球商业秘密立法保护最为充分的国家，其商业秘密法律保护源于判例法。1939 年美国国会通过了《侵权行为法重述（第一次）》、1979年美国统一州法律委员会制定并颁布了《统一商业秘密法》，这都对商业秘密的法律保护作出了较为详细的规定，并几经修订变得日益完善。然而，上述法律（或示范法）对商业秘密侵权行为的刑事责任条款并未涉及。美国联邦和各州立法机关对盗窃商业秘密的行为进行刑事制裁，主要适用于《盗窃法》《邮件和电讯诈骗法》《国家被盗财产法》等对盗窃商业秘密行为进行起诉，例如，《国家被盗财产法》规定的非法运送被盗财产罪，就适用于盗窃商业秘密的侵权行为。在美国，佛罗里达州、得克萨斯州等立法机关还专门制定盗窃商业秘密法案对商业秘密予以刑事立法保护。而真正从立法上对商业秘密予以全方位刑事保护的是 1996 年《经济间谍法》、2012 年《商业秘密盗窃澄清法》和 2013 年《外国经济间谍惩罚加重法》。

《经济间谍法》规定有经济间谍罪（Economic Espionage）和窃取商业秘密罪（Theft of Trade Secret）两项罪名。经济间谍罪是指任何人帮助外国政府、外国机构或外国代理人获得利益，而采取不正当手段从商业秘密所有人获取商业秘密的行为。窃取商业秘密罪是指为自己或者第三

---

① 赵永红：《知识产权犯罪研究》，中国法制出版社，2004，第 329 页。

人谋取不正当利益，故意实施非法手段从商业秘密所有人处获取商业秘密的行为。[①] 这两个罪名的犯罪行为类型相同，而在犯罪心态方面则有所差别。[②] 两个罪名的犯罪行为类型主要有三个：①盗窃或者未经许可侵占、获取、隐匿，或者以欺诈、欺骗等不正当手段获取商业秘密的；②未经许可，复制、绘制、拍摄、上传、下载、传递、邮寄商业秘密的；③明知商业秘密是他人通过不正当手段获取，仍然接受、占有或者购买的。在犯罪心态方面，经济间谍罪和窃取商业秘密罪都存在蓄意（intentionally）或者故意（knowingly），但它们之间仍然存有一些不同。第一，窃取商业秘密罪的被告实施犯罪是基于商业利益之目的；经济间谍罪被告实施犯罪的意图并不局限于商业利益之目的，不是基于商业利益之目的也可构成本罪。第二，经济间谍罪的间接犯罪目的是让外国政府、机构或者其代理获得利益；窃取商业秘密罪并没有要求具有此间接犯罪目的。

从美国商业秘密刑事立法来看，其具有以下特点：第一，美国对侵犯商业秘密的刑事犯罪的处罚，无论是自由刑还是罚金刑都较为严厉；第二，美国商业秘密刑事立法对犯罪行为的规定采取概括式的列举方法，严格限定了适用刑罚的种类和类型；第三，美国商业秘密刑事立法对境内组织或者机构与境外组织或者机构的使用、泄露或者允许他人使用商业秘密实施侵权行为区别对待，其目的主要是防止本国商业秘密流失于境外；第四，美国司法机关在处理商业秘密刑事案件的过程中，主要为商业秘密权利人提供禁止令和损害赔偿这两种保护措施。

二 大陆法系商业秘密刑事立法概况

（一）德国商业秘密刑事立法

德国商业秘密刑事立法主要集中于《反不正当竞争法》第17条至第19条当中，第17条规定商业秘密侵权行为将面临刑事处罚，其内容共四条。①雇佣关系存续期间，雇员、学徒等以竞争之目的、为自己或者第三人谋取私利，或加害于雇主，擅自将自己知悉的商业秘密告知他人

---

① 杨正鸣、倪铁：《刑事法治视野中的商业秘密保护——以刑事保护为中心》，复旦大学出版社，2011，第26页。

② 贾学胜、郑泳彬：《美国对商业秘密的刑法保护及其启示》，《知识产权》2014年第5期。

的，科以最高 3 年徒刑或者并处罚金。②以竞争之目的、为自己或者第三人谋取私利，或加害于雇主而擅自获取或保证得到的商业秘密，而擅自加以利用或者告知他人，构成侵犯商业秘密犯罪行为。③未遂行为也应当予以处罚。④情节特别严重的，处以 5 年以下徒刑，可以并处罚金。第 18 条规定，基于竞争之目的，或者出于私利，擅自将商业交易中的数据、样品或者技术资料加以利用或者披露给他人的，行为人将处以 2 年以下的徒刑，可以并处罚金。第 19 条规定，基于竞争之目的，或者出于私利，企图支配他人实施第 17 条、第 18 条犯罪的，或者教唆他人实施上述行为的，处以 2 年以下的徒刑或罚金。

从德国《反不正当竞争法》的条款规定来看：第一，侵犯商业秘密犯罪的主体有一般主体和特殊主体，即企业外部人士和企业雇员都可以成为该罪的主体；第二，侵犯商业秘密的行为采取列举式加以规定，共有五种情形，即"窃取""利用""告知""利用技术手段""秘密再现"；第三，泄露的商业秘密在境外使用的较之在境内使用的处罚更为严厉；第四，经济往来和贸易过程中合法获知的商业秘密者应当负有保密义务，否则将构成侵犯商业秘密罪；第五，侵犯商业秘密行为的教唆者、指使人和被教唆人、被指使人均应当承担刑事责任。

（二）法国商业秘密刑事立法

法国侵犯商业秘密犯罪立法最早规定于 1810 年的《刑法典》第 418 条，此条按照犯罪行为的危害程度大小分别作出不同的规定。1992 年法国《知识产权法典》第 621 - 1 条对《刑法典》第 418 条的规定予以吸收，对侵犯商业秘密的行为仅规定了一个罪名，即泄露工厂商业秘密罪。法国《知识产权法典》第 621 - 1 条规定，任何公司的董事或者雇员公开或者试图公开制造类秘密（manufacturing secrets）将面临 2 年有期徒刑和 30000 欧元罚金的刑事处罚。① 因此，在法国只要不属于制造类秘密，均不是商业秘密。离职雇员和社会人员都可以自由使用除制造类秘密以外的任何有价值信息。与此同时，该法典还规定，泄露工厂商业秘密罪，

---

① Jean-Pierre Stouls, Francis Hagel, etc.. Protection of Trade Secrets through IPR and Unfair Competition Law：France, http：//aippi. org/committee/protection-of-trade-secrets-through-ipr-and-unfair-competition-law/. last visited Twelve 10, 2018.

还可以适用资格刑，即剥夺犯罪分子从事相关职业活动的资格。法国针对向外国人泄露本国企业商业秘密的行为，侧重从经济上处罚（罚金刑）和剥夺公权（资格刑）方面予以刑事制裁。[①]

从法国商业秘密刑事立法来看，法国仅对侵犯制造类秘密的行为才处以刑事处罚，且规定有资格刑，对实施商业秘密的犯罪主体科以剥夺其从事相关职业的权利。同时，法国和英、美、德三国一样，均对向外国人或者机构泄露本国商业秘密的，科以更为严厉的刑事处罚。

（三）日本商业秘密刑事立法

1993 年前，日本商业秘密立法中并没有刑事责任的条款，1990 年《不正当竞争防止法》修改案前，商业秘密主要依据民法典中的侵权行为法或者合同法进行保护。1990 年日本对《不正当竞争防止法》进行修订，将商业秘密确立为知识产权的重要组成部分之一，对侵犯商业秘密的行为提供全方位的民事救济措施。直至 1993 年日本重新修订《不正当竞争防止法》，增加了侵犯商业秘密刑事救济条款。同时，日本在《刑法》修正案时增加泄露、侵犯商业秘密罪。该修正案列举了六项构成侵犯商业秘密罪的行为，行为人实施这六项行为之一的，将处以 3 年以下的监禁，或者处以 300 万日元以下的罚金。与此同时，日本《刑法》第134 条还专门规定，无正当理由泄露在处理业务过程中知悉他人的商业秘密，将处以 6 个月以下的徒刑或者 10 万日元以下的罚金。

日本《不正当竞争防止法》规定了六种侵犯商业秘密的行为。①以欺诈、胁迫、盗窃等不正当手段获取商业秘密的行为和对获取的商业秘密进行非法使用或者披露的行为；②明知或者因重大过失未知商业秘密是不正当手段获取的，仍然予以获取的或者对该商业秘密加以使用或披露的行为；③取得商业秘密后，知道或因重大过失未知该商业秘密已经存在不正当获取，而予以使用或者披露的行为；④出于谋求不正当竞业或者谋求其他不正当利益，抑或出于加害之目的，对他人保有的商业秘密予以使用或者披露的行为；⑤知道或者因重大过失未知对方不是正当的披露商业秘密而加以使用或者披露的行为；⑥取得商业秘密之后，知道或者因重大过失未知

---

① 刘宪权、吴允锋：《侵犯知识产权犯罪理论与实务》，北京大学出版社，2007，第 80 ~ 86 页。

对方是不正当披露商业秘密，或者商业秘密已存在不正当披露，而对其加以使用或者披露的行为。从侵犯商业秘密行为的列举中我们可以看出，"重大过失"使用或者披露他人商业秘密，抑或因"重大过失"未知他人披露的商业秘密系不正当获取的，应当追究重大过失者的刑事责任。

三　域外国家商业秘密刑事立法的启示

（一）侵犯商业秘密行为犯罪化成为国际立法趋势

除了上述英美法系和大陆法系主要国家对侵犯商业秘密行为予以刑事处罚以外，俄罗斯、意大利、巴西、墨西哥、哥伦比亚等国的刑法都规定，对侵害商业秘密的行为予以刑事处罚。例如，俄罗斯联邦《刑法典》规定，对以泄露或者非法使用为目的，以盗窃文件、收买或者威胁之方式，以及其他非法收集构成商业秘密或者银行机密之信息者，处以最低劳动报酬一百倍至二百倍或者被判刑人一个月至两个月之工资或其他收入之罚金，或者两年以下的徒刑。出于贪利动机或者其他个人利害关系，未经构成商业秘密或者银行机密之信息者之同意，非法泄露或者使用信息，并已造成重大损失者，处以最低劳动报酬二百倍至五百倍或者被判刑人两个月至五个月之工资或其他收入之罚金或者三年以下的徒刑。墨西哥《刑法典》规定，禁止任何人以欺骗或者其他非法手段从他人处得到利益。哥伦比亚《刑法典》规定，非法泄露商业秘密之人，应受罚金或者监禁之处罚。由此可见，侵犯商业秘密行为犯罪化已成为国际商业秘密立法保护的一大趋势。

（二）实行徒刑、罚金和资格刑相结合的处罚手段

侵犯商业秘密的犯罪行为，处以自由刑或并处罚金刑是各国的普遍选择。与此同时，资格刑的引入，也对侵犯商业秘密的犯罪行为起到一定的遏制作用。例如，法国对侵犯商业秘密犯罪除了处以徒刑和罚金以外，还会剥夺犯罪分子从事相关职业活动的资格。这对防止知悉商业秘密的犯罪分子刑期届满以后，经营与商业秘密权利人相同的业务，或者前往与商业秘密权利人的竞争对手处从事与商业秘密相关的工作，具有一定的抑制作用。我国资格刑主要是剥夺政治权利，而且仅适用于我国公民，尚未对侵犯商业秘密犯罪的行为处以资格刑，例如，禁止从事一定的职业或者担任一定的职务，这对惩治侵犯商业秘密犯罪无疑是不利

的，域外国家的立法对我国商业秘密刑事立法具有一定借鉴意义。

（三）犯罪行为呈现从宽认定与打击有别的趋势

不少国家对侵犯商业秘密犯罪的认定呈现从宽认定的趋势，侵犯商业秘密未遂行为也构成犯罪，受到刑事处罚。例如，德国《反不正当竞争法》第17条第3款规定："上述犯罪行为，即使未遂，亦受处罚"；该法第20条第2款规定："为竞争之目的或图自己之私利，向他人提出要求其为披露或者窃取商业秘密之表示，或者对他人的要求赞成进行这样的犯罪行为的人，处两年以下自由刑或科罚金。"由此可见，德国对于犯罪未遂和犯罪预备，为竞争之目的或者个人私利而使用或者披露商业秘密的，仍然属于侵犯商业秘密犯罪，并处以刑事处罚。另外，英、美、德、法等国均对向外国人或者机构泄露本国商业秘密的行为，科以更为严厉的刑事处罚。从这些国家的立法价值取向来看，各国立法上对本国和域外国家的自然人、法人或者其他组织泄露本国商业秘密的，在刑事处罚方面存在区别对待的现象。

第三节　完善我国商业秘密刑事立法制度的路径

我国《刑法》第219条对侵犯商业秘密犯罪作出了明确的规定，使得侵犯商业秘密行为得到应有刑事处罚，有效地保护了商业秘密权利人的合法权益和社会主义社会经济秩序。然而，我国商业秘密刑事立法制度仍然存在诸多不足，难以对侵犯商业秘密犯罪予以有力的震慑，亟待通过立法途径对商业秘密刑事立法予以完善。

一　确立商业秘密刑事保护的合理标准

（一）合理确定商业秘密的范围

认定某一商业秘密侵权行为是否构成犯罪，首先应当明确商业秘密的范围。我国理论界和实务界普遍形成以"三要件"（秘密性、价值性、保密性）来认定某一信息是否构成商业秘密，然而，实际操作中司法机关很难对"三要件"作出科学的认定。笔者建议，我国可以借鉴美国司法实践中形成的六条具体的衡量标准，即所涉信息领域外他人的知晓程度、所在单位雇员的知晓程度、信息所有者采取的保密措施、信息对竞争对手的价值大小、开发此信息所付出的代价、合法途径获取此信息的难易程度。只要商业秘密权利人从上述六条具体的衡量标准，提供其掌握信息是商业秘密的证据材料，并提供他人实施犯罪行为或者形成损害结果的线索，公安机关就应当作出立案的决定。

（二）定罪应当符合刑法的谦抑性

刑法谦抑性要求一切诉诸刑事处罚的行为，必须对罪与非罪有明确的界限划分标准，而不能任意地滥施以刑罚，适用刑法的前提是利用一般法不能充分保护某一法益。商业秘密侵权行为，从性质上而言是一种对无形财产侵犯的行为，是对私权的侵犯。侵犯商业秘密罪应当实行告诉才处理原则，这是对私权司法保护的最佳方式。同时，此原则得到了域外各国的普遍认可，例如，德国、意大利、奥地利、韩国等均对侵犯商业秘密犯罪实行"告诉乃论"。侵犯商业秘密行为并非社会危害性多么严重，主要是其行为可能会给商业秘密权利人带来难以弥补的重大损失，实行告诉才处理原则符合刑法谦抑性。因此，侵犯商业秘密给商业秘密权利人造成重大损失的行为，在实行犯罪化的同时应秉持刑法谦抑性的理念，严格限制入罪行为的类型。

（三）明确合法、违法与犯罪的界限

商业秘密权与其他知识产权的不同之处在于其不具有排他性，同一商业秘密可以为多个权利主体所有。因此，司法机关应当严格区分侵犯商业秘密罪与合法取得商业秘密行为的界限。上文我们已经明确，通过独立研发、反向工程、合法途径等获取与他人相同的商业秘密，均不构成侵权行为，行为人实施上述行为更谈不上构成侵犯商业秘密罪。与此同时，侵犯商业秘密行为并不一定构成犯罪，我国《反不正当竞争法》所列出的商业秘密违法行为和《刑法》所规定的侵犯商业秘密罪具体行为是相同的，两者的区别在于违法行为是否达到"情节严重"。对于"情节严重"的认定，最高人民检察院和公安部在其发布的《关于经济犯罪案件追诉标准的规定》中做出明确的规定。① 此规定虽然从体系结

---

① 《关于经济犯罪案件追诉标准的规定》第 65 条："侵犯商业秘密，涉嫌下列情形之一的，应予追诉：1. 给商业秘密权利人造成直接经济损失数额在五十万元以上的；2. 致使权利人破产或者造成其他严重后果的。"

构看似乎具有一定的合理性，但是，具体操作过程却较为困难。其一，权利人往往无法证明自己的损失数额；其二，权利人提供的损失数额和计算依据是否具有可采性。为此，笔者建议，侵犯商业秘密罪的认定应当坚持定性与定量相结合的方式，定性上认定为违法行为，定量上造成了权利人重大损失。

（四）确定重大损失的认定标准

作为犯罪行为与一般违法行为的分界线，重大损失的认定是直接关系到行为人是否构成侵犯商业秘密罪的关键因素。司法实践中对重大损失的认定主要有三种不同的做法：①权利人实际受到损失认定损失额；②侵权人因侵权期间侵权所获利润认定损失额；③以商业秘密合理许可使用费为损失额。① 从理论上而言，以第一种做法认定损失额，具有充分的合理性。然而，在司法实践中，第一种做法很难做出认定，因为企业利益与当时的经济状况、个人的努力程度、资金周转情况和自然条件的影响等都有很大的关系。笔者认为，对于重大损失的认定可以考虑以下因素：利用该商业秘密生产商品的市场占有份额、商业秘密权利人（包括所有人和使用人）的人数、侵权行为人的生产能力、商业秘密权利人的生产能力、该商业秘密的生命周期、研发该商业秘密所投入的成本、侵犯商业秘密行为导致商业秘密的扩散范围、侵权行为持续的时间。损失额的具体计算方法，本书建议由公安、司法机关利用大数据、人工智能技术开发出一个计算软件，确保算法公平合理。

二　重构商业秘密刑事保护的立法体系

（一）完善侵犯商业秘密罪罪名体系

对于侵犯商业秘密犯罪，有些国家或者地区并没有专门的罪名，而将商业秘密视为一种财产，借助财产类犯罪处罚侵犯商业秘密行为，例如，英国和中国台湾地区就属此类情况。有些国家确立专门的侵犯商业秘密犯罪罪名，而不同的国家设立罪名的情况有所差异。例如，我国设立单独的罪名，即侵犯商业秘密罪；美国设有多个不同的罪名，如经济

---

① 杨正鸣、倪铁：《刑事法治视野中的商业秘密保护——以刑事保护为中心》，复旦大学出版社，2011，第47页。

间谍罪、侵夺侵犯商业秘密罪；德国也设有多个不同的罪名，如泄露商业秘密罪、非法利用商业秘密资料罪、引诱泄露和自愿泄露秘密罪、侵犯他人商业秘密罪、利用他人商业秘密罪。

随着经济社会的发展，我国仅设立侵犯商业秘密罪已不能适应形势的需要，笔者建议从以下三个方面考虑设立一些罪名。第一，针对不同的侵权行为设立不同的罪名。《刑法》第 219 条所列出的侵犯商业秘密行为在性质、社会危害程度、犯罪成立要件等方面均不相同，以侵犯商业秘密罪这一罪名概括这些行为，难以做到公平公正地惩治商业秘密犯罪。因此，我国《刑法》应当针对不同的侵权行为设立不同的罪名。第二，设立经济间谍罪。我国《刑法》尚未设立经济间谍罪，仅规定有"为境外窃取、刺探、收买、非法提供国家秘密、情报罪""故意、过失泄露国家秘密罪""侵犯商业秘密罪"，而缺少专门规制经济间谍的条款。这就造成了境外组织和个人实施侵犯商业秘密行为，无法得到有效规制，严重损害企业经济利益，危害国家经济安全。因此，设立经济间谍罪是防止国内商业秘密流失他国的最佳方式。第三，罪名的设立应符合罪刑相适应原则。侵犯商业秘密犯罪的罪名设立，应当充分考虑到不同主体、不同行为侵犯商业秘密的性质和危害的差异性，将同一性质、同一危害程度的平行在一起，适用同样的刑罚，做到罪刑相适应。例如，从行为主体而言，具有特定身份人员（例如，因公务知悉商业秘密人员、知悉商业秘密的司法人员、律师等）比普通主体负有更大的信赖义务，其实施商业秘密犯罪在量刑处罚上较普通主体应更重；又如，从行为类别而言，我国《刑法》规定了三种不同的情形，这三种情形在危害程度上肯定存在一些差别，不宜均规定为同一罪名。

（二）合理设置商业秘密犯罪的主观要件

国际组织和域外国家都对商业秘密犯罪的主观要件作出相应规定，归纳起来主要有两种情况。①主观方面是故意，过失不构成犯罪。例如，美国《经济间谍法》规定的涉及商业秘密的两个罪名均要求行为人在主观上"故意实施"，因行为人疏忽大意而泄露商业秘密的，不构成犯罪。又如，《与贸易有关的知识产权协议》第 61 条规定了具有商业规模的蓄意假冒商标或者盗版案件的刑事程序和处罚，同时，此条允许成员国规定适用于其他知识产权侵权案件的刑事程序和处罚，特别是蓄意并具有商业秘密规模的侵权行为。此处的"蓄意"即故意，该协议表明各国可以对故意实施商业秘密等其他知识产权侵权行为予以刑事制裁。②主观方面可以是故意，也可以是过失。例如，加拿大刑法修订案增加的商业秘密条款中即规定侵犯商业秘密犯罪行为在主观上可以表现为故意和过失。又如，日本《不正当竞争防止法》规定有六种商业秘密侵权行为，其中，四种侵权行为都含有"因重大过失未知"字样。由此可见，日本立法认为故意或者过失实施商业秘密侵权行为均可构成犯罪。

我国理论界和实务界对侵犯商业秘密罪的主观要件也有过两种不同的理解。第一种观点认为，侵犯商业秘密罪的形式包括故意和过失，过失仅适用于第三人侵犯商业秘密的行为。持此观点的学者主要源于对《刑法》第219条第2款"明知或者应知"的理解，他们认为，"明知"含有"应当知道且知道"之义，"应知"含有"应当知道而实际不知道"之义，因此，"明知或者应知"包含故意和过失两种主观形态。① 第二种观点认为，将行为人主观过失造成权利人严重损失的行为认定为犯罪，存在不合理之处。② 从立法本意来看，"应知"是推定明知的一种表达，不能将其理解为"应当知道而不知道"③。他们认为，此处的"应知"与刑法总则部分的"应当预见"是不同的，"应当预见而没有预见"反映的是行为人对危害结果负有预见义务和预见可能的情况下，主观和客观上均没有预见；而"应知"反映的是行为人对某种危害行为实际上的认知程度，从犯罪故意的内容来讲实际上具备了认识要素，体现为一种客观上的预见性，其实质上是"明知"的一种表现形式。④ 因此，"应知"的认定在司法实践中存在一定的难度。

本书认为，"应知"不是"明知"推定的表达，而是一种过失。但是，不是所有的过失行为均可构成侵犯商业秘密罪，只有存在"重大过失"，且给商业秘密权利人造成重大损害的，才可认定为侵犯商业秘密罪。不仅如此，《刑法》第219条第1款规定的情形构成侵犯商业秘密罪

---

① 董旭源：《侵犯商业秘密罪的主观方面探析》，《现代商业》2013年第20期。

② 戴永盛：《商业秘密法比较研究》，华东师范大学出版社，2005，第202页。

③ 杨正鸣、倪铁：《刑事法治视野中的商业秘密保护——以刑事保护为中心》，复旦大学出版社，2011，第115页。

④ 刘宪权、吴允峰：《侵犯知识产权犯罪理论与实务》，北京大学出版社，2007，第342页。

的主观要件也不能局限于故意，重大过失实施《刑法》第 219 条第 1 款规定的情形也构成侵犯商业秘密罪。

（三）确立侵犯商业秘密罪"资格刑"

侵犯商业秘密罪是经济类犯罪，行为人实施犯罪的目的是追求经济利益和竞争优势。有效控制此类犯罪的途径主要有两种：其一，降低含有商业秘密商品的正常交易成本，使得侵权人实施侵权所产生的产品失去销售市场；其二，加大对侵权人的经济处罚力度，使其为侵权行为支付应有的法律成本。① 然而，上述两种途径都是从惩罚和震慑的视角控制犯罪的发生，对侵犯商业秘密罪的遏制效果并不十分明显。为有效地预防和杜绝侵犯商业秘密罪的发生，我国商业秘密刑事立法上应当引入资格刑。

当前，我国刑法已有资格刑的相关规定，例如，《刑法》第 34 条规定的剥夺政治权利这一附加刑就是资格刑，剥夺犯罪分子在一定时期内参与国家管理和政治活动的权利。然而，侵犯商业秘密罪并不在适用剥夺政治权利这一资格刑之列，其主要适用以自由刑和罚金刑相结合的处罚模式。再者，剥夺政治权利并不能阻止犯罪分子再次实施侵犯商业秘密犯罪。实施诸如侵犯商业秘密罪这样的经济类犯罪，往往要以行为人具有某些专业知识或者从事某项业务为前提，因此，从立法上规定犯罪分子在一定期限内或者永久不得从事某项业务活动即可防止其再次实施侵犯商业秘密犯罪。如前所述的法国，侵犯知识产权犯罪的，除了判处自由刑以外，还要被判处剥夺 5 年内参与工商职业工会和劳资对等调解委员会的选举权和被选举权。② 又如，意大利《刑法典》第 32 条规定，禁止犯罪者从事某种行为的资格刑，如停止从事某一职业或技艺的犯罪者在一定期限内再次从事此职业或技艺的资格、禁止担任法人或者企业领导职务的犯罪者在一定期限内行使企业高管（董事、监事、总经理等）的职务行为。此条可以适用于包括侵犯商业秘密犯罪在内的各类知识产权犯罪。因此，我国完全可以在侵犯商业秘密罪的刑罚种类上增加资格刑，作出诸如"禁止侵犯商业秘密罪的犯罪者在 5 年内从事与侵犯的商业秘密相关领域的职业或者经营活动；

---

① 肖文波、熊纬辉：《防范和打击非法集资类涉众型经济犯罪问题研究》，《江西警察学院学报》2019 年第 1 期。

② 王宗光：《我国知识产权犯罪刑事政策论》，《河北法学》2016 年第 1 期。

情节严重的，终身不得从事相关职业或者经营活动"的规定，以预防侵权者再次实施侵犯商业秘密犯罪。

（四）合理区分侵犯商业秘密罪与其他罪

在上述明确界定合法、违法与犯罪界限的基础上，我们还应当合理区分侵犯商业秘密罪与其他罪，特别是明确侵犯商业秘密罪与泄露国家秘密罪、盗窃罪、职务侵占罪的界限，具有重要的现实意义。

1. 侵犯商业秘密罪与泄露国家秘密罪的区分

侵犯商业秘密罪和泄露国家秘密罪之间存在明显的区别。①客体不同。泄露国家秘密罪的客体是国家保密制度；而侵犯商业秘密罪的客体是商业秘密权利和国家正常的经济秩序。②犯罪对象不同。泄露国家秘密罪的犯罪对象是国家秘密；侵犯商业秘密罪的犯罪对象是商业秘密。③犯罪主体不同。泄露国家秘密罪的犯罪主体可以是国家公职人员，也可以是非国家公职人员，单位不能构成此罪；侵犯商业秘密罪的犯罪主体可以是自然人，也可以是单位，且主体的身份没有任何限制。④客观方面不同。泄露国家秘密罪的客观方面表现为泄露行为；侵犯商业秘密罪的客观方面表现为盗窃、利诱、胁迫等不正当手段获取或者披露、使用、允许他人使用商业秘密的行为。在区分商业秘密与国家秘密时，我们应当注意有些商业秘密一旦泄露可能会导致国家经济安全受到严重威胁，商业秘密可能与国家秘密产生交叉，此时应按照"特别法优于一般法"的原则将其视为国家秘密，触犯刑律的构成泄露国家秘密罪。①

---

① 侵犯涉嫌交叉商业秘密与国家秘密的事项如何处理，理论界和实务界存在以下几种不同的认识。一种观点认为，这种情况属于一行为触犯数个罪名的想象竞合犯，应当按照从一重罪处罚的原则，一般应当按照侵犯国家秘密的犯罪处罚（参见高铭暄、马克昌主编《刑法学》，北京大学出版社、高等教育出版社，2017，第 445 页）。另一种观点认为，这种情况属于法规竞合犯，但具体处罚方面又有几种不同见解。①依据特别法优于普通法，考虑犯罪客体等原则，应以侵犯商业秘密罪论处（参见庞良程《侵犯商业秘密罪的认定及司法效应》，《人民检察》1998 年第 2 期）。②一般情况下应当依照特别法优于普通法的原则来加以解决，但是当侵犯商业秘密的行为并未给权利人造成重大损失时，如果依照其他罪的构成来看构成了犯罪，应依其他罪处断（参见雷山漫《侵犯商业秘密罪认定标准再探》，《刑法论丛》2013 年第 4 期）。③依照重法优于轻法的原则处断，在侵犯商业秘密罪和关于国家秘密的犯罪的刑法规范之间，不存在谁是特别法，谁是普通法的问题，应以侵犯国家秘密罪论处（参见刘科《侵犯商业秘密罪定罪量刑情节的适用困境及其解决》，《刑法论丛》2011 年第 4 期）。

2. 侵犯商业秘密罪与盗窃罪的区分

正如前文所言，侵犯商业秘密罪尚未被写入《刑法》前，侵犯商业秘密构成犯罪的，一般按照盗窃罪等罪名处理。然而，侵犯商业秘密罪与盗窃罪仍然存在明显的不同，正因为如此，现行《刑法》才将其规定为特定的罪名，与盗窃罪加以区分。其不同之处主要体现在以下几点。①以盗窃方式获取商业秘密情节严重的行为，按照盗窃罪处理有违罪刑相适应原则，可能造成案件处理的标准不一。因为盗窃商业秘密的行为，不仅损害了商业秘密权利人的合法权益，还会破坏市场竞争秩序，行为人并不完全贪图经济利益，这与盗窃罪有着本质的不同。②侵犯商业秘密罪的客观方面并不局限于盗窃，还包括贿赂、欺诈、电子侵入等诸多不正当手段，而盗窃罪的客观方面表现为盗窃这一单一的手段。③犯罪所造成的经济损失，其衡量标准不尽相同。盗窃罪所造成权利人的损失往往可以通过财物进行衡量，而商业秘密权利人所形成的损失，不只是当前的经济损失，还有未来可预期的经济损失，同时还包括商业秘密给权利人所带来竞争上的优势的丧失。此种行为按照盗窃罪来定罪未免显失公正，而单独设立侵犯商业秘密罪这一罪名就显得较为合理。

3. 侵犯商业秘密罪与职务侵占罪的区分

职务侵占罪，是指公司、企业或者其他单位的人员，利用职务上的便利，将本单位的财物非法占为己有，数额较大的行为。① 侵犯商业秘密罪与职务侵占罪都是侵犯财产权犯罪，且侵犯的客体都可以是无体物。但是，它们仍然存在明显的区别。①犯罪主体不同。侵犯商业秘密罪的犯罪主体是普通主体，任何民事主体都可构成本罪；职务侵占罪的犯罪主体是特殊主体，只能是本单位人员。②构罪的认定标准存在细微的差别。侵犯商业秘密罪的认定标准是造成重大损失，此处"重大损失"不仅指数额上的损失，还包括竞争优势等无形损失；职务侵占罪的认定标准是非法占有数额较大，其标准为 6 万元以上 40 万元以下。③使用的手段不同。侵犯商业秘密罪主要使用盗窃、贿赂、欺诈、电子侵入等诸多不正当手段；职务侵占罪主要使用窃取、涂改账目、伪造单据、侵吞等手段。除了上述区别以外，"利用职务上的便利"是构成职务侵占罪的

---

① 高铭暄、马克昌主编《刑法学》，北京大学出版社、高等教育出版社，2017，第 514 页。

必要条件，而侵犯商业秘密罪并没有对此作出具体要求。

三　构建商业秘密刑事保护的司法程序

（一）侵犯商业秘密罪举证责任的重构

侵犯商业秘密罪举证责任分配规则的确立，既保证刑事诉讼程序的顺利进行，而且可以达到有效打击侵犯商业秘密罪、保护商业秘密的效果。举证责任分配主要考虑举证的难易程度、是否有利于实现实体法的立法宗旨等。因商业秘密的特殊性和侵犯商业秘密案件的自身特点，侵犯商业秘密罪的举证责任分配遵循普通刑事诉讼举证责任分配规则是不可取的。因为商业秘密案件中许多证据是控方无法接触到的，如果坚持由控方承担举证责任，特别是自诉案件中由自诉人承担，势必对商业秘密权利人的利益保护不利。然而，我国刑事立法上并未对商业秘密刑事案件的举证责任分配作出特别的规定。而 2019 年修正的《反不正当竞争法》第 32 条对商业秘密民事案件原被告方的举证责任作出了合理的分配，我们在商业秘密刑事案件举证责任分配上也可以借鉴。因此，侵犯商业秘密刑事案件可以引入举证责任转移规则，但应当严格此规则的适用。

商业秘密刑事案件引入举证责任转移规则具有一定的合理性。①这是由商业秘密的特殊性决定的。商业秘密具有秘密性，不为公众所知晓；同时，商业秘密具有独占性和排他性，可以为多个权利主体所占有，他们获取商业秘密的途径符合法律的规定，例如，自主研发、反向工程、合法渠道取得等，这些都给刑事犯罪的认定设置了障碍。如果坚守由控方来举证，其合法权益无法得到有效的刑事保护。②符合诉讼地位平等的理念。刑事自诉案件中，双方当事人地位是平等的，即同等武装、平等对抗。自诉人就自己所掌握的证据向法院指控被告人，被告人为自己的行为作无罪的辩解，这种辩解也需要提供必要的证据。作为居中裁判的法院，不应当给自诉人过多的举证负担，而适当地引入举证责任倒置，以实现双方诉讼地位的均等。③我国司法实践存在举证责任转移的先例。刑事立法在某些特殊情况下允许对举证责任做出非常规性配置。①　例如，我国《刑法》第 395 条巨额财产来源不明罪，一般适用举证责任转移，

---

① 何家弘：《司法证明方法与推定规则》，法律出版社，2018，第 217 页。

由公诉机关证明犯罪嫌疑人（即国家机关工作人员）的财产或者支出明显超出合法收入且差额巨大，犯罪嫌疑人对其收入来源的合法性承担举证责任，不能举证的承担不利后果。

本书认为，侵犯商业秘密罪的举证责任应当遵循以下规则：原告应当对其主张的信息是商业秘密承担举证责任，被告应当证明其所使用、披露或者允许他人使用的与原告商业秘密相同信息的合法来源；原告应当对被告使用、披露或者允许他人使用与其商业秘密相同的信息承担举证责任，被告则应当证明其不存在侵犯商业秘密的行为。

（二）侵犯商业秘密罪起诉方式的完善

在我国，侵犯商业秘密罪置于《刑法》第三章"破坏社会主义市场经济秩序罪"，其起诉方式没有"告诉才处理"的规定。这表明我国立法机关将此罪侵犯的客体不仅局限于商业秘密权利人的合法权益，更多的是强调维护市场竞争秩序，诉讼方式以公诉方式为主。只有在公诉机关不提起公诉的情况下，被害人才有证据证明侵权行为造成自己损害的轻微刑事案件，被害人可以向法院提起自诉。然而，商业秘密权是私权，其权利纠纷一般由民事权利主体通过和解、仲裁和诉讼等途径解决。即便进行商业秘密刑事诉讼，也应当由被害人向人民法院提请，而不宜由公诉机关提起。

综观域外各国和地区立法对商业秘密刑事案件的诉讼方式的规定，大多数国家和地区主张"告诉才处理"的自愿原则，仅在涉及国家公共利益的情况下才可由国家提起公诉。例如，德国《反不正当竞争法》第19条第4款规定："前述行为，告诉才处理，但刑事追诉机关因对刑事追诉具有特殊的公共利益而认定应当依职权查处的除外。"韩国《反不正当竞争法》第9条规定，特许厅长作出是非劝告时，应当依大统领令的规定听取当事人、利害关系人或者参考人的意见。中国台湾地区"公平交易法"第37条第2款规定"前项之罪，须告诉乃论。"学界对商业秘密刑事诉讼的起诉方式也存在两种截然不同的观点，一种观点认为，侵犯商业秘密罪的起诉方式实行亲告罪，符合《TRIPS协议》序言承认包括商业秘密内的知识产权是私权的规定，除严重危害市场竞争秩序和社会公共利益外，将是否启动刑事诉讼程序的权利交由被害人来行使。[1] 另一种观点认为，基于商业秘密具有不同于其他知识产权的特殊性，即便授予被害人商业秘密刑事案件自诉权，其无法有效地行使诉讼权利，放纵了侵犯商业秘密的犯罪行为，也很难将触犯刑法的侵权行为人绳之以法。现阶段侵犯商业秘密罪的起诉方式应当遵循以公诉为主、自诉为辅的原则。[2]

本书认为，侵犯商业秘密罪在起诉方式上，应当遵循以自诉为常态、公诉为例外的原则。即侵犯商业秘密罪实行告诉才处理的原则，只有在严重扰乱社会市场经济秩序和影响国家利益的情形下才可以由国家提起公诉。

（三）　引入并规范运用诱惑侦查措施

诱惑侦查措施作为一种重要的侦查措施，广泛应用于走私、贩毒、贩卖假币等隐蔽性强、取证难度高的刑事案件中，其发挥着其他侦查手段无法替代的作用。在诱惑侦查措施得到应用的同时，对其合理性和合法性的质疑仍不绝于耳。然而，《刑事诉讼法》第153条规定的"有关人员隐匿其身份实施侦查"与"控制下交付"等类似于诱惑侦查的具体措施，这些规定使得特殊案件的诱惑侦查措施法治化具有重要的规范意义。[3] 需要指出的是，诱惑侦查措施的合法化，并不意味着该措施可以得到较为普遍的使用，必须是特定的犯罪案件且经合理论证，并经上级机关批准方可采用。

侵犯商业秘密犯罪案件亦存在隐蔽性强、取证难度高的特性，引入诱惑侦查措施对提高商业秘密案件侦办效率和质量都具有重要的现实意义。此侦查措施在使用过程中应当做到以下几点。

1. 严禁使用犯意诱惑型侦查

犯意诱惑，是指对没有犯罪意图的人使用诱惑手段使其产生犯意行为。采用犯意诱惑型侦查违背法理、违反人性，不仅不利于案件的侦办，相反可能造成冤假错案，应当予以严格禁止。在侵犯商业秘密刑事案件中，更不能使用犯意诱惑型侦查方式。商业秘密具有秘密性，一旦公开

---

① 童云峰：《侵犯商业秘密犯罪刑法规制研究》，《江西警察学院学报》2018年第2期。

② 贺志军：《法益论下商业秘密刑法保护问题研究》，《湖南社会科学》2014年第5期。

③ 陈在上：《诱惑侦查的是非之争与规则细化》，《北方法学》2015年第3期。

将失去现有的价值并无法恢复至初始状态，为了给追诉对象量罪定刑，而置商业秘密于危险境地，将有违案件办理的初衷，有舍本逐末之嫌。仅有一种特殊情况，即商业秘密已处于公开状态的，才可以使用犯意诱惑型侦查。

2. 合法知悉商业秘密的雇员离职后非法处分这些商业秘密而构成侵犯商业秘密罪的，不宜采用机会提供型诱惑侦查

知悉商业秘密的雇员是基于工作性质而不可避免地接触到商业秘密，而且这些商业秘密是经年累月地接触和掌握的，其具有合法性。加之，雇员工作期间的专业知识和技能也在逐年提升，其掌握的商业秘密极可能与其知识技能相交叉融合。在这种情形下，侦查机关采用机会提供型诱惑侦查，仅以雇员离职即采用提供工作机会的方式设置圈套，与犯意诱惑型侦查没有本质的区别。同时，侦查机关采取机会提供型诱惑侦查以后，查明离职雇员所使用的技术信息或者经营信息并非商业秘密，而是雇员个人的知识技能，这势必会使侦查机关陷入困境。

3. 间接侵犯商业秘密犯罪不适用诱惑侦查措施

间接侵犯商业秘密犯罪主要是《刑法》第219条第2款规定的情形，此情形不能适用诱惑侦查措施，这主要有以下两点原因。①前文已将此款"应知"界定为"重大过失"，也即重大过失造成商业秘密权利人"重大损失"或者"特别严重后果"的，构成侵犯商业秘密罪。如果对此类情形使用诱惑侦查措施，从根本上说有违宽严相济的刑事政策。②间接侵犯商业秘密的主体是明知或者应知是非法手段获取或者合法手段获取商业秘密后非法利用的，而仍然获取、使用或者披露的第三人。如果第三人是不特定的多数人，那么对其使用引诱侦查措施会因获取商业秘密的途径多样而无从下手；如果第三人是特定的对象，一旦实施引诱侦查措施势必会开展大规模的生产经营活动，对社会资源而言也是一种浪费。①

---

① 杨正鸣、倪铁：《刑事法治视野中的商业秘密保护——以刑事保护为中心》，复旦大学出版社，2011，第91~92页。

第九章　结语

商业秘密保护是一个既古老又年轻的话题，说其古老，是因为早在奴隶社会就出现了商业秘密的萌芽，说其年轻，是因为直至今日，商业秘密保护的理论与实践仍然存在诸多复杂疑难且莫衷一是的问题。我国当前商业秘密立法呈现以《反不正当竞争法》为龙头，相关法律法规为补充，多部门法共管的体系。然而，市场经济的发展和市场竞争的加剧，人才频繁流动和跳槽成为经济发展中的一种常态，这给商业秘密保护带来了更大的挑战，所以迫切需要制定一部专门性的商业秘密法律。

2017 年 7 月 17 日，习近平总书记在主持召开中央财经领导小组第十六次会议时强调："产权保护特别是知识产权保护是塑造良好营商环境的重要方面，要完善知识产权保护相关法律法规。"[1] 2019 年 4 月 26 日，习近平总书记在第二届"一带一路"国际合作高峰论坛开幕式上的主旨演讲中特别用到"全面完善知识产权保护法律体系""完善商业秘密保护"[2] 等表述。《关于第十三届全国人民代表大会第二次会议代表提出议案处理意见的报告》明确提出："制定社会信用法、商业秘密法等，依法平等保护产权，打造法治化营商环境。"[3] 这些都为商业秘密专门立法保护提供了有利外部环境。

第一节　商业秘密的立法模式

从国内立法层面来看，商业秘密作为知识产权的重要组成部分，已被列入《民法典》第 123 条所保护的知识产权客体的范畴。与其并列的

---

[1] 《"平语"近人——习近平这样要求保护知识产权》，新华网，http://www.xinhuanet.com/politics/2018-04/26/c_1122744916.htm，最后访问日期：2021 年 4 月 28 日。

[2] 《习近平在第二届"一带一路"国际合作高峰论坛开幕式上的主旨演讲》，人民网，http:/cpc.people.com.cn/n1/2019/0426/c64094-31052388.html，最后访问日期：2021 年 7 月 27 日。

[3] 《关于第十三届全国人民代表大会第二次会议代表提出议案处理意见的报告》，《中华人民共和国全国人民代表大会常务委员会公报》2019 年第 2 期。

版权、商标、专利都有了其专门立法，唯有商业秘密依附于《反不正当竞争法》相关条款对其进行立法保护。此种立法模式不利于商业秘密的保护，更不利于营造稳定公平透明的营商环境。应制定专门的《商业秘密保护法》，保护企业无形财产权利，激励其创新创造活力。

从域外立法层面来看，域外国家近年有出台专门商业秘密法的趋势。作为世界两大经济体的美国和欧盟分别出台了《保护商业秘密法案》《商业秘密保护指令》。欧盟出台《商业秘密保护指令》之前，唯有瑞典制定有专门的商业秘密法，而在颁布《商业秘密保护指令》以后，欧盟各成员国依据此指令的最低要求修订本国的商业秘密相关法律，荷兰、法国、英国、比利时、德国、丹麦等国家改变以往非专门法保护商业秘密的传统，以专门立法的形式来保护商业秘密。亚洲也有不少国家制定专门法来加强对商业秘密的保护，例如，泰国、印度尼西亚等国家在2000年就分别制定了符合本国实际的商业秘密专门法。因此，制定商业秘密专门法符合域外国家立法趋势。我国作为全球第二大经济体，制定《商业秘密保护法》是融入商业秘密保护国际化潮流、遵循保护商业秘密国际惯例的重要体现。

我国商业秘密立法应当以商业秘密专门法为核心，以其他法律（例如《反不正当竞争法》《反垄断法》《刑法》等）作为商业秘密专门法的细化和补充立法模式。采用这种立法模式的主要原因有：第一，有利于体现《商业秘密保护法》的根本宗旨和价值理念，用以引导各经营领域的商业秘密法律保护，统一执法尺度，避免分散立法模式带来的立法内容的片面性，从而造成法律体系的冲突；第二，有利于提升商业秘密法律保护的可操作性，减少诸如《反不正当竞争法》中关于商业秘密法律保护的原则性规定；第三，有利于科学界定商业秘密概念、适用范围和构成要件，以便更好地保护商业秘密权，促使商业秘密遇到侵权时能够及时获得司法救济。

我国在制定商业秘密专门法的过程中，应当坚持以下几点。第一，正确处理商业秘密法与竞争法的关系。《商业秘密保护法》是商业秘密领域的专门法，竞争法素有"经济宪法"之称，《商业秘密保护法》是对竞争法立法精神的细化和落实。在处理商业秘密纠纷的过程中，我们应当首先适用《商业秘密保护法》的相关规定，在此法无法实现对商业秘密的保护时，才可适用《反不正当竞争法》一般性条款。第二，制定专门的《商业秘密保护法》，应当以商业秘密权为中心，以商业秘密权的行使与限制为重点进行商业秘密立法体系的构建。在商业秘密制度建构方面，立法机关应当建构好商业秘密预防性保护制度和商业秘密侵权行为制度，重构商业秘密刑事立法体系，实现从实体到程序、从民事到刑事等多维度对商业秘密权的保护与限制。第三，立法过程应贯彻利益平衡理念，合理平衡商业秘密权利人、雇员、消费者、公共利益群体等各方利益。特别要正确处理好商业秘密权与自由择业权、商业秘密权与上市公司信息强制披露、商业秘密权与消费者知情权的冲突，通过利益平衡原则找到权利主体间的最佳利益平衡点，尽可能减少利益选择所造成的损失。

第二节　商业秘密专门法基本框架

商业秘密专门立法的基本框架应当包括以下四个部分。

第一部分：总则。本部分主要包括《商业秘密保护法》的根本宗旨和价值理念、商业秘密的概念与适用范围。《商业秘密保护法》主要是保护商业秘密，鼓励相关主体发明创造，维护市场公平竞争秩序。商业秘密概念在《反不正当竞争法》第9条第3款中作出了明确的规定，可以直接植入《商业秘密保护法》中。需要指出的是，"能为权利人带来经济利益"包括现实和潜在的经济利益或者竞争优势；商业秘密权利人不仅仅局限于经营者，可以扩大到依法对商业秘密享有所有权或者使用权的个人、法人和其他组织。实施侵权行为的主体也是如此，取消经营者这一限制；通过商业秘密的构成要件即可认定哪些属于商业秘密，无须将商业秘密的范围具体认定为经营信息和技术信息。除了违反国家法律法规、社会公德或者妨害公共利益的，且符合商业秘密构成要件的信息均属于商业秘密。

第二部分：商业秘密权的行使。本部分主要包括三个方面。一是商业秘密权的积极行使。《商业秘密保护法》不仅应当赋予商业秘密所有人对商业秘密的权属主张，而且应当对职务行为过程中产生的商业秘密、委托开发之商业秘密、数人共同研究开发之商业秘密、数个分别独立研究开发同一商业秘密的归属，以及这些商业秘密的使用、转让或处分等如何规范，予以明确规定。同时，商业秘密所有人许可他人使用、对商业秘密进行质押等也须通过立法进行明确的规定。有些学者认为，商业秘密不得作为质权。他们认为，其一，商业秘密以秘密性为必要。倘若将商业秘密质押或者作为强制执行标的，在债务未受清偿而为拍卖时，竞买人必先知悉商业秘密内容，以决定其竞价。如此，势必使众多竞买人知悉商业秘密。其二，商业秘密不可能采取登记、公告等公示办法，因此，无法设质在登记后对抗效力。[①] 笔者并不认同此种看法，我国《民法典》和《公司法》都承认商业秘密作为知识产权的一种形式作价出资入股，如果按照上述说法，一旦商业秘密权利人退股也会造成受损，法律并没有因此就认定商业秘密不能出资转让。我们可以通过先合同义务对竞买人实行禁令制度，防止相对人侵犯商业秘密。因此，我们可以借鉴《民法典》《著作权法》《专利法》《商标法》的相关规定，对此进行立法。二是商业秘密权的消极行使，即商业秘密权的限制。商业秘密权行使过程中，同其他民事权利一样受到限制，这些限制主要有反向工程、独立研发、强制披露、公权限制、社会公共利益等。强制披露主要适用于上市公司信息披露而引起的商业秘密权限制制度；公权限制主要指妨害社会公共管理等方面的秘密，必须及时向特定机关或社会公众公开。比如，环境保护部门责令排污单位提供或披露有关排放污染物的种类、数量、浓度、生产工艺、治理方法等技术资料或业务资料，排污单位不得以商业秘密为由拒绝提供或披露；社会公共利益限制是指涉及不特定的群体的人身和财产安全等方面的商业秘密必须向社会公开。例如，云南白药集团由拒绝公开"含毒"产品配方到公开含有中药材草乌（断肠草）成分，也是对商业秘密权行使限制的体现。三是通过对相对方和政府的限制来保障商业秘密权的行使。立法中应当对技术秘密开发、转让、使用许可等方面相对人应尽的义务作出明确规定，同时，引入竞业禁止制度，对商业秘密权利人与雇员利益进行合理平衡，形成一种既保护商业秘密权，又不对人才合理流动造成任何障碍的制度。《TRIPS 协议》第 39 条第 3 款规定，成员批准医用或农用化工产品上市时，要求商

---

① 戴永盛：《商业秘密法比较研究》，华东师范大学出版社，2005，第 220 页。

业秘密权利人提交未披露过的实验数据等，应当防止商业秘密的不当使用，各成员要以专门法律条文限制国家机关及其工作人员的行为。我国目前法律还没有作出专门性规定，在构建商业秘密法律体系时应当将其列入其中。①

第三部分：侵犯商业秘密权的法律责任。本部分主要是针对侵犯商业秘密行为如何认定、遭遇侵权行为该如何进行维权、司法机关按照什么样的程序处理侵权案件等所作出的原则性规定。关于侵犯商业秘密行为认定问题，我国《反不正当竞争法》第 10 条仅仅从正面规定了哪些行为属于侵犯商业秘密行为，而且实施侵权行为的主体主要局限于经营者，这种做法在未来的商业秘密立法中应当予以改进。英国法律委员会在1997 年 11 月 25 日提交的《商业秘密滥用咨询报告》指出：以下情形不构成商业秘密侵权：①如果使用，或向合适之人披露保密信息是出于制止、发觉或揭露（a）一项已经或按计划将要发生的犯罪行为、欺诈行为或违反法定义务的行为；（b）一项本质上属于欺诈社会公众的行为，（c）现在或将来会危及公众健康或福利的事项；②依据保密法律制度具有公共利益这一正当理由的任何使用或披露信息的行为。② 我们可以借鉴英国法律委员会《商业秘密滥用咨询报告》的做法，从反面来确定哪些行为不属于侵权行为，从而降低交易成本和维权成本，节约司法资源。随着科学技术的发展，商业秘密侵犯行为呈现侵权主体多元化、侵权手段高科技化、侵权行为隐蔽化，商业秘密权利救济不能局限于传统侵权救济模式，对于网络环境中的侵权行为也应当予以关注。对于侵犯商业秘密行为的法律责任问题，笔者认为，主要有民事、行政和刑事责任。侵犯商业秘密民事责任主要分为缔约过失责任、违约责任、侵权责任。对于没有达成缔约协议的相对方，违反保密协议的规定，应当承担缔约过失责任；《民法典》第 179 条规定的民事责任承担方式适用于侵犯商业秘密行为，即停止侵害、排除妨碍、消除危险、返还财产、赔偿损失、赔礼道歉、消除影响、恢复名誉、支付违约金。除"支付违约金"属于违约责任形式外，其余 8 种民事责任形式也是我国《民法典》规定的 8

---

① 袁荷刚：《反思与重构：我国商业秘密立法之完善》，《法学杂志》2012 年第 1 期。

② The Law Commission of UK, Consultation Paper on the Misuse of Trade.

种侵权责任形式。传统的侵犯商业秘密行政责任主要有责令停止违法行为、罚款、没收违法物品、没收违法所得、吊销营业执照等。

第四部分：商业秘密诉讼程序性规定。商业秘密案件诉讼程序是否具有正当性直接关系到权利人的合法权益，关系到社会主义市场经济秩序。合理的商业秘密诉讼程序性规定应当包括：一是根据商业秘密权利人的申请对侵权行为实行临时禁令制度，强化对权利人诉前诉中利益的保护；二是实行诉前诉中财产保全、证据保全，杜绝侵权人转移、隐匿财产，毁灭证据；三是商业秘密案件地域管辖实行"被告就原告"原则。倘若实行"被告就原告"原则，因商业秘密案件大多涉及规模企业之间或者规模企业与个人之间的纠纷，他们大多是当地的纳税大户，其所在地法院管辖不免有偏袒被告之嫌，采取"被告就原告"管辖模式是一最佳选择；四是商业秘密案件实行不公开审理，对于案件审理过程中的证据展示、诉讼参与人的保密等作出专门规定，防止商业秘密"二次侵权"的发生；五是商业秘密案件审理坚持先追究侵权人的民事责任，再追究其刑事责任，即"先民后刑"的原则；六是诉讼时效。例如，中国台湾地区"营业秘密法"规定："前项之损害赔偿请求权，自请求权人知有行为及赔偿义务人时起，二年间不行使而消灭；自行为时起，逾十年者亦同"，我国未来的《商业秘密保护法》亦可以作出类似规定。

第三节　商业秘密刑法体系的完善

在商业秘密刑事责任立法方面，我们应当根据本国刑事立法制度设计，不适宜采取西方附属刑法的立法模式在《商业秘密保护法》中对侵犯商业秘密违法行为定罪处罚，而应当采取普通法典模式即集中型立法模式在刑法典中规定侵犯商业秘密犯罪。当前有不少学者认为，知识产权刑事立法的最佳目标模式是专门法典模式，即在《知识产权法典》《著作权法》《专利法》《商标法》《商业秘密保护法》等专门法中加以规定，以适应知识产权犯罪手段多样化、隐蔽化方面的客观需要。[①] 本书认为，对于包括侵犯商业秘密在内的知识产权犯罪，全国人大常委会

---

① 赵赤：《知识产权刑事法保护专论》，中国检察出版社，2011，第20页。

可以采用单行刑法以"决定"的形式单独加以立法。这既适应了知识产权犯罪日趋多样化、复杂化导致刑法的相对稳定性难以及时跟上其发展变化的客观需要，也避免了将包括侵犯商业秘密在内的知识产权犯罪放在知识产权法典或专门法当中与当前我国刑事立法制度设计产生冲突，这不失为一个理想的立法制度设计方式。

商业秘密刑事立法的基本内容主要包括三个部分。第一，确立商业秘密刑事保护的合理标准。我们应当合理确定商业秘密的范围，定罪要符合刑法谦抑性，明确划分合法、违法与犯罪的界限，确定重大损失的认定标准。第二，重构商业秘密刑事保护的立法体系。主要包括：完善侵犯商业秘密罪罪名体系，针对不同的侵权行为设立不同的罪名，设立经济间谍罪；合理设置商业秘密犯罪的主观要件；确立侵犯商业秘密罪"资格刑"。第三，构建商业秘密刑事保护的司法程序。主要包括：重构侵犯商业秘密罪举证责任规则，实行适当的举证责任倒置；完善侵犯商业秘密罪的起诉方式，坚持以自诉为常态、公诉为例外的原则；引入并规范运用诱惑侦查措施。

附录一 《商业秘密保护法（建议稿）》 及立法理由

《商业秘密保护法》（建议稿）

第一条 为维护正常市场竞争秩序，营造良好营商环境，保护商业秘密权利人合法权益，鼓励发明创造，制定本法。

[**立法理由**] 本条主要是立法宗旨的规定，商业秘密立法宗旨要坚持利益平衡的理念，一方面保护商业秘密权利人的合法权益，鼓励发明创造，另一方面维护正常市场竞争秩序，营造良好营商环境。

第二条 商业秘密保护，应当遵循平等保护、诚实信用、不告不理的原则。

[**立法理由**] 商业秘密权是民事权利，理应符合《民法典》的立法精神，其原则必然与民事权利保护原则相类似。商业秘密权是私权，私权遭受不法侵权，一般实行"不告不理"的原则，仅有在损害国家利益和社会公共利益的情形下，公诉机关才会介入。

第三条 本法调整经营者与经营者之间、企业与雇员之间、企业与第三人之间因实施某种法律行为所产生的保密关系。

[**立法理由**] 本法的调整范围主要有：一是经营者与经营者之间。商业秘密是一种存在于生产经营中的具有经济价值或者竞争优势的信息，经营者不得以不正当手段使用、披露或者允许他人使用其他经营者的商业秘密。二是企业与雇员之间。雇员对其所雇佣单位接触到的商业秘密负有保密的义务，雇员"跳槽"造成商业秘密流失是当前商业秘密保护遭遇到的一大难题。三是企业与第三人之间。此处是对上述的补充，商业秘密的泄密不仅在经营者之间、企业与雇员之间，还包括任一第三人，例如，商务谈判、例行公务、律师执业等都可能知悉企业的商业秘密，这些知悉人员都负有保密义务。

第四条 商业秘密是知识产权的客体。

本法所称的商业秘密，是指具有经济价值或者竞争优势，不为权利人所在领域内和行业内人们所知悉，权利人采取合理的措施保持秘密状态的技术信息和经营信息。

[**立法理由**] 《与贸易有关的知识产权协定》（TRIPS 协议）第三十九条规定有"未披露的信息"即商业秘密，并将其界定为财产权，纳入协定的保护范围。我国《民法典》第一百二十三条将商业秘密列为知识产权的客体之一。商业秘密范围包括技术秘密和经营秘密，2019 年修正的《反不正当竞争法》将其范围表述为"技术信息、经营信息等商业信息"有所不妥，司法实践中的商业秘密案件所涉及到的无非是技术信息和经营信息，无须将其扩展至"其他信息"。

第五条 商业秘密应当具备秘密性、价值性和保密性。

秘密性，是指不为其所属领域的相关人员所普遍知悉和容易获得。

价值性，是指具有确定的可应用性，能为权利人带来现实的或者潜在的经济利益或者竞争优势。

保密性，是指为防止信息泄露所采取的与其商业价值等具体情况相适应的合理保护措施。

[**立法理由**] 商业秘密案件纠纷解决的前提是有"商业秘密"的存在，从立法上规定商业秘密构成要件十分必要。认定商业秘密，也是适用本法的基本前提。《TRIPS 协议》第三十九条和《反不正当竞争法》第九条的规定表明，商业秘密的构成要件应当包括秘密性、价值性和保密性。对于秘密性、价值性和保密性的含义界定直接关系到商业秘密的认定，此三要件的定义立法参照依据主要有《反不正当竞争法》《最高人民法院关于审理不正当竞争民事案件应用法律若干问题的解释》《关于禁止侵犯商业秘密行为的若干规定》等法律、司法解释和部门规章，《TRIPS 协议》第三十九条，美国《统一商业秘密法》、欧盟《商业秘密保护指令》（欧盟第 2016/943 号指令）、日本《不正当竞争防止法》等域外国家相关立法。

第六条 公民、法人或者其他组织，依法享有商业秘密权。

利用单位物质技术条件或者执行本单位的任务所取得商业秘密的，商业秘密权属于该单位，合同另有约定的除外。商业秘密属于单位的，研究开发人员应当获得相应奖励。

[**立法理由**] 美国《统一商业秘密法》第一条第三款规定，商业秘

密的主体包括自然人、公司、集团、社团、托拉斯组织等，主体范围相当广泛。中国台湾地区"营业秘密法"规定商业秘密权的主体除事业外，尚包括自然人。我国《专利法》第六条对利用单位物质技术条件或者执行本单位任务完成发明创造的权利归属作出详细的规定，本条第二款即参考了这一立法规定。即在合同没有约定的情况下，利用单位物质技术条件或者执行本单位的任务所取得商业秘密的，商业秘密权属于该单位。

第七条 合作开发取得商业秘密，除当事人另有约定外，商业秘密权属于合作研究开发当事人共有。

合作开发当事人协商一致共同行使商业秘密权，当事人另有约定的除外。不能协商一致，又无正当理由，任何一方不得阻止他方行使除转让权以外的权利。

一方转让商业秘密，其他各方享有同等条件下优先受让的权利。

[**立法理由**] 本条立法主要结合《民法典》第八百六十条、第八百六十一条和《著作权法》第十四条、《著作权法实施条例》第九条的规定，并根据商业秘密权的特点，作出上述规定。

第八条 合作开发取得商业秘密的当事人之间就申请专利无法达成一致的，任何一方不得申请专利。

[**立法理由**] 本条主要依据《民法典》第八百六十条规定："合作开发的当事人一方不同意申请专利的，另一方或者其他各方不得申请专利"作出规定的，目的是保护合作开发商业秘密的各方当事人利益。

第九条 委托开发完成的商业秘密，除当事人另有约定的以外，商业秘密权属于受托人。商业秘密属于受托人或者委托人一方的，另一方有免费实施商业秘密的权利。

一方转让商业秘密，另一方享有同等条件下优先受让的权利。委托开发完成的商业秘密，委托方和受托方均负有保密义务。

[**立法理由**] 本条规定主要依据《专利法》第八条和《民法典》第八百五十九条、第八百八十五条的规定，对委托开发完成的商业秘密权利归属作出明确的规定，并明确了委托方和受托方享有的权利和应尽的义务。

第十条 商业秘密转让应当签订书面合同。未达成商业秘密转让协议的，受让方负有保密义务。

转让合同主要包括被转让商业秘密的内容和范围、让与人的义务、转让费的计算方法和支付方式等条款。

[**立法理由**] 本条主要依据《民法典》第五百零一条和《合同法》第八百四十五条的规定，并结合商业秘密的特点，作出上述规定的。商业秘密是一种无形财产，其转让过程并不为公众所知晓，签订书面合同可以保障商业秘密权利人合法权益，维护交易安全。对于未达成商业秘密转让协议的，受让方仍负有保密的义务。

第十一条　任何单位或者个人使用他人商业秘密的，应当与商业秘密权利人订立许可使用合同，并向商业秘密权利人支付使用费。被许可人无权允许合同规定以外的任何单位或者个人使用该商业秘密，并负有保守商业秘密的职责。

许可使用合同主要包括商业秘密的内容和范围、许可使用的目的和范围、合同双方的保密义务、被许可人的义务、使用费的计算方法和支付方式等条款。

[**立法理由**] 本条主要依据《专利法》第十二条和《民法典》第五百零一条、第八百四十五条的规定，要求商业秘密许可使用应当订立书面合同，并对许可使用合同的内容进行了概括性规定。同时，商业秘密许可使用合同当事人双方都负有保守商业秘密的义务。

第十二条　用人单位与雇员可以依法签订竞业禁止协议。

竞业禁止协议生效应当同时具备下列条件：

（一）保护用人单位合法利益；

（二）竞业对象仅限于部分接触到商业秘密的人员；

（三）竞业禁止期限一般不得超过二年；

（四）竞业限制的地域范围和职业范围应当合理；

（五）竞业禁止补偿金支付合理及时；

（六）竞业禁止约定不违反公序良俗。

[**立法理由**] 本条主要依据瑞士《债务法》第三百四十条、德国《商法典》第六十条规定和我国台湾地区"最高法院"1986年台上字第二四四六号民事判决、1992年台上字第一八九九号民事判决，同时结合我国《劳动法》《公司法》等相关立法，对竞业禁止协议的生效条件作

出较为科学的界定，便于执法机关和司法机关合理认定竞业禁止协议的效力。

第十三条 因用人单位违约行为造成雇佣关系终止的，竞业禁止协议没有约束力。用人单位提前终止雇佣关系的，竞业禁止协议无效，但是，用人单位提前终止雇佣关系时表示，其在竞业禁止期限内支付全额薪金的，竞业禁止协议有效。因雇员违约行为、重大过失、故意行为而终止雇佣关系的，竞业禁止协议有效，且用人单位无须向其支付补偿金。

[**立法理由**] 本条我国法律和司法解释均未涉及雇佣关系因不同的事由终止对竞业禁止协议效力的影响，但是，现实案件中时常出现上述情形，确实有从立法上作出相应规定的必要。因此，本条借鉴德国《商法典》第七十五条、瑞士《债务法》第三百四十条等域外立法的有益经验，从用人单位和雇员两方原因造成雇佣关系终止而引起竞业禁止协议效力问题分别作出了规定。

第十四条 竞业禁止协议未约定补偿金、用人单位无法证明其存在商业秘密、雇员工作期间无法接触到商业秘密的，竞业禁止协议无效。

竞业禁止协议约定的期限和范围不合理的，司法机关可以在认清事实的情况下划定出合理的期限和范围，竞业禁止协议在合理的期限和范围内有效。

[**立法理由**] 我国法律和司法解释上没有涉及竞业禁止条款部分无效对整体效力的影响，本条规定主要是依据美国司法实务和判例对此问题的处理方式得到出的，美国主要存在"全有或全无原则"（all or nothing approach）、"蓝铅笔原则"（blue pencil rule）、"合理化原则"（rule of reasonableness）三种处置方式。

第十五条 任何人不得采用下列手段侵犯商业秘密：

（一）以盗窃、利诱、欺诈、胁迫、电子侵入或者其他不正当手段获取权利人的商业秘密；

（二）不正当取得人披露、使用或者允许他人使用其所掌握的商业秘密；

（三）正当取得他人商业秘密的人，违反保密义务或者竞业禁止义务，披露、使用或者允许他人使用其所掌握的商业秘密；

（四）明知商业秘密系第三人违反保密义务或者以不正当手段取得

的，仍然自该第三人取得、使用或者披露他人的商业秘密；

（五）不知道商业秘密系第三人违反保密义务或者以不正当手段取得的，嗣后知道或者应当知道该事实者，仍然使用或者披露该商业秘密；

（六）明知向其披露的商业秘密系意外或者错误所致，而仍然披露、使用或者允许他人使用的。

[立法理由] 中国《反不正当竞争法》第九条第一款规定的侵犯商业秘密行为较为笼统且不全面，我们可以参考借鉴美国、德国、日本、世界知识产权组织《反不正当竞争示范法》和中国台湾地区关于商业秘密侵权行为的规定，使得我国商业秘密侵权行为可类型化。本条对我国《反不正当竞争法》第九条第（一）项"贿赂"一词恢复为修订前的"利诱"，使得不正当手段的范围更为广泛，"利诱"当然包含有利用金钱进行诱惑。

第十六条 预备实施上述第十五条规定的行为，或者实施上述第十五条规定的行为未遂者，应当认定为侵权行为，依照本法和相关法律的规定处理。

[立法理由] 德国《不正当竞争防止法》第十七条第三款、第二十条分别将预备实施商业秘密侵权行为和商业秘密侵权行为未遂者认定为商业秘密侵权行为，此立法值得我国借鉴。通过加大商业秘密侵权行为的覆盖面，提高违法成本，从而遏制商业秘密侵权行为的发生。

第十七条 下列获取商业秘密的行为不构成侵权：

（一）反向工程，即通过技术手段对从公开渠道取得的产品进行拆卸、测绘、分析等而获得有关技术信息。

（二）独立研发，即通过自己的创造性智力劳动获得与他人商业秘密相同技术信息的行为。

（三）个人信赖，即客户基于雇员的信赖而与雇员所在单位进行市场交易，该雇员离职后，能够证明客户自愿与自己或者其新单位进行市场交易的行为。

（四）公权限制，即国家机关及其工作人员因执行职务需要，依法强制获取或者使用商业秘密的，但其不得用于公务之外，也不得披露之。

（五）公共利益之必须，即商业秘密的开发、使用等行为不得违反法律规定，不得影响公共健全和公共安全。

　　[**立法理由**] 本条主要依据《最高人民法院关于审理不正当竞争民事案件应用法律若干问题的解释》第十二条、第十三条的规定，对不构成商业秘密侵权行为进行了列举，主要包括反向工程、独立研发、个人信赖、公权限制、公共利益之必须等五种情形。

　　第十八条 县级以上监督检查部门有责任主动查处涉嫌侵犯商业秘密、损害国家和社会公共利益的行为。

　　[**立法理由**] 商业秘密权是私权，只有商业秘密侵权行为损害国家和社会公共利益的，国家公权力机关才能介入进行查处。例如，扰乱市场经济秩序、妨害或者限制公平竞争的行为等，市场监督管理部门应当及时查处。

　　第十九条 监督检查部门在监督检查涉嫌侵犯商业秘密行为时，有权行使下列职权：

　　（一）询问被检查对象、利害关系人、其他有关单位或者个人，并要求其说明有关情况或者提供与涉嫌侵犯商业秘密行为有关的其他资料；

　　（二）查询、复制与涉嫌侵犯商业秘密行为有关的协议、账册、单据、文件、记录、业务函电和其他资料；

　　（三）查封、扣押与涉嫌侵犯商业秘密行为有关的财物；

　　（四）查询涉嫌侵犯商业秘密行为人的银行账户。

　　监督检查部门行使上述第（三）、（四）项职权，应当向本部门主要负责人报告，并经批准。

　　[**立法理由**] 本条主要依据《反不正当竞争法》第十三条第（二）、（三）、（四）、（五）项的规定，对监督检查部门查处商业秘密侵权行为的职权作出了明确规定，同时，有关财物的查封、扣押和银行账户的查询等都涉及个人私有财产，基于对公民私有财产的保护，应当规定更为严格的审批程序。

　　第二十条 监督检查部门监督检查涉嫌侵犯商业秘密行为，执法人员不得少于二人，并应当出示执法证件。

　　执法人员进行询问和调查，应当制作笔录，并由被询问人或者被调查人签字。

　　[**立法理由**] 依据《反垄断法》第四十条，本条对查处侵犯商业秘密行为的执法人员和执法程序进行了规范性的规定。

第二十一条 监督检查部门及其工作人员对监督检查过程中知悉的商业秘密负有保密义务。

［立法理由］ 本条要求监督管理部门及其工作人员对在监督检查过程中知悉的商业秘密负有保密的义务，立法依据是《反不正当竞争法》第十五条。

第二十二条 被调查对象、利害关系人或者其他有关单位或者个人应当如实提供有关资料和情况，并应当配合监督检查部门依法履行职责，不得拒绝、阻碍监督检查。

［立法理由］ 本条是对涉嫌侵犯商业秘密行为进行监督检查时被调查对象、利害关系人或者其他单位或者个人应当履行的义务，立法上主要吸收了《反不正当竞争法》《反垄断法》《行政处罚法》等有关法律的规定。

第二十三条 侵犯商业秘密的，监督检查部门应当责令侵权人停止违法行为、返还或者销毁商业秘密载体、赔礼道歉、赔偿损失、恢复信誉等，并可以根据情节严重的，处五十万（元）以上五百万（元）以下的罚款。

［立法理由］ 本条对《反不正当竞争法》第二十一条进行了细微的修改，增加"销毁商业秘密载体"这一民事责任承担方式。

第二十四条 商业秘密权利人遭受侵权可以直接向人民法院提起诉讼，也可以向当地县级以上人民政府监督检查部门申诉。

［立法理由］ 与商标权、专利权一样，我国对商业秘密的保护应当采取行政保护和司法保护双轨制。

第二十五条 在侵犯商业秘密的民事审判程序中，商业秘密权利人提供初步证据，证明其已经对所主张的保密信息构成商业秘密，且合理表明商业秘密被侵犯，涉嫌侵权人应当证明权利人所主张的商业秘密不属于本法规定的商业秘密。

商业秘密权利人提供初步证据合理表明商业秘密被侵犯，且提供以下证据之一的，涉嫌侵权人应当证明其不存在侵犯商业秘密的行为：

（一）有证据表明涉嫌侵权人有渠道或者机会获取商业秘密，且其使用的信息与该商业秘密实质上相同；

（二）有证据表明商业秘密已经被涉嫌侵权人披露、使用或者有被披露、使用的风险；

（三）有其他证据表明商业秘密被涉嫌侵权人侵犯。

[立法理由] 本条主要依据《反不正当竞争法》第三十二条的规定，对商业秘密侵权案件的双方当事人举证责任进行了合理分配。在依据第三十二条规定的同时，将"证明其已经对所主张的商业秘密采取保密措施"修改为"证明其已经对所主张的保密信息构成商业秘密"，因为商业秘密的构成要件有三，即秘密性、价值性、保密性，不能仅以"采取保密措施"来替代其他两个要件，商业秘密是否存在是商业秘密侵权案件审理的前提和基础。

第二十六条 因商业秘密侵权行为造成权利人损害的赔偿数额，可以按照权利人因侵权所受到的实际损失计算，也可以按照侵权人因侵权所获得的利益计算。侵权人恶意实施侵犯商业秘密，情节严重的，按照侵权人实际损失和侵权人获得利益的高者确定数额的一倍以上五倍以下确定赔偿数额。赔偿数额还应当包括权利人为制止侵权行为所支付的合理开支。

权利人因侵权所受到的实际损失、侵权人因侵权所获得的利益难以确定的，由人民法院根据侵权行为的情节判决给予权利人五百万（元）以下的赔偿。

[立法理由] 本条在《反不正当竞争法》第十七条规定的基础上，对侵犯商业秘密行为造成权利人损失的赔偿数额计算方法进行了必要修改。因侵权行为受到损害的权利人可以在其受到的实际损失和侵权人因侵权行为获得利益中作出有利于自己的选择。对于情节恶劣的恶意侵权行为，实行惩罚性赔偿。在因侵权行为所受到的实际损失和侵权人因侵权所获得的利益难以确定的情况下，由法院根据侵权行为的情节给予伍佰万元以下的赔偿。

第二十七条 涉及商业秘密的案件，当事人申请不公开审理的，可以不公开审理。

[立法理由] 本条主要依据《民事诉讼法》第一百三十四条的规定，商业秘密案件是否公开审理由案件当事人提出申请，由人民法院决定。

第二十八条 商业秘密案件的证据应当保密，需要在法庭上出示的，不得在公开开庭时出示。

[立法理由] 本条是关于商业秘密案件审理过程中出示证据环节保

密问题的规定，主要参考《民事诉讼法》第六十八条。

第二十九条 商业秘密案件的全部卷宗应当密封，加盖"秘密"字样，由人民法院专门部门保存。第三人查阅卷宗的，应当向人民法院说明其与案件有法律上的利害关系，除经人民法院许可外，还须经商业秘密权利人同意。

［**立法理由**］本条主要对诉讼卷宗的查阅问题的规定，条文主要参考了美国《统一商业秘密法》第五条、日本《法院组织法》第六十条和《民事诉讼法》第一百五十一条、中国台湾地区"营业秘密法"第十四条等规定。

第三十条 参与商业秘密案件的审判人员、书记员、诉讼代理人、辩护人、证人、鉴定人、翻译人员等诉讼参与人均负有保密义务。

［**立法理由**］本条在《法官法》第十条第（五）项："保守国家秘密和审判工作秘密，对履行职责中知悉的商业秘密和个人隐私予以保密"的基础上，规定所有诉讼参与人均负有保密义务。

第三十一条 商业秘密权利人或者利害关系人有证据证明他人正在实施或者即将实施侵犯商业秘密的行为，如不及时制止将会使其合法权益造成难以弥补的损害的，可以在起诉前向人民法院申请采取责令停止有关行为的措施。

申请人提出申请时，应当提供担保；不提供担保的，驳回申请。

人民法院应当自接受申请之时起四十八小时内作出裁定；有特殊情况需要延长的，可以延长四十八小时。裁定责令停止有关行为的，应当立即执行。当事人对裁定不服的，可以申请复议一次；复议期间不停止裁定的执行。

申请人自人民法院采取责令停止有关行为的措施之日起十五日内不起诉的，人民法院应当解除该措施。

申请有错误的，申请人应当赔偿被申请人因停止有关行为所遭受的损失。

［**立法理由**］本条主要参照《专利法》第六十六条，具体规定了商业秘密案件申请行为保全的条件、行为保全的适用、行为保全的解除、错误适用行为保全的法律责任等。

第三十二条 为了制止商业秘密侵权行为，在证据可能灭失或者以后难以取得的情况下，商业秘密权利人或者利害关系人可以在起诉前向人民法院申请保全证据。

人民法院采取保全措施，可以责令申请人提供担保；申请人不提供担保的，驳回申请。

人民法院应当自接受申请之时起四十八小时内作出裁定；裁定采取保全措施的，应当立即执行。

申请人自人民法院采取保全措施之日起十五日内不起诉的，人民法院应当解除该措施。

［立法理由］ 为防止证据可能灭失或者以后难以取得给商业秘密案件的审理带来不利，商业秘密权利人或者利害关系人可以在起诉前向人民法院申请证据保全。本条立法主要参考了《专利法》第六十七条有关专利纠纷案件证据保全的规定。

第三十三条 商业秘密权利人有证据证明雇员在本单位工作期间有充分接触存在重大经济价值或者对于权利人极为重要的商业秘密，雇员离职后为商业秘密权利人的竞争对手提供相同或者高度相似的工作或者服务，并且雇员所使用的技术信息与商业秘密权利人存在实质的功能或者效果上的相似性，商业秘密权利人可以向人民法院提出申请，禁止离职雇员为其竞争对手工作或者提供服务。

商业秘密权利人向人民法院申请上述保护措施，不以竞业禁止协议的存在为前提。人民法院决定采用上述保护措施，商业秘密权利人应当依法支付合理的补偿金。

［立法理由］ 雇佣关系存续期间双方当事人之间没有签订竞业禁止协议的，并不意味着雇员离职后就不负有保密义务。一旦雇员离职后有使用、披露或者允许他人使用商业秘密，将会使权利人造成重大损失的，可以向人民法院申请禁止离职雇员为其竞争对手工作或者提供服务。这就是美国法院推出的所谓的"不可避免地披露理论"（Inevitable Disclosure Theory），此规则有效地保护了权利人的商业秘密。然而，其适用也严重阻碍了雇员的自由流动，应当对其适用加以严格的限制。本条正是基于此，对"不可避免地披露"规则的适用作出了明确的规定。

第三十四条 确定本法第十四条、第三十二条所规定的补偿金，应当考虑下列因素：

（一）义务人的专业技能，可能影响义务人生活水平的程度；

（二）对义务人限制的领域范围、就职岗位、地域范围、工作年限等；

（三）商业秘密的可保密程度和生命力；

（四）义务人在单位上一年度或者最后一年度的报酬总额。

补偿金数额应当等于或者高于保障雇员离职后达到或者接近与具有和他相当工作能力的雇员的社会生活水平。

［立法理由］ 本条对竞业补偿金、"不可避免地披露"补偿金的数额确定应当考虑的因素和数额的最低标准等进行较为明确的规定。此规定主要参考了最高人民法院《关于审理劳动争议案件适用法律若干问题的解释（四）》《中华全国律师协会律师办理商业秘密业务操作指引》等司法解释或者操作规范，为雇员获得相应补偿金提供了法律依据。

第三十五条 涉嫌侵犯商业秘密行为同时需要追究民事责任和刑事责任的，商业秘密权利人可以提起单独的民事诉讼，也可以提起刑事附带民事诉讼。

侵权人被判处罚金或者没收财产，同时又要赔偿权利人因侵权行为造成损害的，应当优先赔偿权利人的损失。

［立法理由］ 商业秘密侵权行为刑民交叉，应当采取"先民后刑"原则，这一原则符合商业秘密案件的特点和审判的规律，按照"确权—侵权—犯罪（严重侵权）"的思路进行审理；也可以采取刑事附带民事诉讼的方式，更为有效地查明案情，节约司法资源。

第三十六条 本法施行前发生的侵权或者违约行为，依照侵权或者违约行为发生时的有关规定和政策处理。

［立法理由］ 本条主要对本法施行前的侵权行为或者违约行为的处理依据进行了规定，按照行为发生时的有关规定和政策处理。

第三十七条 本法自 年 月 日起施行。

［立法理由］ 本法的生效日期。

附录二 《刑法》商业秘密条款立法建议稿及理由

全国人大常委会关于惩治侵犯商业秘密罪的决定①（建议稿）

为有效地维护社会主义市场经济竞争秩序，保护商业秘密权利人的合法权益，对刑法作如下补充修改：

第一条 有下列侵犯商业秘密行为之一，给商业秘密权利人造成较大损失的，处三年以下有期徒刑或者拘役，并处罚金；造成重大损失的，处三年以上七年以下有期徒刑，并处罚金；造成特别重大损失的，处七年以上有期徒刑，并处罚金：

（一）以盗窃、利诱、欺诈、胁迫、电子侵入或者其他不正当手段获取权利人的商业秘密的；

（二）不正当取得人披露、使用或者允许他人使用其所掌握的商业秘密；

（三）正当取得他人商业秘密的人，违反保密义务或者竞业禁止义务，披露、使用或者允许他人使用其所掌握的商业秘密；

（四）明知商业秘密系第三人违反保密义务或者以不正当手段取得的，仍然自该第三人取得、使用或者披露他人的商业秘密；

（五）不知道商业秘密系第三人违反保密义务或者以不正当手段取得的，嗣后知道或者应当知道该事实者，仍然使用或者披露该商业秘密；

（六）明知向其披露的商业秘密系意外或者错误所致，而仍然披露、使用或者允许他人使用的。

［立法理由］ 我国《刑法》第二百一十九条第一款仅规定了三种商业秘密侵权行为构成犯罪，而《反不正当竞争法》第九条第一款规定了

---

① 当前，侵犯商业秘密罪的犯罪手段呈现出多样化的趋势，而《刑法》保持相对稳定性，无法及时解决司法实践中的新情况、新问题。单行刑法更具灵活性、针对性，可以对社会上新生犯罪予以规定，并可对不合时宜的规定适时予以修改。本书认为我国对商业秘密犯罪采用单行刑法的立法模式更为符合实际，建议立法机关采纳之。

四种商业秘密侵权行为，两法之间尚未形成无缝衔接。本条规定在《反不正当竞争法》的基础上，借鉴美国《统一商业秘密法》、日本《不正当竞争防止法》和中国台湾地区"营业秘密法"的相关规定，增加或者细化了商业秘密侵权行为。本条规定与附录一《商业秘密保护法（建议稿）》的商业秘密侵权行为保持相对一致。

《刑法》第二百一十九条规定了侵犯商业秘密罪的量刑两档标准，即"重大损失""特别严重后果"，本条将其改为"较大损失""重大损失""特别重大损失"三档，并加重刑事处罚。同时，基于侵犯商业秘密罪是经济类犯罪，每档都并处罚金刑，让犯罪分子付出沉重的经济代价，有力地震慑侵犯商业秘密罪，保护社会主义社会经济竞争秩序和商业秘密权利人的合法权益。

第二条 故意犯侵犯商业秘密罪的，五年内禁止经营本领域业务或者从事本领域工作；造成特别严重后果或者累犯的，剥夺其终身经营本领域业务或者从事本领域工作的资格。

[立法理由] 不少国家刑法和知识产权法典都有知识产权犯罪资格刑，例如，法国《知识产权法典》、意大利《刑法典》、瑞士《联邦刑法典》等。中国《刑法》第三十七条第二、三、四款就有竞业禁止的规定，然而，此款规定的仍不完善，亟待未来修法过程中进一步修改。本条依据域外国家立法，规定故意犯侵犯商业秘密罪的，禁业五年以下；造成特别严重后果或者累犯的，终身禁业。

第三条 实施本决定第一条规定的预备或者未遂行为，仍然构成犯罪，但是应当从轻、减轻或者免除处罚。

[立法理由] 不少国家法律对侵犯商业秘密未遂行为亦予以刑事处罚。例如，美国《经济间谍法》第一千八百三十一条和第一千八百三十二条均规定："上述（1）（3）项行为的预备行为"分别构成经济间谍罪、侵夺侵犯商业秘密罪；德国《反不正当竞争法》第十七条第三款规定："未遂是可罚的。"中国台湾地区"营业秘密法"第第十三条之一第二款、第十三条之二第二款规定："前项之未遂犯罚之。"

本条立法主要借鉴域外国家和中国台湾地区立法，对侵犯商业秘密预备或者未遂行为进行刑事处罚，但应当从轻、减轻或者免除处罚。

第四条 因案件或者基于特定身份而知悉他人商业秘密，未经授权而披露、使用或者允许他人使用的，处三年以下有期徒刑或者拘役，并处罚金。

[立法理由] 本条立法参照德国《刑法》第二百零三条规定、奥地利《刑法》第一百二十二条、日本《刑法》第三百一十七条的规定，对因各种身份关系（如医师、律师、公证员、会计、审计等）而被告知或者知悉他人的秘密，未经授权而泄露的行为，构成侵犯商业秘密罪。然而，我国《刑法》对此并未有类似的规定，仅在《刑法》第三百九十八条规定国家机关工作人员故意或者过失泄露国家秘密的行为构成故意泄露国家秘密罪，并没有国家机关工作人员故意或者过失泄露商业秘密的规定。因此，本条借鉴域外国家立法对此作出规定。

第五条 任何人明知实施侵犯商业秘密犯罪有益于外国政府、外国机构或者外国代理人，仍故意实施本决定第一条规定的行为，构成经济间谍罪，依照侵犯商业秘密罪从重处罚。

[立法理由] 在国际社会围绕技术保密与窃密斗争尖锐激烈的今天，倘若对技术秘密掉以轻心，损失的绝不仅仅是经济利益，还有决定国家发展潜力的战略资源，特别是核心竞争力。美国《经济间谍法》第一千八百三十一条规定，向外国政府、外国机构或者外国代理人故意泄密的行为，构成经济间谍罪。本决定建议我国也应当借鉴此立法，单列独立于侵犯商业秘密罪的另一罪名——经济间谍罪，依照侵犯商业秘密罪的规定从重处罚。

第六条 侵犯商业秘密罪，告诉才处理。但是，危害国家利益和社会公共利益的，由公诉机关代表国家提起公诉。

[立法理由] 德国《反不正当竞争法》第十七条第五款、第十八条第三款、第十九条第四款均规定："前述行为，告诉才处理，但刑事追诉机关因对刑事追诉具有特殊的公共利益而认定应当依职查处的除外。"中国台湾地区"营业秘密法"第十三条之三规定："第十三条之一之罪，须告诉乃论。"意大利、韩国、泰国等国家立法都规定侵犯商业秘密罪起诉方式为"告诉乃论"。本条即借鉴境外立法，侵犯商业秘密罪的起诉方式实行告诉才处理，但是，危害国家利益和社会公共利益的，由公诉机关代表国家提起公诉。

第七条 单位犯本决定规定之罪的，对单位判处罚金，并对其直接负责的主管人员和其他责任人员，依照本决定侵犯商业秘密罪的规定处罚。

[**立法理由**]本条依据《刑法》第二百二十条的规定，侵犯商业秘密罪可以是单位犯罪，对单位判处罚金，对直接负责的主管人员和其他责任人员按照本决定第一条至第七条的规定进行处罚。

第八条 本决定自公布之日起施行。

参考文献

〔美〕博登海默:《法理学——法律哲学与法律方法》,邓正来译,北京:中国政法大学出版社,2004。

〔美〕霍姆斯:《法律的生命在于经验:霍姆斯法学文集》,明辉译,北京:清华大学出版社,2007。

〔美〕斯蒂格利茨:《经济学(上)》,黄险峰译,北京:中国人民大学出版社,2013。

〔日〕河本一郎、大武泰南:《证券交易法概论》,侯水平译,北京:法律出版社,2001。

〔日〕田村善之:《日本知识产权法》,周超、李雨峰、李希同译,北京:知识产权出版社,2011。

〔日〕土井辉生:《知的所有权——现代实务法律讲座》,东京:青林书院株式会社,1977。

〔日〕新企业法务研究会编《详解商业秘密管理》,张玉瑞译,北京:金城出版社,1997。

AI 财经社:《国内配方保密,8 年前却在美全面公开,云南白药搞双重标准?》,http://wemedia.ifeng.com/83788675/wemedia.shtml。

蔡伟:《侵害商业秘密的法律问题分析》,《中国审判》2018 年第 11 期。

陈东:《英国公司法上的董事"受信义务"》,《比较法研究》1998 年第 2 期。

陈骏、彭林:《商业秘密司法保护的若干问题研究》,《学习与实践》2013 年第 4 期。

程宗璋:《浅论商业秘密保护中的竞业禁止协议》,《中国经济时报》1998 年 6 月 25 日。

戴永盛:《商业秘密法比较研究》,上海:华东师范大学出版社,2005。

邓恒:《商业秘密司法鉴定之实践检讨》,《知识产权》2015 年第 5 期。

董旭源:《侵犯商业秘密罪的主观方面探析》,《现代商业》2013 年第

20 期。

范志远：《商业秘密保护中反向工程问题研究》，硕士学位论文，西南政法大学，2016。

方龙华：《商业秘密竞业禁止若干问题研讨》，《法商研究》1996 年第 6 期。

费安玲、Liu Hui：《论防止知识产权滥用的制度理念》，《中国社会科学》（英文版）2013 年第 1 期。

冯飞、南存辉：《商业秘密保护，亟需法律先行》，《中国知识产权报》2019 年 3 月 8 日。

冯晓青：《知识产权法利益平衡理论》，北京：中国政法大学出版社，2006。

付慧姝、陈奇伟：《论商业秘密权的性质》，《南昌大学学报》（人文社会科学版）2005 年第 2 期。

付玉明、姜盼盼：《商业秘密刑法保护的制度困境与应对方案》，《刑法论丛》2015 年第 4 期。

顾敏：《企业泄密案八成与跳槽雇员有关》，《新华日报》2015 年 4 月 23 日。

郭华：《技术侦查中的通讯截取：制度选择与程序规制——以英国法为分析对象》，《法律科学》2014 年第 3 期。

〔英〕哈特：《法律的概念》，张文显译，中国大百科全书出版社，1996。

胡开忠：《反向工程的合法性及实施条件》，《法学研究》2010 年第 2 期。

黄海峰：《知识产权的话语与现实》，华中科技大学出版社，2011。

黄茂荣：《法学方法与现代民法》，（台北）台湾大学法学丛书编辑委员会，2002。

黄武双：《利益平衡视角下的律师事务所客户名单商业秘密保护——美国法律制度及其借鉴》，《政治与法律》2008 年第 7 期。

黄武双：《美国商业秘密保护法的不可避免泄露规则及对我国的启示》，《法学》2007 年第 8 期。

黄武双：《商业秘密保护的合理边界研究》，北京：法律出版社，2018。

贾学胜、郑泳彬：《美国对商业秘密的刑法保护及其启示》，《知识产权》2014 年第 5 期。

蒋宁次：《营业秘密之侵害与民事救济》，硕士学位论文，台北大学法学研究所，2007。

〔德〕卡尔·拉伦茨：《法学方法论》，陈爱娥译，北京：商务印书馆，2003。

孔祥俊：《商业秘密保护法原理》，北京：中国法制出版社，1999。

孔祥俊：《商业秘密司法保护实务》，北京：中国法制出版社，2012。

李明德：《美国的竞业禁止协议与商业秘密保护及其启示》，《知识产权》
　　2011 年第 3 期。

李明德：《美国知识产权法》，北京：法律出版社，2014。

李嬛：《商业秘密领域中离职后竞业禁止合理范围的界定——以美国判例
　　为视角》，载黄武双主编《知识产权法研究》2011 年第 2 期。

李亚坤：《华为原副总裁辞职创业两度被控侵犯知识产权》，《南方都市
　　报》2016 年 4 月 26 日。

李仪、苟正金：《商业秘密保护法》，北京：北京大学出版社，2017。

李章军、张良宏：《加强商业秘密保护营造公平竞争环境——浙江省宁波
　　市中级人民法院关于商业秘密民事纠纷审判情况的调研报告》，《人
　　民法院报》2014 年 5 月 15 日。

梁慧星：《自由心证与自由裁量》，北京：中国法制出版社，2000。

梁上上：《利益衡量论》，北京：法律出版社，2013。

梁上上：《异质利益衡量的公度性难题及其求解——以法律适用为场域展
　　开》，《政法论坛》2014 年第 4 期。

梁智：《劳动合同法实务一本全》，北京：中国法制出版社，2008。

林洋：《论公证证据保全的形式证据力》，《河南财经政法大学学报》
　　2018 年第 1 期。

刘金波、朴勇植：《日美商业秘密保护法律制度比较研究》，《中国法学》
　　1994 年第 3 期。

刘宪权、吴允峰：《侵犯知识产权犯罪理论与实务》，北京：北京大学出
　　版社，2007。

刘晓海：《离职员工和商业秘密的保护——对德国法的实证研究》，《科
　　技与法律》2006 年第 2 期。

《马克思恩格斯全集》第 21 卷，北京：人民出版社，2003。

聂鑫：《商业秘密不可避免披露原则的制度发展与移植设想》，《知识产
　　权》2016 年第 9 期。

宁波市中级人民法院：《商业秘密民事纠纷案件审判白皮书》，http://www. nbcourt. gov. cn/art/2014/4/28/art_3383_66198. html。

牛莉、何成子：《员工跳槽泄露商业秘密原单位起诉胜算仅两成》，《华西都市报》2010 年 8 月 3 日。

彭万林主编《民法学》，北京：中国政法大学出版社，2011。

彭学龙：《不可避免披露原则再论——美国法对商业秘密潜在侵占的救济》，《知识产权》2003 年第 6 期。

齐爱民、李仪：《商业秘密保护法体系化判解研究》，武汉大学出版社，2008。

钱玉文、沈佳丹：《侵犯商业秘密罪中"重大损失"的司法认定》，《中国高校社会科学》2018 年第 1 期。

阮开欣：《美国商业秘密法中不可避免泄露规则的新发展及其解读——以 Bimbo 案为视角》，《科技与法律》2013 年第 4 期。

阮齐林：《刑法学》，北京：中国政法大学出版社，2008。

商业秘密法制丛书编辑委员会：《商业秘密法制现状分析及案例》，北京：中国法制出版社，1995。

邵建东：《德国反不正当竞争法研究》，北京：中国人民大学出版社，2001。

宋惠玲：《论商业秘密的法律性质》，《行政与法》2008 年第 9 期。

孙月蓉：《中外竞业禁止制度之比较》，《太原师范学院学报》（社会科学版）2007 年第 5 期。

汤宗舜：《专利法教程》，北京：法律出版社，2003。

唐安邦：《中国知识产权保护前沿问题与 WTO 知识产权协议》，北京：法律出版社，2004。

陶鑫良：《商业秘密保护中的合理竞业禁止》，《知识产权研究——中国高校知识产权研究会第七届年会论文集》，西安：西安交通大学出版社，1995。

田宏杰：《论我国知识产权的刑事法律保护》，《中国法学》2003 年第 3 期。

王胜明：《中华人民共和国侵权责任法解读》，北京：中国法制出版社，2010。

王雪：《新〈反不正当竞争法〉对商业秘密保护之管窥》，《江南大学学报》（人文社会科学版）2018 年第 5 期。

王宗光：《我国知识产权犯罪刑事政策论》，《河北法学》2016 年第 1 期。

温婧：《华为 6 名前员工窃密被批捕》，《北京青年报》2017 年 1 月 19 日。

吴汉东：《论财产权体系》，《中国法学》2005 年第 2 期。

吴汉东：《知识产权保护论》，《法学研究》2000 年第 1 期。

吴汉东：《知识产权的无形资产价值及经营方略》，《中国知识产权报》
　　2014 年 1 月 29 日。

吴汉东：《知识产权法》，北京：法律出版社，2014。

吴汉东：《知识产权基本问题研究》，北京：中国人民大学出版社，2009。

吴礼洪：《商业秘密的法律保护》，《法学》1993 年第 10 期。

习近平：《齐心开创共建"一带一路"美好未来》，《人民日报》2019 年
　　4 月 27 日。

肖文波、熊纬辉：《防范和打击非法集资类涉众型经济犯罪问题研究》，
　　《江西警察学院学报》2019 年第 1 期。

谢铭洋等：《营业秘密法解读》，（台北）月旦出版社有限公司，1996。

徐棣枫：《商业秘密诉讼中技术鉴定若干问题研究》，《南京大学法律评
　　论》2001 第 2 期。

徐玉玲：《营业秘密的保护》，台北：台湾三民书局，1993。

杨正鸣、倪铁：《刑事法治视野中的商业秘密保护——以刑事保护为中
　　心》，上海：复旦大学出版社，2011。

〔日〕伊藤·真：《商业秘密的保护与审理的公开原则》，刘荣军译，《外
　　国法译评》1994 年第 2 期。

衣庆云：《客户名单的商业秘密属性》，《知识产权》2002 年第 1 期。

张春蕾：《澳力拓集团 4 员工因涉嫌窃取中国国家机密被拘捕》，http://
　　news. sohu. com/20090709/n265100096. shtml。

张耕：《商业秘密法》，厦门：厦门大学出版社，2012。

张耕：《知识产权民事诉讼研究》，北京：法律出版社，2004。

张今：《知识产权新视野》，北京：中国政法大学出版社，2000。

张黎：《〈中华全国律师协会律师办理商业秘密法律业务操作指引〉释
　　解》，北京：北京大学出版社，2017。

张文显主编《法理学》，北京：法律出版社，2003。

张文显：《法学基本范畴研究》，北京：中国政法大学出版社，1993。

张向群：《浅谈商业秘密的法律保护问题》，《当代法学》2003 年第 1 期。

张立新：《论竞业禁止》，载徐国栋主编《罗马法与现代民法》，北京：中国法制出版社，2000。

张玉瑞：《日本〈不正当竞争防止法〉的借鉴意义》，《中国知识产权报》2016 年 2 月 26 日。

张玉瑞：《商业秘密的法律保护》，北京：专利文献出版社，1994。

张玉瑞：《商业秘密法学》，北京：中国法制出版社，1999。

赵宝华：《公民劳动权的法律保障》，北京：人民出版社，2013。

赵永红：《知识产权犯罪研究》，北京：中国法制出版社，2004。

郑成思：《WTO 知识产权协议逐条讲解》，北京：中国方正出版社，2001。

郑成思：《知识产权保护实务全书》，北京：中国言实出版社，1995。

郑成思：《知识产权论》，北京：法律出版社，2003。

郑友德、钱向阳：《论我国商业秘密保护专门法的制定》，《电子知识产权》，2018 年 10 期。

郑友德：《论反不正当竞争法的保护对象——兼评"公平竞争权"》，《知识产权》2008 年第 5 期。

种明钊、盛学军、郑鹏程：《竞争法》，北京：高等教育出版社，2012。

周琳：《商业秘密预防性保护之比较研究》，北京：中国社会科学出版社，2013。

周铭川：《侵犯商业秘密罪研究》，武汉：武汉大学出版社，2008。

朱小玲、俞闰红：《司法中利益衡量受到的挑战及应对——以利益主体多元化为分析背景》，《山西省政法干部管理学院学报》2013 年第 4 期。

外文文献

Allison Coleman, *The Legal Protection of Trade Secrets*, Hong Kong: Sweet & Maxwell, 1992.

Charles Tait Graves, "The Law of Negative Knowledge: A Critique," *Tex. Intell. Prop. L. J.*, Vol. 15, No. 1, 2007.

Harold Bloom, *The Anxiety of Influence*, Oxford: Oxford Univ. Press, 1997.

John T. Cross, "Information Convergence: At ××he Boundaries ××f Access Dead Ends And Dirty Secrets: Legal Treatment of Negative Informa-tion," *J. Marshall J. Computer & Info. L.* , Vol. 25, No. 4, 2009.

Jean-Pierre Stouls, Francis Hagel, etc. . *Protection of Trade Secrets through IPR and Unfair Competition Law*: *France*, http://aippi. org/committee/protection-of-trade-secrets-through-ipr-and-unfair-competition-law/.

Jonathan O. Harris, "The Doctrine of Inevitable Disclosure: A Proposal to Bal-ance Employer and Employee Interests," *Washington University Law Re-view*, Vol. 78, No. 1, 2000.

Judiciary Committee. *S. Rept.* 114 – 220-*DEFEND TRADE SECRETS ACT OF 2016*, https://www. congress. gov/congressional-report/114th-congress/senate-report/220/1? q = % 7B% 22search% 22% 3A% 5B% 22secret% 22% 5D% 7D.

Klitzke, "The uniform Trade Secret," *Marquette Law Review*, Vol. 277, No. 64, 1980.

Mary-Rose McGuire, *Protection of Trade Secrets Through IP and Unfair Com-petition Law*: *Germany* , http://aippi. org/wp-content/uploads/commit-tees/215/GR215germany_en. pdf.

Melvin F. Jager, *Trade Secrets Law Handboo*, New York: Clark Boardman Company, 1983.

Paul Goldstein, *Copy*, *Trademark and Related State Doctrines*, New York: Foundation Press, 2008.

Randall E. Kahnke, Kerry L. Bundy, and Kenneth A. Liebman, *Doctrine of Inevitable Disclosure*, Frankfurt: Faegre & Benson LLP, 2008.

Ramon A. Klitzke, "Trade Secrets: Important Quasi-Property Rights," *The Business Lawyer*, Vol. 21, No. 2, 1986.

Robert C. Scheinfeld and Gary M. Butter, "Using Trade Secret Law to Protect Computer Software," *Rutgers Computer and Technology Law of Journal*, Vol. 17, No. 2, 1991.

Robert G. Bone, "New Look at Trade Secret Law: Doctrine in Search of Justi-fication," California Law Review, Vol. 1998 (3) . p. 301.

Robert W. Hillman, "The Property Wars of Law Firms: Of Client Lists, Trade

Secrets and the Fiduciary Duties of Law Partners," *Florida State University Law Review*, Vol. 30, No. 4, 2003.

Robert Anderson, etc. *Protection of Trade Secrets through IPR and Unfair Competition Law: United Kingdom*, http://aippi. org/committee/protection-of-trade-secrets-through-ipr-and-unfair-competition-law/.

Roman A. Klitzke, "Trade Secret: Important Quasi-Property Rights," *The Business Lawyer*, Vol. 20, No. 2, 1986.

S. 1890 – 114*th Congress* (2015 – 2016): *Defend Trade Secrets Act of* 2016, https://www. congress. gov/bill/114th-congress/senate-bill/1890/text? overview = closed.

S. J. Soltysinki, "Are Trade Secrets Propertyä," *International Review of Intellectual Property and Competition Law*, Vol. 91, No. 3, 1986.

Shan Hailing, *Protection of Trade Secrets Through IP and Unfair Competition Law: China*, http://aippi. org/wp-content/uploads/committees/215/GR215china. pdf.

Sonya P. Passi, "Compensated Injunctions: A More Equitable Solution to the Problem of Inevitable Disclosure," *Berkeley Technology Law Journal*, Vol. 27, No. 3, 2012.

Steven J. Stein, *Trade Secret Litigation*, Practising Law Institute, 1995.

Thomas S. Kuhn, *The Structure of Scientific Revolutions*, Chicago: University of Chicago Press, 1970.

索　引

图书在版编目（CIP）数据

商业秘密立法反思与制度建构 / 崔汪卫著. —— 北京：
社会科学文献出版社，2021.9
国家社科基金后期资助项目
ISBN 978 - 7 - 5201 - 8945 - 3

Ⅰ.①商… Ⅱ.①崔… Ⅲ.①商业秘密 - 保密法 - 立
法 - 研究 - 中国 Ⅳ.①D922.294.1

中国版本图书馆 CIP 数据核字（2021）第 179734 号

国家社科基金后期资助项目
商业秘密立法反思与制度建构

著　　者 / 崔汪卫

出 版 人 / 王利民
责任编辑 / 岳梦夏
责任印制 / 王京美

出　　版 / 社会科学文献出版社·政法传媒分社（010）59367156
　　　　　地址：北京市北三环中路甲29号院华龙大厦　邮编：100029
　　　　　网址：www.ssap.com.cn
发　　行 / 市场营销中心（010）59367081　59367083
印　　装 / 三河市龙林印务有限公司

规　　格 / 开　本：787mm × 1092mm　1/16
　　　　　印　张：17　字　数：270 千字
版　　次 / 2021 年 9 月第 1 版　2021 年 9 月第 1 次印刷
书　　号 / ISBN 978 - 7 - 5201 - 8945 - 3
定　　价 / 98.00 元

本书如有印装质量问题，请与读者服务中心（010 - 59367028）联系